环渤海城市群效率型增长：基于要素集聚视角的研究

The Efficiency Growth of the Bohai Ring Megalopolis: Study Based on Factors Agglomeration

张斯琴　著

北　京
冶　金　工　业　出　版　社
2020

内 容 提 要

本书基于要素集聚效应提升与公共支出区域间配置优化视角，围绕要素流动与集聚的动力机制、异质性要素集聚效应、创新要素集聚、公共支出的空间溢出效应，以及城市效率增长的时空惯性特征等问题展开研究，探讨环渤海城市群实现效率型增长的路径。

本书可供科研院所相关领域的研究人员和高等院校相关专业师生阅读，也可供关注城市发展的人员参考。

图书在版编目(CIP)数据

环渤海城市群效率型增长：基于要素集聚视角的研究／张斯琴著．—北京：冶金工业出版社，2020.6

ISBN 978-7-5024-8541-2

Ⅰ.①环…　Ⅱ.①张…　Ⅲ.①环渤海经济圈—城市群—区域经济发展—研究　Ⅳ.①F299.27

中国版本图书馆 CIP 数据核字(2020)第 095817 号

出 版 人　陈玉千
地　　址　北京市东城区嵩祝院北巷 39 号　邮编　100009　电话　(010)64027926
网　　址　www.cnmip.com.cn　电子信箱　yjcbs@cnmip.com.cn
责任编辑　宋　良　美术编辑　吕欣童　版式设计　孙跃红　禹　蕊
责任校对　郑　娟　责任印制　李玉山

ISBN 978-7-5024-8541-2

冶金工业出版社出版发行；各地新华书店经销；三河市双峰印刷装订有限公司印刷
2020 年 6 月第 1 版，2020 年 6 月第 1 次印刷
169mm×239mm；11.25 印张；217 千字；162 页

58.00 元

冶金工业出版社　投稿电话　(010)64027932　投稿信箱　tougao@cnmip.com.cn
冶金工业出版社营销中心　电话　(010)64044283　传真　(010)64027893
冶金工业出版社天猫旗舰店　yjgycbs.tmall.com

序

张斯琴博士的著作即将付梓，我很为之高兴，并应邀欣然作序。

平日我常以有自知之明而自诩，因此本不敢轻易为人作序。此次之所以斗胆为之，原因有三：

一是斯琴君曾就读于中央财经大学，本人忝为其博士生导师。

其就读期间，师生共同求理论道，甚为相得。而斯琴君自己也是所在高校的硕士生导师，本身已具备较深厚的知识功底，因此无论是在课堂上，还是在“戴门伐木累”的内部讨论中，大家经常是本着中财“求实创新”的校训，在学术之路上共同求索，且教学相长，互有裨益。

二是斯琴君在求学、工作和生活中，所展示出的好学精神、非凡毅力和乐观态度，不但鼓舞着其同门兄弟姐妹们，也每每激奋着为人师的我。

斯琴君腿略有疾，因此无论是在生活、求学还是在工作中，无疑需克服诸多困难和挑战。她曾于赴津参加学术研讨会途中不慎摔伤而卧床数月，养伤期间依然为研究课题孳孳不倦、苦苦求索。一路走来，她不但坚毅自律、砥砺前行，而且乐观豁达、开朗自信。毕业典礼那天，我有机会见到了她的父母和儿子。其子聪慧且阳光，颇有乃母之风；其父母质朴和善，育有一女二子，皆获博士学位，可谓“一门三博士”。与其家人的短暂接触，让我愈加相信古人所云，“耕读传家久，诗书济世长”。

三是斯琴君此书所涉及的研究领域，也是我们师生的共同兴趣。

首先，城市群是我国城市化发展的必然趋势。一方面，城市发展到一定规模后，其集聚要素和产业越来越多，会导致规模不经济出现，从而大城市功能会逐渐向周边地区扩散发展，形成“以一个或者多个中心城市为主，周边中小城市或者卫星城为辅”的城市群；另一方面，在城市化过程中，城市经济功能已不再是在一个孤立的城市体现，而是由中心城市与周边中小城市共同组成的功能及产业互补的城市群来带动区域发展。城市群是以大城市为依托，由相邻城市组成，在经济、产业、文化等有紧密联系、逐步融为一体的城市集合；中心城市与周边城市间具有分工明确、各具特色、优势互补的经济联系。城市群也往往是一个国家最活跃、最重要的经济区域。

其次，环渤海城市群在中国北方经济发展中扮演着越来越重要的角色。环渤海区域不仅包括北京、天津、辽宁、山东、河北等环抱渤海湾的省市，且辐射到山西与内蒙古。世纪交替之际，世人皆言“八十年代看广东，九十年代看浦东，二十一世纪看环渤海”。环渤海地区之所以被寄予如此厚望，不但在于其沿海优越的地理位置、健全配套的工业体系，还在于其生产要素的集聚与互补。尤其是在环渤海的核心区域——京津冀协同发展的带动下，环渤海区域整体的资源配置、产业协调、城市布局会给我国北方经济带来新的格局。

再次，生产要素配置及流动对于区域经济具有重要的影响。一个地区的经济发展水平，最终取决于其生产要素的数量、质量及产业结构水平。正因如此，2020 年 4 月 9 日，中共中央、国务院印发《关于构建更加完善的要素市场化配置体制机制的意见》，明确了要素市场制度建设的方向及重点改革任务，并就扩大要素市场化配置范围、促进要素自主有序流动、加快要素价格市场化改革等做出部署。而早在 1999 年，我与恩师于刃刚教授曾合作完成专著《生产要素论》，把生产要素划分为传统性生产要素（劳动、资本与自然资源）与知识性要素（技术、管理与信息）。在此后的研究中，我试图用生产要素与产业结构的双重视角，来进一步分析我国区域经济的发展。虽经常囿于要素统计数据尤其是劳动力流动数据不足的影响，难以实现分析目的，“虽不能至，然心向往之”。对于生产要素的重要性及其影响，亦常对学生们谈起。

因此，我曾给斯琴君的建议是，她作为环渤海区域的一员——内蒙古自治区的高校教师，一是有地利之便，二是责无旁贷，应将内蒙古自治区如何融入环渤海经济区作为其重点研究方向。并且，可以结合城市群的进展，从生产要素的角度切入。

斯琴君的此项研究，就是该建议的极好体现。该研究以生产要素集聚效应为主线，以优化公共支出结构为切入点，围绕提升要素集聚效应及优化公共支出结构、促进城市的效率型增长展开研究。在研究中注重分析要素集聚和公共支出的空间溢出对城市效率的影响机理，以环渤海地级及以上城市为研究对象，实证检验了生产要素的异质性集聚效应，以及公共支出对于城市经济效率和要素集聚效应的影响规律；并基于研究发现与结论，提出城市间实现协同共赢的效率型增长的对策建议。其研究采用空间计量经济学的相关方法，可以更好地衡量公共支出和生产要素集聚的空间关联效应和溢出性影响。

我很欣喜地看到，此书达到了斯琴君的研究目的，凝聚了她的研究成果，也符合我对其研究的预期。由于此项研究涵盖内容较广，数据搜集与处理工作量也很大，因而也花费了她若干年的心血，殊为不易。

然而学无止境。期望斯琴君在后续的研究中，结合要素市场的改革和城市群的发展，进一步关注生产要素的流动对于区域协调发展尤其是对于环渤海区域的影响，并继续探究内蒙古自治区在环渤海区域中的定位与着力点，在服务地方经济的同时，继续探索创新。

天道酬勤，厚德载物。祝愿斯琴君在今后的研究中取得更多的成果，并且工作顺利，生活幸福！斯为序，且为祝。

戴宏伟

中央财经大学教授、博士生导师

2020年5月26日

前　言

长期以来，我国的城市化主要依靠的是以增加要素投入驱动的外延式扩张，往往片面强调“土地城市化”的重要性，将城市化简单化为人口增加、行政区变更、城市土地规模扩大的过程，忽略了其经济内涵。目前我国城市的集聚水平仍然普遍较低，相对于经济发展水平和工业化水平而言，城市化水平尚显滞后，传统城市增长模式正日益受到资源、环境及要素供给的约束，同时面临着要素单向流动趋势固化、大城市“城市病”凸显、中小城镇要素集聚能力弱、城市效率偏低等问题。当前我国经济进入转型升级期，在此背景下的新型城市化，同样面临着增长动力转换和城市间协调发展的挑战。解决不同规模城市之间发展不平衡、不充分的空间矛盾，其关键在于推动城市由外延式、速度型增长向内涵式、效率型发展模式的转变，促进各级城市的要素集聚效应和经济效率的提升。

我国人口众多、领土广阔，实现城市的效率型增长同样离不开政府公共支出政策的有力保障。公共支出是政府推动区域经济增长的重要调控手段，运用公共支出对城市的要素集聚程度与方向进行宏观调控、促进城市发展，不仅是我国改革开放以来城市化快速推进的成功经验，也是世界各国尤其是发展中国家区域管理的普遍实践。尽管我国各级政府通过公共支出干预经济的程度较深，然而公共支出发展仍滞后于城市化进程，且区域间配置不均衡，体现为不同规模城市在公共支出的范围、公共品的供给能力以及满足居民需求方面存在较大差异，亟须实现公共支出效率的提升和区域间配置结构的优化。

本书以提升要素集聚效应及优化公共支出结构、促进城市的效率型增长为主线展开研究，探讨生产要素集聚的内涵及其经济效应；分析要素集聚和公共支出的空间溢出对城市效率的影响机理；以环渤海地级及以上城市为研究对象，实证检验了生产要素的异质性集聚效应以及公共支出对于城市经济效率和要素集聚效应的影响规律；基于研究发现与结论，提出城市间实现协同共赢的效率型增长的对策建议。研究采用了空间计量经济学的相关方法，以便更好地衡量公共支出和生产要素集聚的空间关联效应和溢出性影响。

环渤海地区是全国第三大增长极，拥有我国最大的城市群之一，是承接全国经济由东向西扩展、由南向北推进的重要纽带。同时，环渤海地处东北亚中心，具有对外开放、辐射亚太的重要区位优势和战略地位。京津冀一体化和建设京津冀成为世界级城市群发展战略的实现，必须以环渤海地区协同发展为依托。国家发改委已经下发了《环渤海地区发展纲要》，并明确环渤海地区包括京、津、冀、辽、鲁、晋和内蒙古两市四省一区。由于该地区地域范围广阔，区域内各城市间生产要素集聚状况、城市效率以及经济发展水平有较大差距，存在典型的中心-外围结构特征，这使得环渤海协同发展问题更为复杂，实现困难更大。另一方面，由于环渤海地区特殊的政治地缘因素，公共支出对区内城市发展和要素集聚的干预程度更深。关于环渤海地区提升公共支出作用下的要素集聚效应和实现城市效率型增长的研究，对于其他地区具有重要的指导意义。目前学界对于环渤海地区要素集聚、城市效率以及地区协同发展的研究还不多见。本书基于环渤海城市群在区域经济增长和国家发展战略中的重要地位以及上述典型性原因，选取环渤海地区为研究对象。主要结构安排如下：

理论基础部分，对于生产要素集聚等概念内涵予以界定，并系统梳理了国内外相关研究成果。本书推导了生产要素价格的决定因素，分析要素流动规律、要素集聚的动力机制及其集聚效应等。生产要素禀赋结构的区域差异不仅体现在不同地区要素种类和丰裕程度的不尽相同，也体现在地区间要素产出效率的差别，两者是生产要素在区域间价格差异的主要原因，也是形成区域发展不平衡的基础。生产要素的充分流动是要素集聚的前提，基于要素禀赋区域差异的要素价格的区位差是生产要素流动的根本原因。生产要素在追求报酬最大化的内生动力下，向要素回报率更高的地区流动以至集聚。生产要素集聚是生产要素在自然、市场和制度三种动力机制影响下的空间集中过程，也是生产要素在市场机制作用下充分流动并超越地域边界协调合作，实现要素价值最大化的过程。

影响机理分析部分，基于创新溢出模型、均衡国民收入决定模型、博弈论及纳什均衡方法，依次分析生产要素集聚对城市效率的影响机理，以及公共支出对要素集聚效应和城市效率的影响机理。生产要素的空间集聚有助于提高要素配置和使用效率、促进全域的经济增长，但是也可能导致因外围区要素和福利的双重流失而产生地区间发展不平等的加大。政府公共支出具有增长效应和引致生产要素流动效应，对市场力有方向性的调整作用。在促进外围区居民的福利改进、实现中心和外围区域协调发展等仅依靠市场机制难以自动实现的政策目标方面，政府通过公共支出等行政性手段予以调节。城市间采取市场分割或是区域竞争的方式，对促进外围区发展并无益处；反之，通过区域合作和协同发展，有助于减少区际交易成本，促进全区域的整体可持续增长与福利改进。

实证分析部分，以环渤海地区为研究对象，运用基于数据包络分析的 Malmquist 指数方法测算各城市效率水平，并对该地区城市经济效率的差异及其动态演进轨迹进行分析。运用主成分分析方法，对环渤海区域生产要素集聚指数进行测算，刻画各城市生产要素集聚的空间分布状况和动态发展过程。从其动力来源看，技术进步与创新对城市效率提升起主要作用；不同城市间效率差异较大，但总体呈现“空间趋同俱乐部”现象，空间临近城市的经济效率往往表现出相似的空间分布特征，同时城市效率发展存在较明显的极化趋势。此外，环渤海城市间生产要素集聚水平差异很大，空间分布极不均衡，且要素向少数大城市集中的趋势日渐明显。

结论与对策部分，以实现集聚中心和外围城市协同共赢的效率型增长为落脚点，基于研究发现与结论，提出城市提升经济效率和协同发展的对策建议。

本书主要研究结论如下：

（1）生产要素集聚机制和异质性集聚效应

本书重点分析了普通劳动、人力资本、金融资本、科技创新四种生产要素集聚效应的影响，研究结果不仅证明了生产要素对城市效率的集聚效应，而且表明不同要素集聚效应具有异质性的影响，从而从要素集聚的角度实证证明了经济结构转型的必要性。研究同时也指明了经济转型的方向——从回归结果来看，普通劳动、人力资本和科技要素对城市经济效率的集聚效应均显著为正，三类生产要素的集聚不仅促进集聚当地的城市经济效率提升，也会对周边城市经济效率产生促进作用。这表明“人口红利”和“创新驱动”因素仍有望为城市增长提供持续动力。除了继续推进“创新驱动”发展战略外，还应着力促进科技成果转化和知识技术在地区间的扩散，让更广泛的地区从创新中受惠。

（2）城市经济效率的影响机制和“时空惯性”

研究结果证明，城市经济效率具有时间和空间两个维度上的路径依赖，城市自身及其周边城市的前期效率水平均会影响到城市现有效率，其中以前一种影响为主。这意味着城市的历史效率水平会对当期效率产生循环累积的影响。城市间的效率溢出则更多体现为负向关系，极化效应仍是影响区域经济效率的主导力量，大城市更多地吸纳了周边地区的资源和生产要素，但是对后者的辐射带动作用却有不足。

（3）公共支出有助于促进全域经济效率的提升

公共支出对当地效率形成“弱化效应”，但是在地区间则具有正向溢出效应，总体表现出对全域效率增长的显著促进作用。从本研究的实证结果来看，公共支出可能因对私人部门的“挤出”，而对本地经济效率产生负向影响；同时，公共支出的地区间正向溢出效应明显地大于其对本地市场的弱化效应，因而使公共支出对全域总体效率增长体现为正向效应。因此，公共支出政策的重点应该突破地方主义观念，更多从全域利益着眼布局，促进地区间的合作与协同发展。

（4）公共支出对于增进创新型要素集聚效应作用显著

公共支出对于各类生产要素集聚效应的影响不尽相同。公共支出的增加有利于提高人力资本和科技等创新型要素集聚对于城市经济效率的促进作用，但无助于增进资本集聚效应。研究结论说明，应着力优化公共支出结构，消除要素流动的制度性障碍，尤其要促进创新型要素的流动及其集聚效应的更好发挥。各城市间应增强互动、加强协作、共享信息，在更大的空间格局中寻求更有效的要素配置模式，实现协同共赢发展。

基于上述研究结论，围绕如何实现环渤海城市群效率型增长，本书着重提出以下对策建议：

优化要素集聚环境，尤其注重加强城市自有人力和科技要素培育；

基于各城市的要素禀赋优势，推进区域间专业化分工和产业协作；

打破市场分割，推进城市间合作，促进以城市群为主体、大中小城市协调发展的空间格局；

加强区域协同发展的顶层设计，公共支出政策的调节重点应该更多从全域利益出发布局，着力培育市场机制有效运行的制度环境和要素基础，促进集聚中心地和外围区城市协同共赢的效率型增长。

本书是我关于要素集聚和城市经济效率方面研究的一个阶段性总结。时光荏苒，在本书付梓之际，感慨万千。本书的研究过程中，得到了中央财经大学戴宏伟教授的悉心指导，从逻辑结构到一些观点的梳理，老师每一次睿智的点拨都令我厘清迷雾，受益匪浅。戴老师是我的博士生阶段导师，也是对我影响至深的人。他严谨认真的治学态度，豁达热情的人生态度，独立思考的学者精神，高山仰止的学者风范，无不令我景仰、给我启迪，引我树为终身学习的榜样。每逢新春佳节，总是戴老师最忙的时刻，导师的新年总是在批改学生的毕业论文中度过。年年岁岁，不一样的论文，相似的情境，此刻仿佛又看到导师灯下伏案批改论文的身影。

一路走来，感谢遇到的每一位良师益友，纸短情长，难以一一列举每一位师友的名字，但你们给予我的启发和帮助，永志难忘；与你们的每一次讨论都闪烁着思想的光芒，让我豁然开朗。这里还要感谢我的家人们，尤其是我父母的鼎力支持，我每一步的成就背后都饱含着他们的殷殷期望和无私付出。

本书内容所涉及的研究得到了内蒙古自治区哲学社会科学规划办（项目号：2019NDB017）和内蒙古自治区教育厅（项目号：NJSY20105）的立项支持，在此表示特别的感谢。

此书的顺利出版，还要感谢我所在经济与管理学院领导和同事们的关心和帮助，感谢内蒙古科技大学科技处同志们认真负责的工作。由衷感谢他们的付出。

本书从中外专家学者的研究成果中汲取了许多营养，已尽可能在书中说明和注释；若有疏漏，万望海涵。在此对有关文献作者表示深深的谢意。

作　者

2020年4月于内蒙古科技大学

目　录

1　绪论 …… 1

1.1　研究背景与意义 …… 1

1.1.1　研究背景 …… 1

1.1.2　研究意义 …… 3

1.2　主要研究内容 …… 4

1.3　研究思路与研究方法 …… 4

1.3.1　研究思路与技术路线 …… 4

1.3.2　研究方法 …… 6

1.4　创新点 …… 6

1.4.1　异质性要素集聚效应辨识城市效率增长的动力来源 …… 6

1.4.2　城市效率分析框架中加入公共支出变量 …… 7

1.4.3　拓展了要素集聚与公共支出空间溢出性影响分析 …… 7

1.4.4　极化效应仍是影响环渤海地区发展的主导力量 …… 7

2　理论基础与文献综述 …… 8

2.1　生产要素的内涵及其范围 …… 8

2.1.1　生产要素的内涵 …… 8

2.1.2　生产要素的范围 …… 8

2.1.3　经济学理论中的生产要素观 …… 11

2.2　生产要素集聚的涵义与特征 …… 12

2.2.1　集聚的涵义 …… 12

2.2.2　生产要素集聚的涵义 …… 13

2.2.3　生产要素的集聚特性 …… 15

2.2.4　集聚机制及其外部性 …… 17

2.3　生产要素集聚与城市经济效率的关系 …… 18

2.3.1　对城市经济效率的界定和相关研究 …… 18

2.3.2　集聚经济对城市的影响 …… 20

2.3.3　生产要素集聚与城市经济效率的关系 …… 23

2.4 公共支出与区域经济的关系 …… 24
2.4.1 公共支出的必要性 …… 24
2.4.2 公共支出的效率标准及影响 …… 24
2.4.3 公共支出对区域经济的作用 …… 25
2.5 本章小结 …… 27

3 生产要素流动与集聚机制 …… 28

3.1 生产要素流动 …… 28
3.1.1 生产要素禀赋的区域差异 …… 28
3.1.2 生产要素的价格决定与流动 …… 30
3.1.3 生产要素流动的经济效应 …… 31
3.2 生产要素集聚的动力机制 …… 33
3.2.1 自然因素 …… 33
3.2.2 市场机制 …… 35
3.2.3 制度环境 …… 36
3.3 生产要素集聚的时空演进特征 …… 38
3.3.1 生产要素集聚效应的来源 …… 38
3.3.2 城市要素集聚的阶段 …… 40
3.3.3 全球化下要素集聚的不平等格局 …… 41
3.4 本章小结 …… 42

4 生产要素集聚与公共支出对城市经济效率的影响机理 …… 43

4.1 基本假设与短期均衡 …… 43
4.1.1 基本假设 …… 43
4.1.2 消费者均衡 …… 44
4.1.3 制造业企业的利润和相对市场规模 …… 45
4.2 要素集聚的经济效应分析 …… 46
4.2.1 要素集聚的增长效应 …… 46
4.2.2 要素集聚的福利效应 …… 48
4.2.3 生产要素集聚的“红利”与“陷阱” …… 49
4.3 公共支出的影响 …… 51
4.3.1 公共支出对区域经济的影响 …… 51
4.3.2 公共支出对要素集聚的作用 …… 54
4.3.3 城市竞争与公共支出的空间溢出性 …… 56
4.4 理论假说 …… 60

4.5　本章小结 …… 61

5　环渤海城市经济效率和生产要素集聚测算 …… 62

5.1　环渤海经济发展及城市概况 …… 62
5.1.1　环渤海协同发展的优势基础 …… 62
5.1.2　环渤海协同发展的制约性因素 …… 63
5.2　环渤海城市经济效率测算 …… 64
5.2.1　DEA-Malmquist 指数评价方法 …… 64
5.2.2　Malmquist 指数法下效率的分解 …… 67
5.2.3　城市经济效率测算的变量选取 …… 70
5.2.4　环渤海地区经济效率整体评价 …… 73
5.3　环渤海城市经济效率时空分布特征 …… 78
5.3.1　城市经济效率空间分布及其演变 …… 78
5.3.2　副省级以上城市经济效率比较 …… 81
5.3.3　资源型城市的经济效率 …… 83
5.4　环渤海城市生产要素集聚现状 …… 85
5.4.1　主成分分析方法 …… 86
5.4.2　环渤海生产要素集聚指数 …… 88
5.4.3　环渤海城市生产要素集聚水平 …… 89
5.5　本章小结 …… 94

6　生产要素集聚与公共支出影响的实证检验 …… 96

6.1　环渤海城市经济的空间相关性检验 …… 96
6.1.1　莫兰指数 …… 96
6.1.2　空间权重矩阵设定 …… 96
6.1.3　莫兰指数结果分析 …… 99
6.2　模型与变量说明 …… 102
6.2.1　模型设定 …… 102
6.2.2　变量选取说明 …… 105
6.3　要素集聚和公共支出对城市经济效率的影响 …… 107
6.3.1　基本回归 …… 107
6.3.2　空间溢出效应分解 …… 110
6.4　公共支出对生产要素集聚效应的影响 …… 113
6.4.1　公共支出对集聚效应的影响 …… 113
6.4.2　公共支出空间溢出效应分解 …… 115

6.5　城市经济效率增长的时空惯性 …… 116
6.6　本章小结 …… 121

7　几个专题的深入探讨 …… 123

7.1　公共支出对城市效率的空间溢出性影响 …… 123
7.1.1　公共支出总体状况及城市间差异 …… 123
7.1.2　公共支出对城市效率的影响机理 …… 126
7.1.3　公共支出及其空间溢出的实证分析 …… 127
7.1.4　公共支出对城市效率的影响 …… 132
7.2　创新要素集聚对城市效率的影响 …… 133
7.2.1　理论模型与影响机理 …… 133
7.2.2　变量选取与空间相关性检验 …… 135
7.2.3　实证及分析 …… 138
7.2.4　创新要素集聚与城市效率 …… 141

8　对策建议与研究结论 …… 143

8.1　对策建议 …… 143
8.1.1　完善要素集聚环境 …… 143
8.1.2　增强区域自有创新型要素培育能力 …… 144
8.1.3　以产业协作促进城市间协同发展 …… 144
8.1.4　强化城市群在推进区域协同发展中的主体作用 …… 145
8.1.5　加强区域协同发展的顶层设计 …… 146
8.2　研究结论 …… 147
8.2.1　要素集聚机制和异质性集聚效应 …… 147
8.2.2　城市经济效率的“时空惯性”式增长路径 …… 147
8.2.3　公共支出对城市效率和要素集聚的异质性影响 …… 148

附录 …… 149

附录1　D-S 框架下企业均衡的推导 …… 149
附录2　基于消费者均衡的价格指数推导 …… 151

参考文献 …… 153

1 绪　　论

1.1 研究背景与意义

1.1.1 研究背景

库兹涅茨指出，经济活动的空间集聚是现代经济社会的典型性事实之一[1]，而城市化则是空间集聚的一个重要表现。城市史学家刘易斯·芒福德指出："这个世界，从许多实际内容来看已变为一座城市"[2]。城市集中了绝大多数的产业和生产过程，从本质上来说，城市化就是生产要素集聚的过程，推动与产业同步发展的土地、资金、人才等要素全面向城市聚集。信息技术革命推动下经济全球化的影响日益深远，生产要素在区域乃至国家之间的流动日益频繁，其内涵以及空间演进规律也在不断变化与丰富；与此同时，生产要素空间集聚程度与城市化经济的影响也在日渐深化。作为一个拥有 14 亿人口的大国，中国的城市化不仅为带动本国经济增长提供了强大的动力来源，而且对于全球人类社会的发展进程也将发挥重要的影响。

作为发展中的大国，我国国民经济具有典型的二元结构特征：城市拥有相对发达的现代经济部门，技术先进，劳动生产率相对较高；广大农村地区则以农业经济为主，劳动生产率相对较低，存在大量剩余劳动力。这使得我国的城市化既要推动区域经济持续增长并走向现代化，又承担着实现大量的农村剩余劳动力向城市转移并充分就业的任务。我国城市化进程自改革开放以来推进迅速，各区域的城市体系渐趋形成，核心城市对地区增长的带动作用也日益凸显。城市化不仅为工业和服务业的发展提供了高质量的劳动力、日益扩大的市场、不断完善的公共设施和服务等发展条件，也促进了先进生产要素的集聚和产业结构的优化。同时，大量农村人口进入城市就业，不仅使自身获得了比务农更高的收入，并且使农村因剩余劳动力转出而获得生产率的提高；城市规模日益扩大也扩大了对农产品的需求，有助于推动农民收入提高和农业产业化进程。

然而，我国改革开放以来的城市化主要依靠的是以增加要素投入驱动的外延式规模扩张，地方政府往往片面强调"土地城市化"的重要性，把"造城"当

---

[1] Kuznets Simon. Modern Economic Growth: Rate, Structure and Spread [M]. New Haven: Yale, 1966.

[2] 刘易斯·芒福德. 城市发展史 [M]. 北京：中国建筑工业出版社，2005.

做促进地区经济发展和提高城市化水平的突破口，将城市化简单化为人口增加、行政区变更、城市土地规模扩大的过程，忽略了其经济内涵，难免造成土地城市化超前而经济城市化滞后，城市的集聚能力有限。事实证明，在这种城市化模式下，市场分割和政府干预扭曲了要素配置，造成重复建设、资源浪费和产业同质化竞争，城市经济效率较低。由于要素单向流动趋势固化，大城市所面临的交通拥堵、环境污染等“城市病”、广大中小城镇要素集聚力较弱、整体城镇规模结构不合理等问题逐渐凸显，城市发展日益受到资源、环境及生产要素供给的约束。

为了解决不同规模的城市之间发展不平衡、不充分的空间矛盾，国家提出了“控制大城市规模、积极发展小城镇”的城市发展规划。这虽然有利于缓解大中城市的人口压力，但全力发展小城镇不仅存在高昂的建设成本，还要面临小城镇经济水平和产业发展吸纳要素能力不足以及不利大城市集聚效应和辐射功能发挥等问题。当下我国经济社会正处于由高速增长阶段向高质量效益型发展阶段的转型，城市发展同样面临着增长方式转换与经济效率提升的挑战，提高我国城市化质量及促进各级城市的合理充分发展，不能仅仅寄希望于小城镇的发展，而应通过提高各级城市要素集聚能力和经济效率，走“内涵式、效率型”城市发展道路。

生产要素集聚效应的提高和公共支出政策的保障，是城市实现高效率高质量增长的关键因素。我国人口众多、领土广阔，城市的效率型增长不仅需要通过提高市场力量主导的要素集聚效应来获得，也要依靠政府公共支出政策的有力推动。公共支出是政府宏观经济调控的工具之一。现代城市经济是一种由公共部门经济和私人部门经济共同构成的“混合经济”，市场机制固有的缺陷使政府介入成为必然❶。在大多数发展中国家的实践以及中国改革开放以来的成功经验表明，公共支出对城市的要素集聚程度与方向产生着巨大的影响，并影响着城市效率的全面提升。尽管我国各级政府通过公共支出干预经济的程度较深，然而公共支出效率却比较低❷，不同规模的城市在公共支出的范围、公共品的供给能力方面存在较大差异，公共支出效率提升及支出结构优化的亟须实现。鉴于以上因素，本书围绕公共支出和生产要素集聚对城市经济效率的影响展开研究，探讨提升城市要素集聚效应及优化公共支出结构、促进城市实现效率型增长的路径。

环渤海地区拥有我国最大的城市群之一，也是继广东和上海之后的全国第三大增长极，是承接全国经济由东向西扩展和由南向北推进的重要纽带。环渤海地区的战略意义不只限于国内。当前世界经济重心已转向亚太地区，其中东北亚地理位置优越，资源条件丰富，开发潜力巨大。环渤海地区地处东北亚中心，具有

❶ 张权．中国城市政府公共支出效率实证研究［D］．武汉大学，2011.

❷ 陈宪．公共资源配置的效率与公平［N］．文汇报，2007-08-26.

对外开放、辐射亚太的重要区位优势和战略地位。京津冀一体化以及将京津冀建设成为世界级城市群战略的实现，需要以环渤海协同发展为依托。国家发改委于2015年下发了《环渤海地区发展纲要》，明确环渤海地区包括京、津、冀、辽、鲁、晋和内蒙古两市四省一区，要以环渤海协同促进京津冀一体化发展。但目前学界对于环渤海区域城市间协同共赢发展的研究还不常见。由于环渤海地区范围广阔，区域内各城市间生产要素集聚状况、城市经济效率以及发展水平具有较大差距，存在典型的中心-外围结构特征，这使得环渤海区际合作和协同发展问题更为复杂、实现困难更大。同时，该地区具有浓厚的政治地缘因素，政府公共支出在城市发展和要素集聚过程中起到更重要的调节作用。本书基于环渤海地区在区域经济增长和国家发展战略中的重要地位以及上述典型性原因，选取环渤海地区为研究对象，对其区域内各城市经济效率以及生产要素集聚程度进行测算，并实证检验公共支出、生产要素集聚与城市经济效率的影响关系。

1.1.2 研究意义

1.1.2.1 理论意义

(1) 对生产要素集聚的相关理论研究补充经验证据

经济理论界关于生产要素投入对经济增长和区域发展影响的研究，有着较为悠久的传统，但是从生产要素集聚角度探索区域效率机制的研究则相对不足。目前有关集聚经济的研究多集中于产业集聚角度，较少关注生产要素集聚领域。生产要素集聚是集聚效应最基本、最原始的来源，也是产业集聚的根本推动力。本书选取环渤海区域为研究案例，对于生产要素的集聚机制以及要素集聚对城市经济效率的影响进行实证检验，对要素集聚理论研究的相关经验证据予以补充。

(2) 公共支出与城市效率相关关系研究的补充

尽管公共支出问题近年获得了较多关注，但现有文献多将研究重点集中于分析预算约束下的政府最优化决策，对于公共支出与区域发展的关系研究相对较少且未达成一致的意见，更缺乏公共支出对区域经济效率的相关研究。目前我国公共支出发展相对滞后于城市化进程，地区间公共资源配置不均衡，研究公共支出的经济影响以及区域间配置结构优化问题，既具有理论价值，也有重要的现实意义。

1.1.2.2 现实意义

(1) 探索集聚经济视角下实现城市效率型增长的有效路径

我国以往的城市化模式属于投资驱动型的粗放式增长，城市经济效率较低，亟须实现城市增长动力转换与经济效率的提升。本书通过对生产要素集聚与公共支出视角下的城市效率水平及时空演进规律的分析，找出我国城市化过程中城市经济效率不高的原因；探讨公共支出及要素集聚对我国城市经济效率的影响，探讨城市经济效率提升的有效路径。

(2) 有助于城市效率型增长目标下公共支出的优化

我国的生产要素集聚和城市发展充分体现了市场力量自发调节资源配置与政府宏观调控相结合的机制，公共支出则是政府实现调控目标的主要政策工具。对生产要素集聚与公共支出促进城市经济效率机理的研究，可以用来指导现代城市政府职能权限和市场边界的划分，有助于优化公共支出结构，探寻实现城市效率型增长目标下的“市场之手+政府之手”的完美组合，谋求实现既有利于市场良性发展，又有助于政府管理职能优化的城市经济效率的全面提升。

1.2 主要研究内容

本研究围绕提升生产要素集聚效应及优化公共支出结构、促进城市效率型增长为主线展开，构建公共支出作用下的生产要素集聚理论框架，并以环渤海区域地级及以上城市空间面板数据为例，实证检验要素集聚与公共支出对于城市经济效率的影响。具体包括以下内容：

(1) 梳理影响城市生产要素集聚的动力机制；分析生产要素集聚效应的来源，以及公共支出与生产要素集聚对城市经济效率的影响机理。

(2) 以环渤海区域为研究对象，运用基于数据包络分析的 Malmquist 指数方法测算各城市经济效率水平，并对其区域差异及动态演进轨迹进行分析。

(3) 运用主成分分析方法，对环渤海区域城市的生产要素集聚指数进行测算，比较城市间要素集聚水平的差异。采用空间计量经济学相关方法，对生产要素集聚对于城市经济效率的作用及相邻城市间的溢出性影响进行实证检验，验证了普通劳动、人力资本、金融资本、科技创新四种生产要素集聚对城市经济效率的异质性影响。

(4) 对公共支出对城市要素集聚效应与经济效率的影响进行实证检验。具体包括公共支出对于城市效率的影响是“援助之手”抑或“攫取之手”的作用，以及公共支出对于城市要素集聚效应的影响规律。

(5) 在前述研究的基础上，提出提升要素集聚效应、优化公共支出结构、促进城市间协同共赢的效率型增长的对策建议。城市间应增强互动，共享信息，在区域协同合作框架下寻求更有效的要素配置模式，实现共赢发展。

1.3 研究思路与研究方法

1.3.1 研究思路与技术路线

本书基于宏观经济学、区域经济学与城市经济学相关理论，整合城市发展理论、要素集聚理论、公共支出理论，在明晰界定要素集聚、城市经济效率等基本概念内涵的基础上，探讨普通劳动、人力资本、金融资本、科技创新等要素对城市经济效率的影响机理，并比较不同生产要素集聚对于效率的异质性影响。同时，考虑公共支出作为调节变量，对于生产要素集聚效应和城市效率的影响规律，验证“援助之手”抑或“攫取之手”假说。最后，作为本研究的落脚点，提出公共支出作用下提升要素集聚效应、实现城市间协同共赢效率型增长的对策建议。具体研究结构如图 1-1 所示。

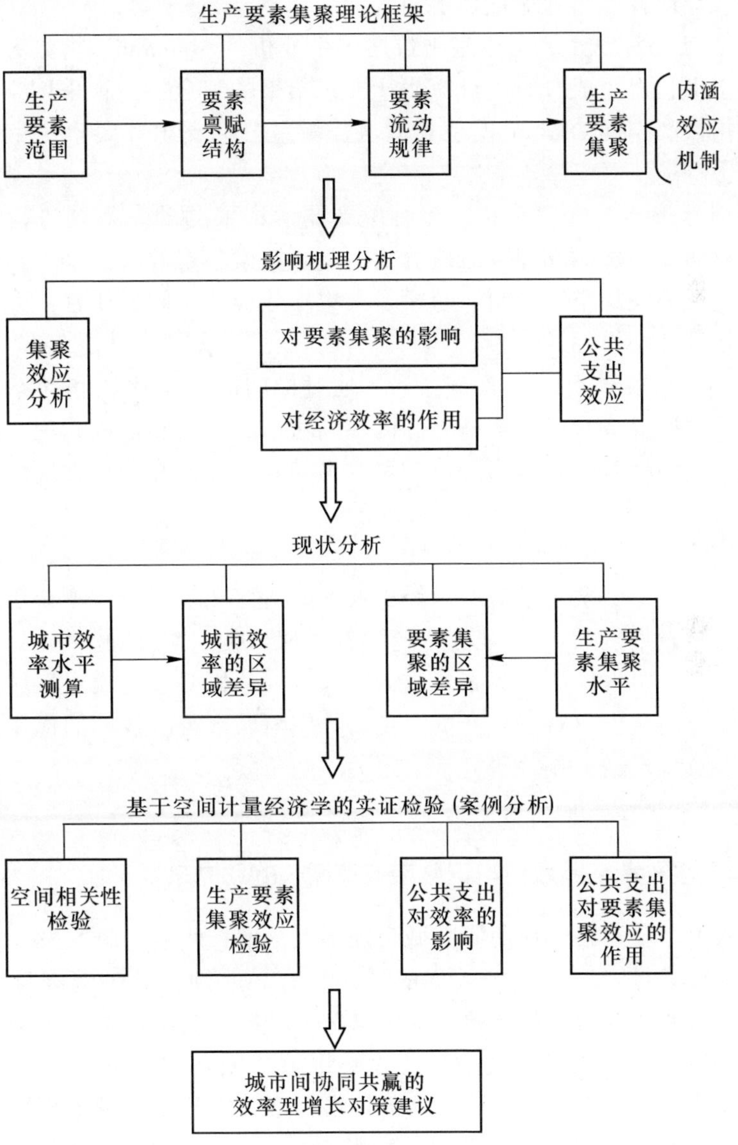

图 1-1 本书研究结构

1.3.2 研究方法

（1）规范分析方法。结合高级宏观经济学和新经济地理学的理论框架，依据要素禀赋及要素流动理论、异质性劳动力理论、知识溢出理论，分析不同流动性的要素空间集聚机制及其对城市经济效率的影响机理；基于均衡国民收入决定模型、动态一般均衡模型、创新溢出模型、博弈论及纳什均衡，分析公共支出对要素集聚效应以及城市效率的影响机理。

（2）实证分析方法。运用基于数据包络分析的 Malmquist 指数方法测算城市经济效率水平；以主成分方法计算生产要素集聚的综合指数；采用空间计量研究中的莫兰指数、空间 Durbin 模型等方法，衡量公共支出和要素集聚的空间关联和溢出性影响。

（3）时序分析与空间分析，刻画生产要素集聚的动态发展过程和空间分布状况。一方面，通过时间序列维度分析，刻画要素集聚效应的动态演进过程；另一方面，进行横向的空间分析，考察要素集聚效应的空间异质性以及因空间关联带来的集聚效应溢出性的影响。

（4）静态比较和动态比较研究法。通过横向的空间比较和动态的发展前景比较，分析集聚经济圈中心地和外围区不同城市的增长和福利状况，以及不同要素禀赋和产业结构状态下城市经济效率水平的异质性，并分析其规律。

1.4 创新点

目前关于生产要素集聚对城市经济效率的研究文献很少，更缺乏结合公共支出作用，从要素集聚效应的异质性规律着眼探讨促进城市效率型发展的相关研究。本书以生产要素异质性集聚效应为切入点，分析要素集聚对于城市经济效率的影响，以及公共支出对于生产要素集聚效应与城市经济效率的作用。这是当前公共支出以及集聚经济相关研究都欠缺关注的角度。

本研究的创新点如下。

1.4.1 异质性要素集聚效应辨识城市效率增长的动力来源

本书从生产要素集聚视角研究城市经济效率增长问题，研究发现，不同类型的生产要素集聚对于城市经济效率的影响具有异质性，其中资本具有负集聚效应，而人力和科技要素的集聚效应为正。这一结果表明，资本密集型发展的红利正在消退，投资驱动的粗放式增长模式必将被“创新驱动”所取代；研究同时证明这一规律存在着空间相关性，使得要素集聚效应不仅作用于集聚当地，并且也会对其周边城市经济效率产生溢出性影响。生产要素集聚效应的异质性规律，从要素集聚角度对于经济结构转型的必要性和方向给予了理论证明，同时也揭示出城市效率增长的动力来源——增进创新型要素集聚并促进其集聚效应的更充分发挥。

1.4.2 城市效率分析框架中加入公共支出变量

公共支出在城市要素集聚和经济发展中起着重要的调节作用，对其作用机制的研究，对于广大发展中国家而言，尤其具有重要意义。本研究发现，公共支出对本地经济效率具有“弱化效应”，但是对全域效率增长却具有促进作用。研究结论表明，公共支出应突破地方主义观念，更多从全域利益着眼布局，推动区域合作和城市间协同共赢发展。同时，公共支出对各类生产要素集聚效应的影响也不尽相同，对于促进人力、科技等生产要素集聚效应具有积极影响，但无助于提高资本集聚效应。这一研究结论表明了公共支出政策的重点和结构优化方向，应以增强要素集聚效应的发挥作为政策重点，尤其要促进人力、科技等创新型要素的流动和集聚效应发挥。

1.4.3 拓展了要素集聚与公共支出空间溢出性影响分析

本书采用空间计量经济学的相关研究方法，度量生产要素集聚与公共支出的溢出性影响。长期以来，学界对于集聚经济的相关研究多采用传统方法，主要集中于时间维度的分析，忽视了集聚的空间溢出效应。集聚首先是空间上的集聚，缺乏空间维度的分析，将难以准确度量集聚效应，导致对集聚问题相关研究结果的解释不够深入。此外，相邻区域地方政府在公共支出政策上存在学习效仿效应，这使得公共支出同样具有空间相关性。基于以上考虑，本书采用空间计量经济学的研究方法进行实证分析，从而能够更准确地度量公共支出和生产要素集聚的空间效应对当地及周边城市的溢出性影响，使得对该问题的研究结论更为严谨，更有现实说服力。

1.4.4 极化效应仍是影响环渤海地区发展的主导力量

城市经济效率的空间分布呈现空间趋同俱乐部现象，空间邻近城市经济效率水平相近。通过考察环渤海城市经济效率的增长路径，发现城市经济效率具有“时空惯性”，即存在时间和空间两个维度上的路径依赖，城市自身的历史效率水平会对其当期经济效率产生循环累积的影响，同时，周边城市间经济效率的溢出性影响也显著存在。研究发现，城市间的效率溢出更多体现为负向关系，极化效应仍是目前影响环渤海地区发展的主导力量，京津等大城市与周边地区的关系更多体现为吸纳其资源和要素，但是对后者的辐射功能却不足。核心城市要通过自身的效率型增长和开展与周边城市协同合作等途径，增强对区域的辐射带动作用。

2 理论基础与文献综述

2.1 生产要素的内涵及其范围

2.1.1 生产要素的内涵

生产要素简称要素，是经济学中的一个基本范畴。物质资料的生产是人类社会赖以存在和发展的基础，而生产要素则是进行物质资料生产所必须具备的基本因素或条件，缺乏生产要素的投入，经济生产和产出就无从谈起。经济学意义上的生产要素是指维系国民经济运行和进行社会生产经营活动所需的各种社会资源，是增加产出和推动经济增长的各种投入因素。从一定意义上说，生产就是生产要素的合理投入和创造产出的过程，各种生产要素的集聚、优化、组合，是生产得以顺利进行的必要前提。而经济活动的实质就是对生产要素的节约和有效率地利用❶，目的是以最小的要素消耗取得最大的收益。

2.1.2 生产要素的范围

随着时代的发展和经济活动的深化，生产要素的范围也在不断丰富与变化。知识经济时代背景下，生产要素已经不仅仅是土地、劳动力、资本等有形的形式，知识、技术、管理、信息等无形生产要素的重要性日益提升。

2.1.2.1 土地要素

在传统生产要素理论中，土地一直是一种最基本的生产要素。威廉·配第（1662）的经典论断“土地为财富之母，而劳动则为财富之父和能动的生产要素”❷，就充分说明了土地在经济生产和财富创造中的重要作用。作为生产要素的“土地”，不仅包括陆地资源，还包括草原、森林、海洋等各种地表形式，以及归属不同区位的生物资源，以及蕴藏其中的能源矿产等资源，甚至包括气候环境等。所以，土地生产要素是个广义的概念，包含各种自然资源禀赋，其范围甚广。

作为社会财富的源泉，土地等自然资源对于人类生存和社会发展至关重要。

---

❶ 于刃刚，戴宏伟. 生产要素论［M］. 中国物价出版社，1999.

❷ 威廉·配第. 赋税论［M］. 邱霞，原磊，译. 华夏出版社，2013.

生产要素集聚必须依托一定的空间，土地在生产要素集聚和产业发展中既是空间载体，又是生产资料。尽管很多生产要素是可以被再生产或创造出来的，并且随着技术进步，物质设备、人力资本、科技知识等有助于效率提升的生产要素可能以加速度被生产出来。而自然资源的存量却是既定的，随着消耗不可再生。按照舒马赫的观点，物质设备等“不过是我们正在使用的资本中极少的一部分，更多得多的资本是自然界提供的，而不是由人类提供的”，自然资源属于“不可替换的资本”，而“目前正以惊人的速度耗尽”❶。尽管土地等自然资源要素是否确如舒马赫所言，占据着物质生产过程中“多得多”的比例尚需更多的实证证明，然而毋庸置疑的一点就是，对于自然资源要素的稀缺性确实应该予以充分的重视，绝不能仅仅将其视为不需支付成本的收益。完善自然资源的定价体系和有偿使用制度，是关乎人类社会可持续发展和生态文明的重要内容。

2.1.2.2 劳动要素的异质性

一切经济活动归根到底都是人的经济活动，需要劳动的参与。劳动要素，是指可用于生产过程的一切人力资源，是生产中最具能动性的生产要素。劳动要素既是生产的组织者，也是生产要素的使用者以及价值和科技的创造者。用Fredrick Harbison的话来说，其他要素都属于被动的生产要素，而人是“开发资源、积累资本、建立社会经济组织，并推动国家发展的主动力量，是国民财富的最终基础”❷。

劳动要素具有异质性。由于技术熟练程度差别、受教育程度不同、生产能力差异等方面的区别，不同劳动力在生产中所起的作用并不相同。一般把劳动区分为普通劳动和人力资本。普通劳动受教育程度和技术熟练程度相对较低，从事相对缺乏技术含量的工作，一般是体力型劳动。与之相比，人力资本往往具有更高的教育背景或者受过较好的技能培训，生产技能和技术熟练程度更高，更多从事创新性工作。孙旭认为，人力资本主要包括技能型、研发型、企业家型或管理型三种类型❸。

传统经济理论主要将劳动作为一种匀质性生产要素展开研究，但是在早期古典经济学家的著述中，也已经对具有不同技术和生产能力的劳动要素进行了区分。威廉·配第特别强调，人的“技艺”对于价值创造作用重大，有“技艺”的人比缺乏“技艺”的人通过劳动可以创造更多的价值，而形成技艺所需的成本和技艺所能带来的收入是其经济价值来源❹。亚当·斯密指出，人的知识、经

❶ 转引自陶文达．发展经济学［M］．中国财政经济出版社，1988.

❷ Fredrick Harbison. 作为国民财富的人力资源［M］．上海人民出版社，2000.

❸ 孙旭．人力资本约束下区域全要素生产率的增长差异研究［M］．科学出版社，2016.

❹ 威廉·配第．赋税论［M］．邱霞，原磊，译．华夏出版社，2013.

验和才能是一种具有生产性的资本，为了形成这种能力所耗费的资本，会“固定在学习者身上”，这种才能无论对于他个人，还是他所属的社会，都是“财产的一部分”❶，可以视作资本。配第和斯密强调的侧重点是体力劳动者通过学习获取提升劳动经验和技能，弗里德里希·李斯特则更强调知识和智力因素的重要性，提出了物质资本和精神资本的概念，认为前者来自物质财富的积累，后者则是智力成果的积累。直到20世纪50年代，舒尔茨开创性地发展了现代人力资本（Human Capital）理论，将受过高度教育和技能培训的人力资本视为同物质资本一样能促进经济增长的源泉，指出人的知识和技能是资本的特殊形式。此后，劳动的异质性开始受到学界关注。

普通劳动要素和人力资本要素之间是相辅相成的互补关系，而非竞争性关系。两者从事不同的分工领域，其中任何一种劳动力的短缺，都会影响生产的顺利组织，也会对另一种劳动要素的工资产生不利影响。同时，普通劳动和人力资本之间的分类也是相对的，并不存在泾渭分明的界限。一地区由于居民平均受教育程度更高，其普通劳动的生产率可能高于其他地区；而普通劳动通过技能培训、接受再教育等，也可以使自己的劳动生产率和人力资本水平得到提升。

2.1.2.3 资本要素

资本是一种对其他生产要素具有一定配置权力的特殊生产要素❷，不仅可以在一定程度上起到对其他生产要素的替代作用，同时也可以直接交换到其他生产要素。可以互为替代是生产要素间较为普遍的属性，例如劳动稀缺的地区可能选择发展本地相对丰裕的资本密集型产业或者技术密集型产业，反之亦然；而对其他生产要素的交换特权，则使得资本具有了不同于其他要素的特殊地位。资本参与生产的方式是通过购买其他生产要素实施生产，其他各种生产要素参与生产过程均以获取资本回报为目标。

资本要素的另一不同之处在于，某些生产要素随着使用会发生耗损甚至逐渐耗竭，而资本在使用过程中则不会发生消耗，在经营有方运作得当的情况下，还能够发挥钱生钱的效应。一经进入增值逻辑，资本就会在市场机制作用下实现自我循环和自行补给，如滚雪球一样越滚越大。这一点，赫希曼在他的著作《经济发展战略》中早有指出。

2.1.2.4 科技要素

科技要素一般不是独立存在于生产中，而是依托其他生产要素作用于生产过程，不同的科技禀赋差异内生于资本和劳动等生产要素的差异之中。换言之，不

---

❶ 亚当·斯密. 国富论［M］. 唐日松，等译. 华夏出版社，2005.

❷ 于刃刚，戴宏伟. 生产要素论［M］. 中国物价出版社，1999.

同生产要素生产率之间的异质性差别，主要源于其内含的科技要素的差异。科技要素的影响力不仅在于它可以改变其他生产要素在生产中的组合结构，提高要素配置和产出效率，同时也会改变生产对象的范围。科技创新的本质就是建立一种新的生产函数，将一种生产要素和生产条件的全新组合引入生产体系，并且扩大生产要素可发挥作用的范围❶。

经济生产的过程就是各种生产要素合作共同创造产出的过程，不同生产要素在生产中具有不同的角色功能。根据上文所述，以表 2-1 描述生产要素的不同类型及其在生产中的角色功能等相互关系。

表 2-1 生产要素的相互关系

生产要素类型	生产中的角色功能
土地要素	生产要素参与经济活动的空间载体
劳动要素	要素使用者、生产组织者、价值和科技创造者
资本要素	购买交换其他生产要素
科技要素	提高生产要素配置与产出效率

2.1.3 经济学理论中的生产要素观

生产要素较早地进入经济学家的研究视野，对生产要素的研究也一直是经济学理论研究中的关键问题，古典和新古典贸易理论分析的逻辑起点就是不同国家要素生产率和禀赋结构的差异。经济学对于生产要素的划分，经历了两要素、三要素、六要素乃至更多要素的发展过程。威廉·配第（1662）将土地和劳动两大生产要素作为财富的源泉。经济学的鼻祖亚当·斯密在《国富论》（1774）中提出了价值的收入决定论——“无论在什么社会，商品价格归根结底都分解为（劳动、资本、土地）三个部分……组成收入的工资、利润和地租是价值的三个原始源泉”❷。萨伊（1803）明确指出土地、劳动、资本是创造价值的基本要素，并在斯密的基础上提出了“资本创造利润、土地产生地租、劳动取得工资”❸ 的三位一体公式。马歇尔将组织也纳入生产要素，认为利润就是组织要素的价格，他的均衡价格理论论述了劳动、土地、资本、组织四种生产要素的供求关系对各自均衡价格的决定，从其论述中看出，马歇尔所指的“组织”就是企业家才能。此后的经济学家又将技术、创新、人力、信息等补充进来，发展成为“生产要素六元论”，包括土地、劳动、资本、组织、技术、信息等。我国学者徐寿波则将生产要素概括为“人力、财力、物力、运力、自然力和时力”❹，称为生产要素

❶ 熊彼特．经济发展理论［M］．立信会计出版社，2017.

❷ 亚当·斯密．国富论［M］．唐日松，等译．华夏出版社，2005.

❸ 萨伊．政治经济学概论［M］．陈福生，译．商务印书馆，1997.

❹ 徐寿波．技术经济学［M］．江苏人民出版社，1988.

六力说。20世纪中叶之后诞生的新要素贸易理论认为，生产要素既包括传统的劳动、资本、土地等有形的要素，也包括技术、研发、人力资本、信息管理等无形的软件要素，后者正逐渐成为国际贸易的基础，对一国比较优势格局发挥着决定性的作用。

尽管在表述上有所差别，经济学家们一致认为各种生产要素是经济增长的源泉；生产要素在各种增长模型里都是核心变量。从哈罗德-多马模型，到索罗-斯旺模型，以及在此基础上形成的新古典增长模型，都将资本和劳动要素视为对短期经济增长有重要影响的关键因素，至于长期的增长，则归因于外生的技术进步。内生增长理论则将技术视为内生的变量，经济学家们开始从研发、人力资本、干中学、技术外溢等角度探讨技术进步的来源。此阶段对于生产要素促进增长的原因，也从之前笼统的劳动、资本等提法具体化为人口增长率、人均资本存量等生产要素投入数量方面的增加，以及人力资本投资、技术与知识外溢等生产要素的质变层面。

遗憾的是，主流经济学未将生产要素集聚纳入研究视野，未能对要素集聚促进增长的乘数量级的作用进行深入而持续的探讨。在Krugman(2000)看来，集聚问题未能成为经济理论的研究核心有其必然性，由于当时经济学家不掌握将收益递增和运输成本模型化的工具，因而生产要素集聚问题“从技术上被回避了”❶；而建立在完全竞争、规模报酬不变、不存在交易成本理论基础之上的主流经济学分析框架，必然导向空间均质分布，最终成为一个“无城市的世界”❷，而不是出现空间集聚。

2.2 生产要素集聚的涵义与特征

2.2.1 集聚的涵义

“集”在《辞海》中的解释是“群鸟栖止于树上”，引申为“集合、会合，把分散的汇集在一起”。“集聚”一词在我国古代典籍中早有出现，汉代焦赣的《易林·讼之咸》中就有“仁圣相遇。伊吕集聚。”的句子，其意为“会合、聚会”；唐代《孔颖达疏》谈到政府的治民目标是“集聚”，指百姓安居乐业、聚居而安定。经济学上的“集聚”译自英文“agglomeration”，约翰斯顿等学者编著的《人文地理学词典》中将“agglomeration”解释为“各种生产活动就近联系

❶ Krugman P. 发展、地理学与经济理论［M］. 北大出版社，2000.

❷ 约翰·伊特韦尔，默里·米尔盖特，彼得·纽曼. 新帕尔格雷夫经济学大辞典（第4卷）［M］. 经济科学出版社，1996.

而相互最优，由于运输、通信设施以及其他基础设施的共同利用，一般能够产生外部经济”❶。理论界一般认为第一个明确提出“集聚”概念的学者是韦伯(1909)，他指出，影响产业区位选择的主要有运费因子、工资因子和集聚因子，前两个分别代表销售成本和生产成本因素，而集聚因子则指生产集中于特定场所时带来的生产销售成本的节约，企业通过集聚可以获得它在分散状态下难以得到的经济效率。

梁琦（2003）认为集聚就是空间上的集中，表现为空间距离的缩短和地理范围的缩小，以及因此能够带来的大量成本节约❷。佟光霁（2005）认为集聚是指因社会经济活动和相关因素的空间集中而引起的资源利用效率提高，及由此产生的成本节约和效用增加等❸；刘修岩（2010）认为集聚效应可以具体化为由经济活动在城市或区域的集中所带来的劳动力市场发育（Labor Pooling)、投入共享(Input Sharing)、知识外溢（Knowledge Spillover)、消费效应（Consumption Effects）和本地市场效应（Home Market Effects）等外部性收益❹。以上学者对于集聚的定义均侧重于其外部性。Fujita 等（1999）则从集聚的机制角度予以定义，认为集聚是指由某种逻辑创造并维持的基于关联的经济活动的集中，以要素流动和报酬递增作为集聚经济的微观基础，并具有内生的循环累积作用❺。集聚除外部性之外还具有市场优势，凭借集聚体内广大的市场规模，促进商品、资本和劳动的循环。米娟（2008）强调集聚是在“集中”基础上的有机聚合，能够产生行为主体间的物质流、信息流和社会流，并进而汇聚成“一个复杂的、多层次的网络系统”❻。

总之，经济学意义上的“集聚”不仅仅是指（把原本分散的）集中在一起，还包含着组合效应，通过集中和有机整合，能够产生原本分散状态下所不具有的优势，如货币外部性和技术外部性、循环累积因果效应等。

2.2.2 生产要素集聚的涵义

改革开放以来，中国成为承接国际产业转移的重要舞台。随着“世界工厂”地位的形成，中国特色情境下的生产要素集聚也逐渐受到国内学者的关注，但是目前为止学界对生产要素集聚并没有形成一致的定义。张幼文（2006）教授较早

---

❶ 约翰斯顿，等. 人文地理学词典 [M]. 柴彦威，译. 商务印书馆，2004.

❷ 梁琦. 空间集聚的基本因素考察 [J]. 衡阳师范学院学报，2003.

❸ 佟光霁，王天阔. 构筑哈尔滨都市圈的布局与合作 [J]. 哈尔滨商业大学学报，2005，(1)：74-76.

❹ 刘修岩，张学良. 集聚经济与企业区位选择——基于中国地级区域企业数据的实证研究 [J]. 财经研究，2010，(11).

❺ Fujita M，Krugman P ，Venable A. The Spatial Economy：City，Regions and International Trade [M]. The MIT Press，1999.

❻ 米娟. 中国区域经济增长的要素集聚差异性研究 [D]. 辽宁大学，2008.

地提出了生产要素集聚的概念，认为生产要素集聚是生产要素作为一种经济客体在某个特定地区的经济社会发展过程中彼此间相互联系、发生作用，是生产要素的合作过程。他认为，要素集聚是生产要素在全球范围实现优化配置的具体体现，构成了国家核心竞争力和全球化经济的基础，全球化经济学的本质特征就是“生产要素合作型国际专业化”❶。范云芳（2009）也从合作角度定义生产要素集聚，认为要素集聚是劳动力、资本、知识等经济生产要素在一个国家或地区经济社会发展中的相互联系和作用❷。米娟（2007）将生产要素集聚定义为各种生产要素在地理空间上流动的集中趋向和过程，认为生产要素集聚就是各生产要素通过人类的经济活动在特定区域的集中，可以产生促进区域发展的集聚效应❸。李胜会和李红锦（2010）的定义则更加具体，认为生产要素集聚就是空间维度上的劳动力和资本的空间集聚、土地的内涵式使用、技术的创新效应、制度的变迁等❹。生产要素集聚在微观上表现为资金、技术、信息、制度等生产要素在地理上的不断集中，共同形成产业以及区域发展的动力；宏观上则表现为企业、科研机构、政府等主体在产业升级和区域经济增长方面的通力合作。

学者们对于要素集聚概念的界定，根据研究目的不同各有侧重，本质上都强调了生产要素的集中与相互联系。本书认为，生产要素集聚是指劳动、资本、知识、技术等生产要素在地区乃至国家间的流动与交流的基础上，在特定区域集中并产生要素间的相互联系与合作的过程。在此过程中，生产要素通过有机组合和协同合作产生在要素分散状态下所不具有的组合优势，并带来区域经济、社会与空间结构的改变：

（1）生产要素集聚包含了“集”和“聚”两个层次。生产要素集聚不仅强调生产要素在地域空间范围内的集中和聚少成多，同时也包含着生产要素之间相互联系、有机聚合的过程。如果说“集”是一个加法机制，“聚”则更类似于一种乘积效应，循环累积的集聚外部性是生产要素集聚乘积效应的主要来源。

（2）生产要素集聚通过促进要素间的联系与协作发挥组合效应。要素集聚一方面因促进规模经济而节约了非生产性费用；另一方面又扩大了生产要素的作用范围，促进区域内生产要素的有机聚合与协同合作，实现了要素的优化配置和整合效率的提升，从而产生“1+1>2”的组合效应。

（3）生产要素的充分流动是要素集聚的前提，开放经济通过要素流入实现各种要素在本国的组合。生产要素通过流动寻求实现要素最大回报和最优使用机会的结合，最终形成生产要素集聚。生产要素的集聚过程，就是生产要素在市场

---

❶ 张幼文，梁军．要素集聚与中国在世界经济中的地位［J］．学术刊，2007，(3)．

❷ 范云芳．要素集聚、国际分工与中国的比较优势研究［D］．西北大学，2009．

❸ 米娟．中国区域经济增长的要素集聚差异性研究［D］．辽宁大学，2008．

❹ 李胜会，李红锦．要素集聚、规模效率与全要素生产率增长［J］．中央财经大学学报，2010，12．

机制作用下流动并超越地域边界合作创造价值的过程。

2.2.3 生产要素的集聚特性

传统经济学是在均质分布的前提下对生产要素进行研究的。事实上，生产要素与生俱来具有流动和集聚的特性，这是由其作为经济资源的天然趋利性特点所决定的。

2.2.3.1 劳动要素

劳动要素具有空间流动性，围绕影响劳动力流动的因素，学者们展开了丰富的研究。统计学家 Ravenstein(1889) 提出，迁入区与迁出区的经济差异是影响劳动力迁移的主要动力❶；Tiebout(1956) 发现，人们通过"用脚投票"寻找最符合自己偏好的地方公共物品和税收政策的"组合套餐"❷；Rhode 和 Strumpf (2003) 则补充，劳动者还通过迁移寻找更高的就业机会；Banzhaf 和 Walsh (2008) 还发现了环境在迁徙中的重要作用，人们总是迁移到自然环境良好的地区，而一个地区环境质量的变差则伴随着区域内富裕家庭的减少。总体而言，劳动要素的流动决策是在一定预算约束条件下实现利益最大化的结果，是劳动者对迁移过程中的成本、投资、代价及迁移后的可能收益进行综合权衡的结果❸。劳动要素的异质性决定了劳动力的流动决策具有异质性。影响不同知识和技能水平的劳动要素，在地区间流动并集聚的成本收益因素不尽相同，不同劳动要素工资报酬的定价机制也有很大差别，对于影响劳动力集聚因素的分析，应该在区分劳动要素异质性的基础上进行。

A 普通劳动要素

地区间就业机会和工资差别等经济利益的差异是吸引普通劳动要素流动的主要原因❹。相较于人力资本，生产技术程度较低的普通劳动的流动性受到更多限制，对陌生环境的畏惧也制约着他们的流动。所以，普通劳动的地区间流动多呈现出一种以同乡、熟人为纽带的路径依赖。

普通劳动在区域的集聚是地方产业集聚的基础。一方面，劳动集聚形成的"劳动力池"是地方产业大军和劳动力后备军的主体，便于企业以较低的搜寻成本找到充足的劳动力，这对于企业扩大再生产的意义显得尤为重要；另一方面，劳动集聚产生了巨大的消费需求，扩大了当地市场规模，也给企业提供了增加产

---

❶ Ravenstein E G. The Laws of Migration [J]. Journal of the Royal Statistical Society, 1889, 52.

❷ Tiebout. A Pure Theory of Local Expenditure [J]. Journal of Political Economy, 1956, 64 (10).

❸ Schultz T P. Lifetime Migration Within Educational Strata in Venezuela: Estimates of a Logistic Model [J]. Economic Development and Cultural Change, 1982, 30 (3).

❹ 严浩坤. 劳动力跨地区流动与地区差距 [J]. 地理科学, 2008, 2.

出与扩大投资的动力。劳动者取得的工资收入除用于现期消费外，其余的储蓄部分又转化为对当地的资本积累。因此，劳动的集聚既是产业集聚扩张的保障，也是区域产业扩张的动力来源。

B 人力资本

和其他生产要素一样，人力资本要素也会受到经济发展和空间异质性因素的影响而形成集聚化发展，其空间集中程度甚至要远远高于其他要素[1][2]。不过，影响人力资本要素在地区间迁移集聚决策的成本收益与预算约束模型并不同于普通劳动。因为拥有更高的技术知识与专业技能，人力资本要素具有更高的流动性。除了经济收益，人力资本更注重发展成长空间、地域间知识创造环境和学习氛围等因素。知识扩散的两种主要形式是知识传递和知识创造[3]，作为知识载体的人力资本之间在地理上的邻近和易于到达是非常重要的。学习能力强的劳动力在择城而居的时候更倾向于选择那些学习环境好的大城市，这些城市往往也就业密度更高[4]。对特定地理区位的黏性，决定了人力资本要素本质上具有在地域空间上集聚的特性。

2.2.3.2 资本要素

资本要素流动性较强，同时具有“力求超越一切空间界限的冲动”[5]，资本的空间化从某种程度而言就是资本在全球范围内配置生产要素，实现价值增值的过程。资本的空间化过程主要存在于以下三个方向：

（1）在量上的扩张，体现为既有生产模式和市场在地理上的扩展过程，即经济规模的增加和外延式扩大再生产；

（2）在质的方面的提升，是内涵式扩大再生产即经济结构的重组和升级过程，往往体现为产业升级和产业转移；

（3）金融化的过程，上述两个方向均属于产业资本领域，如果资本在前两个方向追逐利润的进程受阻，就会转投向虚拟经济，这就是以信用资本为扩张载体[6]。

---

[1] Glaeser Edward L, Matthew G. The Complementarily Between Cities and Skills [J]. Journal of Regional Science, 2010, 50 (1).

[2] Wheeler Christopher H. Search, Sorting and Urban Agglomeration [J]. Journal of Labor Economics, 2001, 19 (4).

[3] 吴玉鸣．空间计量经济模型在省域研发与创新中的应用研究［J］. 数量经济技术经济研究，2006, (05).

[4] Baldwin R E, Okubo T. Heterogeneous Firms, Agglomeration and Economic Geography: Spatial Selection and Sorting [J]. Journal of Economic Geography, 2006, 6 (3): 323-346.

[5] 马克思恩格斯全集（第46卷下）［M］. 人民出版社，1980.

[6] 单许昌．空间经济生成动力机制及结构研究［M］. 上海人民出版社，2016.

从以上意义来讲，资本往往起到优化流入地要素配置结构及提升区域价值创造能力的作用[1]。市场机制作用下，资本的逐利本质会促使资本及其他生产要素向获利条件更加优越的领域集聚，推动后者经济结构革新和合理化，提高地区经济效率。然而，资本的吝啬之处却在于：欠发达地区亟须资金注入，却难以得到资本的慧眼青睐；发达地区资金充裕，由于投资预期回报高，反而会更加吸引资本集聚。资本集聚的马太效应进一步加大了地区发展差距——前者资本稀缺，无法跳出贫困的陷阱；后者资本及配套生产要素充足，源源不断地创造财富。

资本对于其他要素具有交换的特权，其他各种生产要素参与生产均以获取资本回报为目标。这意味着，资本的魔力使得资本的空间集聚会吸引和引领其他生产要素的集聚方向；换言之，基于"协作的逻辑"[2] 是资本空间集聚的原始机制，各种生产要素追逐资本指挥棒产生与资本要素相同趋向的集聚运动。

2.2.3.3 科技要素

科技要素具有可共享、可继承、便于传播等特性，其溢出强度随空间距离增加而衰减。学者们通过研究发现，科技创新资源在区域间存在非均衡配置，具有明显的空间集聚现象，而且其集聚程度有不断增加的趋势[3]。学者们认为，其中的主要原因在于，科技活动的地理接近可以在企业间形成基于信任与合作基础上的良好学习氛围，从而有利于科技创新[4]。科技要素集聚度高的城市，研发者个体之间学习交流的机会更多、在工作中接收的信息量和业务量更大，对创新能力的提升也更高。

2.2.4 集聚机制及其外部性

学界对于集聚机制的研究主要集中于产业集聚领域。马歇尔（Marshal，1890）在《经济学原理》中引入外部性的概念来解释"产业的地方化"[5]形成的原因，并从劳动力市场共享形成的"劳动力池"、专业化的中间产品和服务以及协同创新产生的技术外溢三个方面概括外部性的形成。外部性成为后来学者研究产业集聚的核心理论基础，很多学者认同产业集聚所产生的是一种全方位的外部经济效应。新经济地理学派将外部性区分为货币外部性和技术外部性，前者的特

---

[1] 余俊波．政府政策、要素流动与产业转移［D］．暨南大学，2012.

[2] 单许昌．空间经济生成动力机制及结构研究［M］．上海人民出版社，2016.

[3] 陈得文．要素集聚与区域经济增长效应研究［D］．南京航空航天大学，2012.

[4] Asheim B T，Isaksen A．Local，Agglomeration and Innovation：Towards Regional Innovation Systems in Norway［J］．Europe Planning Sutdies，1997，5：28-39.

[5] 马歇尔（1890）所研究的"产业地方化"即指产业集聚，马歇尔认为产业集聚形成原因是自然禀赋及宫廷奖掖，这个观点体现了产业集聚由供给和对特定产业的需求所引起的逻辑思想。.

征是在降低本企业成本的同时并没有降低其他企业的效率，后者的特征是每个公司都不能排他地完全拥有自己生产的技术和知识。Henderson(2003) 又将技术外部性分为两个层面，其一来自专业化，称为行业内的外部性或“Marshall-Arrow-Rome 外部性”；其二来自地区产业格局的“多样化”，是行业间的外部性，也被称为“Jacobs 外部性”❶。Romer(1990) 指出，外部性尤其是技术外部性是技术进步以及经济增长的重要源泉❷；Krugman(1998) 则坚持货币外部性是推动经济增长的主因，因为基于规模报酬递增、运输成本节约和生产要素流动相互作用的集聚推动了经济增长❸。应当说，两人对于经济增长的不同外部性来源的主张根源于其不同的研究方法和分析框架。以 Krugman 和 Fujita 等人为代表的新经济地理学派，对关联效应所形成的货币外部性论述较为透彻，但是对外部性的另一源泉——知识溢出的技术外部性却保持了沉默。Krugman 等人一直执着于精美严谨的模型推演论证，在新经济地理学分析框架下，货币外部性的来源明确并且有着清晰的福利效应，因而能够具体模型化；而当时对于技术却还没有找到有坚实微观基础、建立在动态框架下的溢出模型，因此，在新经济地理学派早期的文献中，要么对技术外部性视而不见予以回避，要么则将其直接作为“黑箱”处理。与此相反，内生增长理论则通过将技术创新内生化纳入分析框架，从而能够对技术及其外部性进行重点分析。

目前对于集聚及其机制的相关研究方法和研究成果多是关于产业集聚的，较少涉及生产要素集聚维度。尽管经济学对生产要素的研究开始较早，但是对生产要素集聚问题却关注不足。生产要素集聚是集聚效应最基本、最原始的来源，也是产业集聚的根本推动力量。产业集聚主要表现为要素、资源和分工的量级变化和空间范围的日益集中，没有生产要素的集聚，产业集聚也就无从谈起。因此，对于生产要素集聚机制及其经济影响的研究，就显得十分必要并且有益。

2.3 生产要素集聚与城市经济效率的关系

2.3.1 对城市经济效率的界定和相关研究

城市经济学认为各种经济活动在地理空间上的大规模集中形成了城市，城市是坐落在有限空间地域内的各种层次的要素市场相互交织在一起的网状系统。作为国家和地区经济增长的发动机，城市的运行效率一直是学界关注的重要问题。对于城市经济效率的概念学术界并无一致的界定，这导致早期文献中涉及的城市效率内涵差异很大。比如，王嗣均（1994）从价值创造的角度，将城市效率界定

❶ Henderson J V. Marshall's Scale Economies [J]. Journal of Urban Economics, 2003 (53): 128.

❷ Romer P. Endogenous Technological Change [J]. Journal of Political Economy, 1990, 98 (5): 71-102.

❸ Krugman P. Space: The Final Frontier [J]. Journal of Economic Perspectives, 1998, 12 (2): 161-174.

为城市单位投入在单位时间内创造或增值的产品的价值量❶，他提出的衡量城市效率的六项指标，在后来宋树龙等（1999）、王圆圆（2004）等学者的研究中得到了广泛运用❷❸。也有学者从城市功能角度定义城市效率，如李博之（1987）将城市效率分为经济效率、居住效率、运行效率和环境效率四个方面；葛海鹰等（2004）将城市的生产、经营管理、投资规模、资源配置等方面的效率统称为城市效率。William Rees(1992)、崔风暴和王虹（2005）则基于生态足迹理论，从城市可持续发展视角研究城市效率。

近年学界关于城市经济效率研究主要围绕两个角度：第一种是将城市的生产率或劳动生产率视为城市经济效率的观点。Prudhomme 和 Lee(1999）提出，以总生产率作为效率的衡量指标面临相应数据难于搜集的困难，因此建议将城市经济效率界定为劳动生产率，即每个工人的产出❹。鉴于城市的主要产业形态是第二产业和第三产业，因此学界往往具体采用非农产业劳动生产率的指标，详见范剑勇（2006)、陈良文等（2009)、刘乃全等（2013)、孙晓华和郭玉娇（2013）和张斯琴（2017）等学者的相关研究。

另一种是对城市经济效率的界定是基于投入-产出视角，运用数据包络方法或随机前沿方法分析城市对投入要素的有效配置、运行状态和经营管理水平。Charnes 等（1989）是最早应用数据包络方法（DEA）分析城市效率的学者，并证实了对于城市经济效率而言，DEA 是一种可行的研究方法❺。这一方法在 Zhu（1998)、Byrnes 和 Storbeck(2000）那里得到了进一步的扩展。李郇等（2005）研究发现，中国城市经济效率普遍较低，其空间分布格局与三大经济地带发展水平和城市行政等级大体一致，其中规模效率是影响城市经济效率的主要因素❻。李培（2007）认为，中国城市经济效率的提升还未达到以技术进步为支撑的质的增长阶段，城市效率差距呈扩大趋势，地方政府管理水平有待提高❼。戴永安（2010）同样得出中国城市经济效率较低并且存在明显的空间差异的结论，认为我国城市化进程的快速推进更多是投入高增长的结果，而非效率的提高所致❽。

---

❶ 王嗣均．城市效率差异对我国未来城镇化的影响［J］．经济地理，1994（1)：46－50，52.

❷ 宋树龙，孙国贤，单习章．论珠江三角洲城市效率及其对城市化影响［J］．地理学与国土研究，1999，15（3)：34-37，55.

❸ 王圆圆．安徽城市效率分析与对策［J］．地域研究与开发，2004，23（2)：34-37.

❹ Prudhomme R，Lee W. Size，Sprawl Spread and the Efficiency of Cities［J］. Urban Studies，1999，36（11)：1849-1858.

❺ Charnes A，Cooper W，Li S. Using data envelopment analysis to evaluate efficiency in the evonomic performance of Chinese cities. Socio-Economic Planning Sciences，1989，23：325-344.

❻ 李郇，徐现祥，陈浩辉．20 世纪 90 年代中国城市效率的时空变化［J］．地理学报，2005，60（4)：615-625.

❼ 李培．中国城市经济增长的效率与差异［J］．数量经济技术经济研究，2007，(7)：97-106.

❽ 戴永安．中国城市效率差异及其影响因素——基于地级及以上城市面板数据的研究［J］．上海经济研究，2010，(12)：12-19.

陶小马等（2013）核算了长三角城市包含自然资源投入的城市经济效率，发现该地区经济发展较为均衡，但是能源、土地等资源投入存在一定程度的浪费，没有达到效率最优❶。本研究的研究对象界定为城市经济效率，与上述学者的研究范畴较为一致。

2.3.2 集聚经济对城市的影响

政治和经济方面的需要促进了城市的产生，而城市的集聚经济效应成为城市化的基础❷。关于集聚在城市形成中的作用，马歇尔论述道："除了防卫需要、皇室奇想以及宗教重要性等因素之外，在推动商业、制造业、行政管理发展方面也具有重要的经济意义，这些在人口完全分散的条件下是难以实现的"❸。苏雪串（2004）强调，集聚经济是推动城市形成并不断扩张的基本力量，以多样化的居民、企业、相关组织的空间聚集为特征❹。刘修岩（2012）将集聚经济分为静态和动态两种类型，前者主要从外部性的来源及作用机制角度解释城市产生的原因和类型；后者则主要研究城市的发展动力，即城市集聚产生后影响其经济增长的因素和动力机制❺。对于集聚与城市效率的关系，学者们的观点并不一致。

2.3.2.1 集聚促进城市生产率的观点

许多学者的研究发现，经济活动的空间集聚与区域经济增长或劳动生产率之间呈现正相关。Ciccone 等（1996）提出以经济密度来反映集聚水平，其研究表明，基于地理临近的生产集聚会通过技术外溢促进生产效率提高，经济活动密度大即集聚度高的地区更容易实现专业化，有利于提升生产率❻。Baldwin 和 Martin（2004）、杜邦（2007）主张增长和空间集聚存在内生互动性❼❽。刘乃全等

---

❶ 陶小马，谭婧，陈旭．考虑自然资源要素投入的城市效率评价研究——以长三角地区为例［J］．中国人口资源与环境，2013，23（1）：143-154.

❷ Fujita M，Mori T. Frontiers of the New Economic Geography［J］. Papers in Regional Science，2005（84）.

❸ 马歇尔．经济学原理（中译本）［M］．商务印书馆，1983.

❹ 苏雪串．城市化进程中的要素集聚、产业集群和城市群发展［J］．中央财经大学学报，2004，（1）：49-51.

❺ 刘修岩，邵军，薛玉立．集聚与地区经济增长：基于中国地级城市数据的再检验［J］．南开经济研究，2012，（3）：52-64.

❻ Ciccone A，Hall R. Productivity and the Density of Economic Activity［J］. American Economic Review，1996，86（1）.

❼ Baldwin R E，Martin P. Agglomeration and Regional Growth［J］. The Handbook of Regional and Urban Economics：Cities and Geography，Elsevier Press，2004.

❽ Dupont Vincent. Do Geographical Agglomeration，Growth and Equity Conflict［J］. Papers in Regional Science，2007，86（2）.

(2013)的研究证实城市效率与集聚水平高度正相关，距离中心城市越远的地区，生产率水平也越低，主张通过区域开发和合作降低距离对中小城市的负影响[1]。赵丽岗（2014）分别以经济密度和空间距离代表集聚和技术梯度，发现二者均与城市生产率显著相关，验证了因集聚溢出产生的技术梯度对城市生产率的影响[2]。以上研究的共性在于，都是从“密度”角度定义集聚，所关注的主要是经济活动的空间集聚或者说经济密度对劳动生产率的影响。

关于产业集聚促进城市增长和劳动生产率的观点，同样得到了较多文献的支持。Martin 和 Ottaviano(2001) 证明了工业活动会向效率更高的地区聚集，而产业集聚的关联效应又可以通过降低企业生产成本和强化知识溢出促进地区生产率的提高，两者是相互强化的过程[3]。Braunerhjelm 和 Borgman(2006)、Ottaviano 和 Pinelli(2006) 等众多学者分别基于不同国家和区域进行研究，其结果支持了集聚可以促进地区经济增长的观点[4][5]。关于我国国内的经验研究中，范剑勇(2006)、刘修岩（2009)、柯善咨和姚德龙（2008)、柯善咨和赵曜（2014）等学者均主张工业集聚是促进城市效率提升的主要因素。

对于集聚促进城市增长的原因，有大量的文献围绕产业集聚效应展开。尽管对产业集聚效应的来源认识不同，学者们一致同意产业集聚有利于创新并可进而促进城市增长或效率提升。Jacobs(1969) 提出城市的多元化发展有利于企业的创新，而基于多元发展的集聚将更有利于城市经济的增长[6]。Porter(1990) 认为，同行业企业聚集可以产生激烈的竞争，从而促进企业进行更多的创新活动，提高生产效率[7]。陈菲琼和任森（2011）研究指出，城市经济集聚能提高用于知识生产的人力和知识技能等创新资源的使用效率，而后者又可以转化为城市的创新能力优势[8]。齐讴歌等（2012）以知识分工和交流外部性解释了创新集聚促进城市效益的机制[9]。Beaudry(2013) 指出，创新者之间空间上的邻近、信息时滞的缩短、交通成本的节省以及知识和技术的外溢等因素，使得集聚环境下更容易

---

[1] 刘乃全，东童童，赵丽岗．集聚经济溢出效应与中国城市生产率差异 [J]．区域经济评论，2013，(04)．

[2] 赵丽岗．要素密度、技术梯度与中国城市生产率差异 [J]．经济体制改革，2014，(01)．

[3] Martin P，Ottaviano G. Growth and Agglomeration [J]. International Economic Review，2001，42 (4).

[4] Braunerhjelm P，Borgman B. Agglomeration，Diversity and Regional Growth [R]. CESIS Electronic Working Paper Series，2006，71.

[5] Ottaviano G，Pinelli D. Market Potential and Productivity：Evidence from Finnish Regions [J]. Regional Science and Urban Economics，2006，36.

[6] Jacobs J. The Economy of Cities [M]. New York：Vintage，1969.

[7] Porter M E. The Competitive Advantage of Nations [M]. New York：Free Press，1990.

[8] 陈菲琼，任森．创新资源集聚的主导因素研究：以浙江为例 [J]．科研管理，2011，(01)．

[9] 齐讴歌，赵勇，王满仓．城市集聚经济微观机制及其超越：从劳动分工到知识分工 [J]．中国工业经济，2012 (01)．

促进创新和技术进步。与上述研究不同，张晓州等（2012）学者关注到了城市集聚经济的一般效应，如高速公路等通道扩容措施显著扩大了物质资源交流的频率和量级，增加了城市经济集聚之间的“时空邻近度”，而无线通信和互联网等虚拟生产要素集聚的提升产生的“时空收敛”作用❶，则促成了立体的资源集聚配置结构，使个别要素集聚升华为整体的经济集聚，因而从根本上提升了城市的发展水平。

2.3.2.2 集聚不一定促进城市经济的观点

也有学者认为，集聚并非一定会促进区域经济增长，因为空间集聚水平的差异会对地区间集聚外部性效应产生差异性影响，影响地区生产函数的特征改变，可能是规模收益递增，但也可能是规模收益不变甚至递减，因此主张集聚只在特定条件下才能够促进增长。

A 集聚效应与集聚所处的阶段有关的观点

Brulhart 和 Sbergami(2009) 通过对 105 个国家 40 年的数据分析中，得出人均 GDP 达到一个临界值之前，集聚有利于经济增长；超过临界值之后，这一关系将不存在。他们认为，这个临界值应该是人均 GDP 达到 10000 美元❷。类似的，孙浦阳等（2011）也认为，伴随着经济的高速增长，集聚的好处将被逐渐削弱❸。除了从区域经济发展水平定义临界点，另外一种观点是关注集聚度的“临界点”。如 Gardiner 等（2011）认为，集聚经济存在“生命周期”，在不同的集聚发展阶段，对于经济增长的影响不同。沈能等（2014）、于斌斌（2015）、陶长琪（2015）等学者也认为，集聚过程中存在着最优集聚度的问题，超过此限度的集聚将会对地区增长起负向影响，并对集聚效应到拥挤效应的转换门槛进行了研究。

B 城市规模对于集聚效应具有异质性影响的观点

城市经济学认为，城市中产业规模和空间分布的均衡点是集聚效应和拥挤效应两种外部性力量的均衡，城市发展中既要受到因规模经济带来的正外部性的影响，也要受到由于运输费用和拥挤成本等原因引起的负外部性的作用。于斌斌等（2015）研究发现产业集聚对于城市经济效率的影响具有地区性差异，并验证了制造业和服务业集聚对东中西部城市经济效率的异质性影响❹。多数研究认为大

---

❶ 张晓州，白永平，张胜武．铁路提速对可达性空间格局演化的影响［J］．地域研究与开发，2012，(10).

❷ Brulhart M, Sbergami F. Agglomeration and Growth: Gross-country Evidence [J]. Journal of Urban Economics, 2009, 65 (1).

❸ 孙浦阳，武力超，张伯伟．空间集聚是否总能促进经济增长：不同假定条件下的思考［J］．世界经济，2011，(10).

❹ 于斌斌．中国城市群产业集聚与经济效率差异的门槛效应研究［J］．经济理论与经济管理，2015，(3)：60-73.

城市更具有集聚效应优势，规模较小城市具有相对竞争劣势，当生产要素在区域间能自由流动时，一些优质生产要素主动向大城市集聚，而普通生产要素则选择向小城市集中❶。因此，高鸿鹰和武康平（2007）主张通过适度保护小规模城市的发展以避免城市规模分布过于陡峭化❷。孙久文等（2015）的观点则正好相反，认为由于过度集聚引发的拥堵、污染等“大城市病”限制了城市经济效率的提升，因此集聚经济对大城市经济效率的带动作用有限，中小城市因集聚所获得的收益反而更大❸。

对此本书认为，“城市病”的产生不能简单归因于集聚规模和城市扩张，经济结构不合理、城市建设规划的盲目性、政府过度干预以及资源分配失衡等因素是造成城市集聚成本过高的主要原因❹。此外，经济高度集聚并不必然降低城市经济效率，与国际相比，我国当前的城市集聚程度并非过高❺，远未达到“过度集聚”，通过城市集聚经济充分发挥和资源有效配置，反而能有效缓解城市病。

2.3.3 生产要素集聚与城市经济效率的关系

学术界对于集聚与城市相关关系的文献主要关注了两个角度：一是产业集聚，二是经济活动的集聚亦即经济密度。

一方面，已有研究主要探讨产业集聚对于城市经济增长或者劳动生产率的影响，较为全面地分析了产业集聚促进城市增长的机制，也关注到了集聚在技术创新、知识溢出等方面的外部性。但是学者们对于集聚是否促进城市增长和生产率提升的看法并不一致。

另一方面，尽管生产要素集聚对于城市发展具有重要意义，学界对于两者关系的研究成果却很少。城市是生产要素集聚的结果，城市化包含土地城市化、人口城市化、产业与经济城市化、基础设施城市化等几个层面，无一不以生产要素的空间流动直至集聚为内容，城市的发展取决于城市拥有的生产要素禀赋，以及在此基础上产生的要素集聚效应。生产要素集聚效应的提升，将对城市化质量提高和城市向效率型发展模式转变产生重要影响。

生产要素集聚与产业集聚在内涵、表现、集聚机制以及经济影响等方面有很大区别，在研究方法上也有所区别，针对产业集聚和生产要素集聚问题的研究将导向不同的结论。另外，由于生产要素具有多种形态，不同生产要素集聚效应可

---

❶ 吴福象，刘志彪．城市化群落驱动经济增长的机制研究——来自长三角16个城市的经验证据[J]．经济研究，2008，(11)：126-136.

❷ 高鸿鹰，武康平．集聚效应、集聚效率与城市规模分布变化[J]．统计研究，2007，(3)：43-47.

❸ 孙久文，李姗姗，张和侦．“城市病”对城市经济效率损失的影响——基于中国285个地级市的研究[J]．经济与管理研究，2015，(3)：54-62.

❹ 陈哲，刘学敏．“城市病”研究进展和综述[J]．首都经济贸易大学学报，2012，(1)：101-108.

❺ 陆铭，高虹，佐藤宏．城市规模与包容性就业[J]．中国社会科学，2012，(10)：47-66.

能存在异质性，这也使得生产要素集聚的研究更有其独特性和更为复杂。因此，有必要对生产要素集聚与城市经济效率的相关关系进行深入而具体的研究。

2.4　公共支出与区域经济的关系

2.4.1　公共支出的必要性

由于具有非独占性、非排他性、非竞争性等特殊属性，导致公共产品供应存在着显示性偏好、社会选择和管理三个方面的困难。居民具有因搭便车需要而隐瞒真实偏好的动机，企业对于提供公共品也难以有充分的积极性，因此早先的理论研究认为，公共产品供给不能依靠市场机制完成，为了解决“利益与效用的个人享受与自身难以提供的矛盾”，公共品的供给者一般是政府[1]。萨缪尔森（1954）通过著名的灯塔案例，系统讨论了由于公共品的外部性特点决定了市场机制并不能有效解决公共品的供给，因此必须由政府以公共支出的方式来提供公共产品和服务。刘尚希（2002）则从政府存在的合理性角度分析，提出公共支出的使命在于防范和化解可能的公共风险。

2.4.2　公共支出的效率标准及影响

吴俊培（2003）主张，应从资源配置和生产执行两方面衡量公共支出效率，两者分别属于总量结构问题和具体的组织管理问题。郭长林（2007）认为，应该以资源有效配置、收入合理分配以及经济稳定增长为标准对公共支出的效率进行衡量。王谦等（2008）则指出，公共支出效率至少应该包括经济效率和社会效率。

很长一段时期以来，不乏有学者认为，既然公共品很难依靠市场机制提供，那么也就难以如私人部门那样通过寻求“市场解”达到资源的优化配置（Musgrave，1939；Samuelson，1954）。Tiebout（1956）是第一个把竞争性市场理论引进地方政府行为分析的经济学家，他提出了著名的“用脚投票”机制。公共支出不仅具有引导要素流动和集聚的作用，还会通过地方政府间争夺选民的竞争压力进而促进效率的改进。Breton（1996）、Besley 和 Smart（2001）进一步论证了政府寻求最大化选票的竞争将能保障物品和服务的有效率提供，并有助于实现居民的个人效用最大化。Stiglar（1957）、Musgrave（1969）和 Oates（1972）等分别论证了地方政府与中央政府相比更具有效率优势，原因在于地方政府在了解辖区居民对于公共品的差异化偏好和需求方面存在信息优势，便于据此实施不同而合民意的资源配置方案。Marlow（1988）和 Rowland（2001）也同意地方政府可以在公共品供给与不同居民的需求和偏好之间提供更好的匹配，选择和运用公共资源方

---

[1] 霍布斯．利维坦［M］．黎思复，黎廷弼，译．商务印书馆，2017.

面的积极参与，也会使地方政府变得更民主和更有效。

当然，也有许多学者持相反的观点。Gordon(1983) 发现，同级地方政府间存在税收和公共品竞争，容易导致同级财政竞争的外部性成本，需要通过适当的中央集权予以避免。Conyers(1990) 和 Hayes(1998) 指出，地方政府可能被少数利益集团控制而导致利益集团私利优先，出现腐败、过度支出等无效行为。可以看出，学界的相关研究其实侧重于公共支出的社会治理效率而非经济效率的范畴。

关于中国经验的研究中，Qian 和 Weingast(1991)，Qian 和 Roland(1998)；Lin 和 Liu(2000)，张军和金煜（2005）等认为，分权制改革促进了市场化进程并改善了经济效率。但是陈诗一和张军（2008）认为，公共支出效率具有地区差异，他们对 1978~2005 年间我国政府支出效率进行了测度，发现西部地区政府支出效率普遍低于东中部，并且公共支出的不同结构对于效率的影响结果不同。Young 和 Poncet(2000) 研究的结果是，财政分权导致了不断的市场分割，不利于国内统一市场的形成和经济效率的改善。陈抗等（2002）认为，始于 1994 年的分税制改革，使地方政府从“援助之手”变成了“掠夺之手”。张军和周黎安(2002；2008)、苗建军（2014)、张幼文（2015）等学者研究了地方政府竞争导致的生产要素配置失当和效率损失，同意分税制和以 GDP 作为政绩考核标准的制度安排，是地方政府为发展本地经济而激烈竞争的主要制度根源。

2.4.3 公共支出对区域经济的作用

学者们的普遍关切是：公共支出政策对于区域经济究竟扮演了“援助之手”还是“攫取之手”的角色？通过梳理相关文献发现，学者们的研究结论并不一致。1970 年，Arrow，Kenneth 和 Kurz❶ 首次将政府公共资本存量作为影响消费者效用的因素引入生产函数，得出公共支出对消费者效用有正向影响，也有助于提高私人资本的边际生产力的结论。其后 Barro(1990)❷ 等研究者秉承这一方法，从理论上论证了公共支出对经济增长具有持久而显著的作用，并且对社会福利也有有利的影响。新产业区理论还看到了政府在产业集聚形成中的作用。从中长期看来，公共支出还可以形成产业结构效应和租金效应，通过间接影响产业间的生产要素流动和积累，优化资源配置，改善产业和经济结构❸❹。同时，公共支出

❶ Arrow，Kenneth，Kurz M. Public Investment，The Rate of Return and Optimal Fiscal Policy [M]. Baltimore：Johns Hopkins University Press，1970.

❷ Barro R J. Government Spending in a Simple Model of Engodenous Growth [J]. Journal of Political Economy，1990，98：103-125.

❸ Dar A A，AmirKhalkhali S A. Government Size，Factor Accumulation and Economic Growth：Evidence From OECD Countries [J]. Journal of Policy Modeling，2002，24.

❹ 石奇，孔群喜．动态效率、生产性公共支出与结构效应 [J]. 经济研究，2012 (1).

有助于缩小地区财力差距[1]，亦是影响城镇化进程的主要途径之一[2]，可以有力助推城市化和地区经济一体化。

但是，也有学者认为，公共支出与经济增长之间并不一定存在正向关系。庄子银和邹薇（2003）从公共支出过程中的“调整成本”出发，论证了公共支出对经济增长造成的负面影响和社会福利损失[3]。贾俊雪和郭庆旺（2008）发现，地区间转移支付制度未能促进地区间财力和公共服务的均等化，并引起了地方政府财政努力程度下降等行为扭曲，加剧了人均财力和交通基础设施等方面的区域差距[4]。范子英和张军（2010）、徐现祥和梁剑雄（2014）认为，偏向欠发达地区的转移支付是以牺牲效率为代价的，将导致发达地区策略性放缓本地的经济增长[5][6]。

还有学者有条件地支持公共支出促进经济增长的结论：龚六堂和邹恒甫（2001）强调，公共支出的不同类型对区域经济的影响不同；薛刚等（2015）认为，单纯扩大公共支出规模无益于区域发展，而提高福利性支出等公共支出结构方面的变化，有助于带动经济效率增加[7]。学者的研究中，公共卫生支出、公共教育支出促进经济增长的作用得到较为广泛的证明（Hajizadeh，2014；王春元，2009；兰相洁，2013）。祝接金和胡永平（2009）认为，在适度公共支出规模下，公共支出增加会提高资本产出率[8]；吴颖等（2009）提出，由于集聚租金的黏性，政府旨在进行区域协调的公共支出政策存在门槛值，只有当政策变量对区域集聚度超出某一阈值时，政策效果才会显现[9]。

尽管公共支出问题获得了较多关注，但现有文献就公共支出与区域经济增长的关系研究并未达成一致的意见。此外，公共支出对区域经济效率的全面提升存在重要影响，也会对要素集聚程度与方向产生作用，但理论界关于公共支出对城市经济效率影响的研究成果还较少，对于公共支出与生产要素集聚效应相关影响机理也缺乏论证。

---

[1] 鲍曙光．我国财政转移支付财政均等化效应研究［J］．中央财经大学学报，2016（3）．

[2] 刘妮娜，刘诚．合理、有序推进中国人口城镇化的路径分析［J］．经济学家，2014（2）．

[3] 庄子银，邹薇．政府财政支出能否促进经济增长：中国的经验分析［J］．管理世界，2003（7）．

[4] 贾俊雪，郭庆旺．政府间财政收支责任安排的地区经济增长效应［J］．经济研究，2008（6）．

[5] 范子英，张军．中国如何在平衡中牺牲了效率：转移支付的视角［J］．世界经济，2010（11）．

[6] 徐现祥，梁剑雄．经济增长目标的策略性调整［J］．经济研究，2014（1）．

[7] 薛刚，陈思霞，蔡璐．城镇化与全要素生产率差异：公共支出的作用［J］．中国人口资源环境，2015，25（3）．

[8] 祝接金，胡永平．地方政府支出、效率改进与区域经济增长——中国地区面板数据的经验分析［J］．中国软科学，2006（11）．

[9] 吴颖，王旭，苏洪．区域经济协调发展中的区域公共支出政策失灵及矫正——基于空间经济学理论背景［J］．软科学，2009，23（5）．

2.5　本章小结

城市是生产要素集聚的结果，生产要素集聚是城市化的本质属性，城市的发展取决于城市拥有的生产要素禀赋，以及在此基础上产生的要素集聚效应。目前学界对于城市集聚经济的研究主要聚焦于产业集聚领域，但对于生产要素集聚的研究成果还很少，更缺乏就生产要素集聚对城市经济效率影响的相关研究。另外，公共支出对于城市经济效率以及生产要素集聚效应均具有重要的影响。现有研究虽然对公共支出与区域经济的关系关注较多，但并未就此达成一致性的意见，也没有关注到公共支出对于城市经济效率的影响，以及公共支出在要素集聚效应中所起的作用。本书以生产要素集聚效应为切入点，分析生产要素集聚对于城市经济效率的影响，以及公共支出对于要素集聚效应和城市经济效率的作用。这是理论界仍缺乏关注的内容与角度。考虑到生产要素集聚以及公共支出的空间相关性，本书采用空间计量经济学的研究方法，使得对该问题的研究更为严谨和有吸引力。

3 生产要素流动与集聚机制

生产要素的充分流动，是要素集聚的前提。生产要素流动的目标，在于寻求要素在区域乃至全球范围内的优化配置，其结果必然是生产要素集聚。在要素流动和集聚中是哪些因素在起着关键性的作用？生产要素集聚的动力机制具有怎样的特征？本章将对生产要素流动规律进行分析，并分别阐述自然、市场、制度三种因素在生产要素集聚中的不同作用机制。

3.1 生产要素流动

生产要素的地区间流动和国际流动是地区一体化和经济全球化的本质。

（1）不同生产要素的流动性往往有较大差异。资本、技术等生产要素具有较强的流动性，而自然资源和土地则流动性很弱甚至根本无法流动。

（2）生产要素的流动性还要受到自身流动性以外其他因素的制约。比如尖端技术、战略资源等特殊生产要素，其流动性受到国家相关政策的限制。在涉及国家安全和保密技术的相关领域，资本的流入被严格限制。劳动力的流动也往往受制于政策因素，大多数国家和地区通过优惠政策吸引高级人力资本流入，对普通劳动要素流入则有诸多门槛，而在普通劳动力极大稀缺的国家，并不存在这样的限制。

（3）生产要素流动性是相对的。在一省或一国范围内，基于劳动力市场的同一性和文化制度的同源性等因素，劳动要素的流动较为便利；而跨国的劳动要素流动则因风俗文化差异更大、制度性限制更多等原因困难极大。随着交通、通信技术的发展，传统理论中不具流动性的自然资源要素，也可借助资本和科技的力量实现流动。

3.1.1 生产要素禀赋的区域差异

生产要素禀赋结构的区域差异，是要素在区域间流动的客观基础，也是形成区域发展不平衡的基础性原因。生产要素禀赋结构是指区域各类生产要素之间的相对存量和生产效率，不同地区生产要素的种类和丰裕程度不尽相同；同一种生产要素在不同地区间的禀赋，也存在生产能力与产出效率上的差异。因此，生产要素禀赋的区域差异不仅体现在数量的层面，同时也体现在质的层面。以农地为例，不同地区既存在可耕种土地数量的差别，也存在土地肥力的差距，两者共同决定了各地区农地生产效率方面的较大差异。古典和新古典增长理论中，假设生产要素是同质的，因此在空间上也是匀质分布的，不存在要素禀赋的区域差异；在新增长理论分析框架中，经济学家开始重视要素禀赋的区域差异，并对生产要素投入的“量”和“质”对区域的作用进行了区别性的研究。要素禀赋“质”的层面主要是指要素的生产能力和产出效率，生产要素所内含的知识技术等因素是决定要素使用质量或产出效率的重要原因，生产要素与复杂程度不同的技术相结合所产生的产出效率并不相同。

对于生产要素使用质量的概念，在不同学者那里表述并不相同。Poter（1990）认为生产要素应该分为初级生产要素和高级生产要素，前者往往通过被动继承或简单投资就可获得，多指生产所处的地理区位、自然资源、人口、气候以及非技术人工、融资等；后者则指人力、科教、通信等需要通过人力和资本上先期的大量投资才能获得的要素，如高级人才、高等教育体系、科研院所、现代的通信基础设施等❶。于刃刚和戴宏伟（1999）等学者则将生产要素区分为传统型要素和创新型要素❷，前者包括土地、劳动、资本等，而后者则包括管理、信息、技术等内容。以上两种表述对于生产要素的范畴以及划分标准并不完全一致，其中 Poter 的表述暗含着一种等级的观念。本研究认为，生产要素并无等级高下之分，不同要素之间“质”的差别主要体现在知识技术含量引致的产出效率方面的差异。因此，本研究采用于刃刚和戴宏伟的提法，将生产要素区分为传统型生产要素和知识型生产要素。

区域间的生产要素禀赋差异导致区域具有不同的比较优势，传统型生产要素和知识型生产要素对于区域发展的重要性并不相同。由于生产要素之间存在可替代的关系，区域可以使用本区域充裕生产要素替代稀缺生产要素，发展充裕生产要素密集型产业。知识经济时代对传统型生产要素的需求相对减少，而对创新型要素的需求相对增加。随着创新研发的重要性日益提高，传统生产要素形成的竞争优势通常会被创新所取代，后者正成为区域竞争优势的主要来源。全球化的发展使阻碍要素流动的壁垒日渐降低，传统型生产要素的不足可以通过贸易的形式获得弥补；但是区域对知识型生产要素的需求，则只能由当地政府和企业通过增加科教等方面的投入来创造。因此，生产要素质量上的优势在区域经济发展过程中的作用往往大于数量上的优势。为了实现区域的长期可持续发展，必须致力于提升本地区知识型生产要素集聚能力。日本是典型的自然资源要素贫乏的国家，但是创新型要素丰富。在“科技立国”战略引领下，日本十分注重人力资本要素和科技要素开发，以此作为本国经济优势的来源，并保证了日本在国际分工和国际贸易中的强大竞争优势。反之，很多发展中国家自然资源生产要素十分丰裕，却因缺乏高级知识型生产要素，只能从事资源开采和初级加工产业，以资

---

❶ Porter M E. The Competitive Advantage of Nations [M]. New York: Free Press, 1990.

❷ 于刃刚，戴宏伟. 生产要素论 [M]. 中国物价出版社，1999.

源换取工业制成品，不仅在国际贸易体系中始终处于被支配的地位，而且陷入“资源诅咒”，难以摆脱“富饶的贫困”的低收入陷阱。发展中国家以资源类初级产品换资本的发展模式注定是不可持续的，只有致力于技术创新才能提升本国经济生产在价值链分工体系中的地位，增强在国际贸易中的话语权和利得分配。

3.1.2 生产要素的价格决定与流动

生产要素禀赋结构的区域差异决定了生产要素价格的地区间差异，后者是生产要素流动和集聚的直接原因和根本动力。生产要素具有有限性和相对稀缺性，因此对要素的使用不可能是无偿的，需要以生产要素价格的形式支付使用报酬。正如同只有存在落差，水才能够流动的道理；生产要素价格的区域差异构成生产要素流动的“落差”。生产要素遵循收益最大化原则，由要素报酬低的区域向报酬高的区域流动。假设企业的生产函数形如式（3-1），则对生产要素价格的决定规律做如下推导：

$$Y = A[a_L L^{\frac{\rho-1}{\rho}} + a_K K^{\frac{\rho-1}{\rho}}]^{\frac{\lambda\rho}{\rho-1}} \tag{3-1}$$

式中，企业的产量 Y 由以下因素决定：生产工艺和技术水平 A、雇佣工人数量 L 和使用的资本量 K；a_L、a_K 分别为劳动力的产出系数和资本的产出系数，并且满足 $a_L + a_K = 1$；ρ 为劳动和资本两类生产要素间的替代弹性。λ 为决定企业规模报酬情况的齐次度参数，当 $0<\lambda<1$ 时，企业规模报酬随生产要素投入的增加而递减；当 $\lambda=1$ 时，随生产要素投入的增加企业规模报酬不变；当 $\lambda>1$ 时，企业规模报酬随生产要素投入的增加而递增。

一般情况下，资本与劳动属于不完全替代，即 $\rho \in (0,\ 1)$ 时，对式（3-1）中的 L、K 分别求偏导，得到生产要素市场的出清条件为：

$$w = PA\lambda[a_L L^{\frac{\rho-1}{\rho}} + a_K K^{\frac{\rho-1}{\rho}}]^{\frac{(\lambda-1)\rho+1}{\rho-1}} a_L L^{-\frac{1}{\rho}} \tag{3-2}$$

$$r = PA\lambda[a_L L^{\frac{\rho-1}{\rho}} + a_K K^{\frac{\rho-1}{\rho}}]^{\frac{(\lambda-1)\rho+1}{\rho-1}} a_K K^{-\frac{1}{\rho}} \tag{3-3}$$

式中，P 为该企业产品的售价；w 和 r 分别为劳动和资本两种生产要素的价格或报酬率。由式（3-2）和式（3-3）可得，两种生产要素的相对收益为：

$$\frac{w}{r} = \frac{a_L}{a_K}\left(\frac{K}{L}\right)^{1/\rho} \tag{3-4}$$

式（3-4）揭示了生产要素价格决定机制。生产要素的相对价格主要取决于两个因素：生产要素数量的稀缺比 $\left(\frac{K}{L}\right)$ 和生产要素的产出系数比 $\left(\frac{a_L}{a_K}\right)$，由要素数量和质量两方面差异产生的生产要素相对供求状况，最终决定了生产要素的价格。

（1）生产要素数量的稀缺比反映了要素禀赋数量方面的区域差异对要素价格的影响。生产要素数量上的区域差异影响了生产要素供给条件，并造成生产要素需求的相对稀缺性。这个连锁反应投射为“物以稀为贵”的生产要素定价机制，生产要素稀缺地区的价格高于禀赋丰裕地区。

（2）生产要素产出系数比则体现了生产要素间产出效率，即要素使用质量的差异对要素价格的影响。产出效率高的生产要素，在同等投入情况下，能够有更多的产出，毫无疑问，在生产要素市场上会获得更高的报酬。

随着全球化和区域一体化进程的加速，生产要素在区域间的流动性大大增强，区域也可以通过从其他地区引入本地相对稀缺的生产要素，来促进自身的经济发展。事实上，这种“引入”的过程往往无须人为干预即可自行发生。因为生产要素的空间流动具有经济自组织的特征，可以不依赖于外部指令而凭借内生的演进动力自行组织运行❶。生产要素流动的内生动力是市场。如果一种生产要素在B地比较丰裕而A地相对稀缺，则该要素的价格在A地更为昂贵，价格之手通过市场机制发挥自动调节功能，吸引这类生产要素更多的流向A地，从而弥补后者的生产要素短缺。以资本要素为例，如果地区A的资本收益高于地区B（即两地间有 $r_A > r_B$），资本就会从地区B流往地区A。

除要素价格之外，其他一些原因也会对要素流动产生影响。生产要素向某个区域流动的强度，取决于该区域能够为要素带来的最大收益。这种利益不仅包含有形的物质利益回报（要素价格报酬），还包含一些无形的收益，潜在收益的大小由该区域的自然资源、基础设施、人才、技术积累、经济机制及社会文化等因素相互累积叠加后所形成的区域整体能量决定❷。以劳动要素为例，对自身以及其家庭生活境遇的改善需求是劳动在地区间迁移的根本源动力❸，影响劳动力迁移决策的主要因素一方面是迁入地的工资水平，另一方面则是就业机会、职业前景或者生活环境等无形的福利改进，而这些往往由当地的经济水平与产业状况、技术人才政策以及基础设施、社会文化环境等决定。

3.1.3 生产要素流动的经济效应

生产要素流动的经济效应主要表现在下述三个方面。

3.1.3.1 提高要素边际生产效率

生产要素以价格为媒介，在要素市场上进行流动、交易，寻求实现在更广泛

---

❶ 郝寿义．区域经济学原理［M］．上海人民出版社，2007.

❷ 刘霆，谭晓萍．跨区域流动要素对区域经济发展的影响［J］．经济地理，2009（4）.

❸ Moretti E. Workers Education，Spillovers and Productivity：Evidence from Plant Level Production Functions［J］. American Economic Review，2004：94.

地域范围内的优化配置。以资本要素为例，对流入地而言，新流入资本往往代表着更高的科技含量和管理水平。一方面通过技术溢出提升了原有资本的边际生产效率；另一方面也通过学习效应提高了劳动的边际生产效率，使新的生产要素组合的边际生产效率得到提高。同时，新要素的流入也激活了流入地的闲置生产要素，流入要素通过与地区原有生产要素的结合，提高了后者的使用效率。对要素流出地而言，一部分资本的流出提升了剩余资本的边际效率，促进劳动向资本部门的流动和新资本的创造，从而有利于生产效率的提高。因此，生产要素流动对要素流入与流出地的边际生产效率提升和经济增长均具有促进作用。如图 3-1 所示，区域初始生产函数为 $Y=f_1(k)$，发生生产要素流动后其边际生产效率提高，表现为生产函数向外扩张，变为新的生产函数为 $Y=f_2(k)$，斜率由 k_1 增加到 k_2，意味着单位资本的增加可以获得更多的产出。

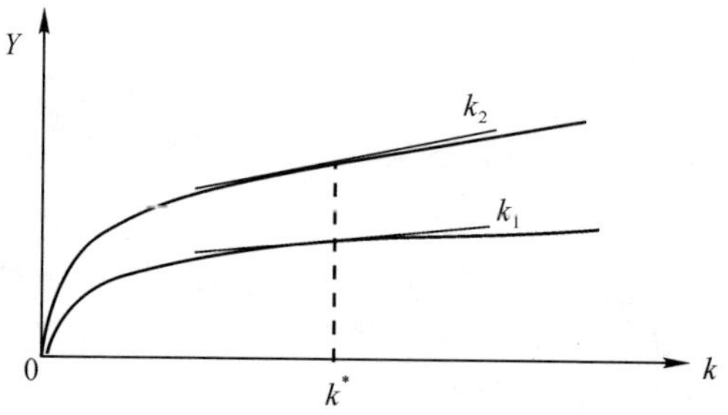

图 3-1 生产要素流动对其边际生产效率的影响

（资料来源：张幼文等. 生产要素集聚的体制引力 . 格致出版社、上海人民出版社，2015）

3.1.3.2 改变区域要素禀赋和产业结构

生产要素禀赋结构影响了生产要素在不同产业间的收益差异和流向，因此决定了产品结构和产业结构的形成路径，由此也就决定了区域的增长特征；反之，要素价格又通过市场机制影响生产要素在区域间的流动和集聚，会改变区域生产要素禀赋结构。生产要素流入造成区域间生产要素的再分配，改变了区域原有的生产要素结构和产品结构，促进要素流入地产业结构的演进。生产要素的流动使得要素不再是它的初始归属地独自拥有的比较优势，正如 Porter 指出的：“高级技术人才具有高度流动性，现代通信技术的发达更加强了这种流动性。人力资源的流失将削弱原要素拥有国的竞争优势；国际竞争中的赢家，通常是那些能够有效利用技术、人才等流动要素来提高自身资源配置效率的国家。”❶

❶ Porter M E. The Competitive Advantage of Nations ［M］. New York：Free Press，1990.

3.1.3.3 促进全区域的经济增长

不同的区域空间伴以不同的生产要素禀赋和经济发展潜力。生产要素在区域间的流动，改变了整个区域的生产要素配置，造成生产要素在全区域范围内的重新布局。生产要素流动还优化了全区域生产要素配置水平和使用效率，拉动地区形成新的生产能力，促进经济增长。

3.2 生产要素集聚的动力机制

生产要素流动的结果，必然不会是在空间上均衡对称地分布，而是产生要素集聚。图 3-2 显示了影响生产要素集聚的三种动力来源，图中 *N* 代表自然因素，*M* 代表市场因素，*G* 代表制度因素。自然因素是影响生产要素集聚的起始动力，自然条件决定了生产要素在区域间的初始禀赋结构，是生产要素集聚的起点。市场机制的影响处于主导性地位，是要素集聚的内生原动力，为生产要素集聚提供了循环累积的自驱动力。政府处于补充性地位，是生产要素集聚的人为动力，对市场机制进行必要的引导补充。自然、市场和制度彼此影响，互为反馈，任何一种力量的改变都将引起一系列连锁影响，区域最终达到的生产要素集聚程度，由三种动力因素所共同作用的合力面决定。

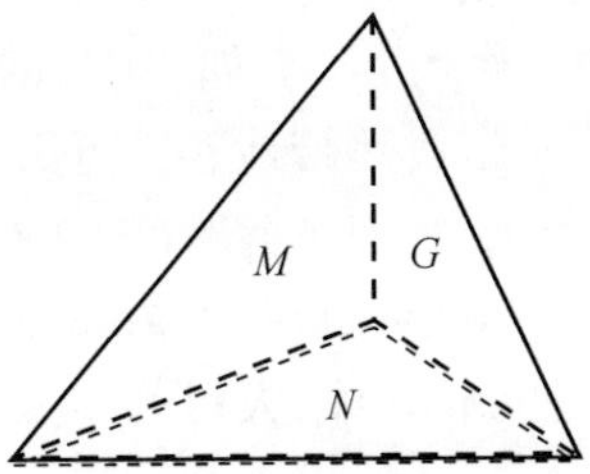

图 3-2 生产要素集聚的动力机制模型

生产要素集聚的动力机制模型解释了我国区域经济以沿海地区、开放城市以及经济技术开发区为主体的开放型空间结构集聚式发展特点。我国生产要素集聚具有“西疏东密”的空间特征，以平原为依托，呈现“沿海、沿江、沿线”的空间分布格局。这种格局既与西北和东南地区不同的地理环境与自然条件差异有关，也与两地间不同商业文明渊源和市场化程度有着根本联系。改革开放以来，沿海和东部地区率先进行的开放性制度变革，也成为东部地区生产要素集聚的重要助推力量。

3.2.1 自然因素

影响要素集聚的自然因素是指对生产要素集聚起影响作用的与特定地理区位相联系的自然地理条件以及相关的资源禀赋因素，如不同区域的海陆位置、海拔、土壤、资源、气候等各种不依赖于人类经济活动的外部地理环境，还包括交通等受地理区位和自然条件影响较大的经济地理因素。自然条件能对人类经济活动产生显著影响的关键就在于地区间存在着自然禀赋的“天生”差异。Cronon

将之称为“第一属性（First Nature）”❶。自然力是影响区域发展和集聚的首要因素和基础动力，区域间自然环境、资源禀赋、经济区位等因素的差别是生产要素集聚产生的基础性条件。

3.2.1.1 自然环境的影响

不同地理区位的自然环境迥异，自然环境优越的地区更容易产生生产要素集聚，而自然环境恶劣的地区则存在要素集聚的先天性劣势。缪尔达尔将“初始发展条件不佳”视作欠发达地区贫穷“循环积累因果效应”的分析起点，并列举了自然资源普遍贫乏、气候过于炎热潮湿等等自然因素，认为适宜的温度有利于集聚❷。无独有偶，Gallup 和 Sachs(1998）也通过研究发现，温带的人均 GDP 高于寒带或热带地区，近海区的相应集聚指标高于远海区。这一规律在我国也得到证明。我国东西跨度 5200 公里，自然地理条件差异较大，地理学家胡焕庸 1935 年提出划分我国人口密度的对比线——沿黑龙江瑷珲（今黑河）向西南至云南腾冲画出一条人口分布悬殊的界线❸——学界称为“胡焕庸线”。以“胡焕庸线”为界，该线以东南地区气候更加宜人，农业和现代工业更加发达，分布着全国 96%的人口，经济和城市化水平都远远高于西北地区。“胡焕庸线”形象说明了自然条件对人类经济社会生产和人口分布产生的影响。

3.2.1.2 自然资源禀赋

资源要素禀赋学说认为，自然资源分布的不均匀在一定程度上导致生产要素在空间上的分布不均匀，并大多呈现出集聚的状态。美国的五大湖地区、德国的鲁尔工业区、英国以伯明翰为中心的西密德兰区等，无一不是依托资源禀赋优势集聚的典型代表。同类型的案例在我国也比比皆是。内蒙古依托“羊、煤、土、气”的资源优势发展牧业、羊绒、煤炭、稀土、钢铁、天然气等资源型产业，拉动地区经济实现了 1990 年代以来的跨越式增长，带动了鄂尔多斯等资源型城市的兴起。包头凭借白云鄂博丰富的稀土铁矿资源，布局包钢、一机、二机等重工企业，奠定了包头作为内蒙古最大工业城市的资源和产业基础。

3.2.1.3 交通条件

准确地说，交通应该属于受地理区位条件密切影响的经济地理因素。在历史上，交通运输是区域发展的引擎和很多城市兴起的重要原因。人类经济社会发展

---

❶ Cronon W. Nature's Metropolis: Chicago and the Great West [M]. W. W. Norton and Company, New York, 1991.

❷ 缪尔达尔．亚洲的戏剧：南亚国家贫困问题研究［M］．首都经济贸易大学出版社，2001.

❸ 胡焕庸．中国人口之分布——附统计表与密度图［J］．地理学报，1935（02）.

的早期阶段，交通运输技术并不发达，人口聚集最先发生在自然地理条件优越的地区，随之满足人类生产生活需要的相应产业出现并逐渐发展，出现产业的聚集。港口和其他交通枢纽存在“中心地效应”和“枢纽效应”[1]，拥有天然的地利性区位优势，出于节省国际贸易中运输成本的考虑，集聚更可能发生在地理位置与交通条件优越的地区。地中海→大西洋→太平洋依次演进的三大世界贸易中心地，均是水路通达、港口密集的区域；美国大西洋沿岸城市、五大湖流域城市的兴起，均受益于水路交通优势；中国的香港、广州、武汉、上海、天津等城市，也是作为水上交通枢纽城市得到最初的发展。陆上交通对于经济集聚的影响同样重要。包头自古就是沟通阴山南北的陆上交通要道和最靠近草原的通道，1923年京绥铁路通车包头，随后黄河航运船码头也移至此地，包头成为重要的水旱码头和交通要道，是西北地区最早的贸易中心和物资集散地，因而具有了源远流长的商业文明历史。如果说传统商路沿线发展的主要原动力是自然区位，则铁路的发展在促进内陆的市场整合和城市发展的同时，也削弱了不处于铁路枢纽的传统商路城市的相对经济影响[2]。京广和陇海铁路交会于郑州使其成为联通中国南北东西的大动脉枢纽，也带来了河南省省会城市变迁和郑州、开封的兴衰更替；石家庄被称为“火车运来的城市”，因正太、平汉铁路的修建，由原来的小村庄逐步发展成为河北重镇和省会城市。

就集聚的自我演进阶段而言，生产要素的最初集聚对初始自然环境依赖很大，初始环境的微小变化和突发性冲击，可能演变为集聚系统的巨大变化。在农业社会和工业社会早期，自然地理因素在经济集聚中心形成时起着重要的“催化”作用，往往可以解释区域集聚的初始冲击或启动力量的来源。如同蝴蝶效应原理，初始冲击打破了既定的均衡状态，循环累积的正反馈强化了初始模式，将微小的变化不断放大。随着人类社会进入知识经济时代，交通和通信技术的发展以及运输成本大幅下降，近年来高铁的发展进一步促进了生产要素的流动和区域的协同发展，空间距离的制约因素正在减少。尽管如此，自然地理因素仍在区域空间结构演变中发挥着重要作用，距离对经济活动的影响并不会因技术进步而消失。比如，某些制成品的生产必须是以当地特殊资源作为原材料；现实经济活动的复杂性，导致信息化并不能完全取代面对面的沟通，等等。对于集聚而言，“近水楼台先得月”的区位近邻效应依然很重要。

3.2.2 市场机制

市场是生产要素集聚的原动力，市场主要受价格机制和供求机制影响，在市

---

[1] Fujita M, Thisse J F. Economics of Agglomeration [J]. Journal of Japanese and International Economics, 1996, 10 (4).

[2] 踪家峰. 城市与区域经济学 [M]. 北京大学出版社, 2016.

场机制的“看不见的手”的指引下，寻求报酬最大化的根本动机形成了生产要素集聚的不断自我强化的驱动力。

Krugman(1998) 在“松脚型劳动力模型”中，阐释了市场通过循环累积的“本地市场效应”和“价格指数效应”发挥影响生产要素集聚和区域空间分布结构演进的主要力量❶。消费者和生产者均是追求自身效用最大化的理性经济人。生产者出于规模报酬递增和运输成本节约的考虑，倾向于选择接近大市场的地方进行集中生产，消费者为了追求更高的福利水平，也必然倾向于市场规模大、集聚度高的地区。因历史偶然事件或某种自然冲击而导致劳动力或企业向某一地集中，导致该地市场规模和供给能力扩大，于是吸引更多企业选择进入；而由于本地生产的产品种类和数量增多，相应减少外地输入的产品种类和数量并节约了运输成本，于是当地的价格水平相对更低。即在相同的名义工资水平下，当地消费者达到既定效用所需的成本下降，实际收入上升，因而进一步吸引劳动力的集聚。从生产者角度考虑，劳动力的空间集中对企业而言，不仅意味着市场规模扩大，而且代表着可能的生产成本节约，因为企业可以以更低的价格更容易雇佣到足够的工人，两者都会吸引更多企业进入；于是价格指数进一步下降，吸引更多劳动力集聚……如此往复，形成不断扩大的正反馈循环。

市场力的另一个特点为：市场对生产要素集聚的影响是“大河水满小河流”，只有一个地区要素集聚到充分完备，并且因不可流动生产要素约束带来地租房价交通费用上升的拥挤力超越集聚力成为主导时，生产要素才会扩散，使外围区更多获益。而在此前的较长时期内，集聚中心地将长期扮演“黑洞”，不断吸收外围的优质生产要素。所以，完全遵从市场力的作用就要接受要素由集聚到扩散的慢过程，可能要以忍受长期的区域差距扩大和外围区滞后发展甚至导致更大福利损失为代价。

3.2.3 制度环境

制度因素是生产要素集聚环境的重要源泉，提供了生产要素集聚的外部动力。新制度经济学的创立者诺斯（1994）将制度定义为社会成员共同遵守的行为准则和约束规程，是一系列被制定处理的规则、守法程序以及行为的道德伦理规范❷。制度的内涵广泛，既包含法律、法规、契约等成文的正式制度；也包含文化传统、风俗习惯、伦理规范等社会活动中长期形成受到普遍认可的非正式制度。制度是经济增长和区域发展的重要影响因素，很多经济学家从制度的范畴着眼探寻集聚形成的原因。Saxenian（1994）认为，在重视和鼓励企业家精神等方

❶ Krugman P. Space: The Final Frontier [J]. Journal of Economic Perspectives, 1998, 12 (2): 161-174.

❷ North. Economic Performance Through Time [J]. American Economic Review, 1994, 84 (3).

面体现出的地区间商业文化差异是导致集聚的原因。陈钊等（2004）❶发现，中国工业集聚的原因可以归结为开放与城市化、基础设施改善以及政府功能的弱化等制度性因素，其中经济政策调整是导致地区产业布局产生变化的重要因素，教育和基础设施投资可成为提高区域人力资本和基础建设的诱因。金培振等（2015）则认为，较高的国有经济占比、产业结构高级化、交通基础设施和外商直接投资能有效改善区域生产要素配置效率，清除地区间要素市场壁垒并充分发挥市场配置资源的决定性作用，也是提升生要素集聚效率的着力点。正如吴敬琏（2006）指出的，"地大物博"是农耕时代竞争优势的来源；而在全球化的今天，决定国家竞争优势的关键因素则是制度。技术水平决定了经济发展可能达到的上限，而它实际能到达的高度，取决于制度❷。制度的目的在于对追求福利最大化的个体行为进行约束，使之不能为所欲为，而只能在一定规则框架下进行经济活动。这就减少了交易中的不确定性，降低了交易成本，为经济活动提供保障。

3.2.3.1 包容性的制度

Acemoglu（2005）认为，好的制度应该是具有如下特点的包容性制度——政府保护产权、实施法治；有运行良好且开放的市场；遵守契约、有普遍和平等的机会等❸。一国经济生产要素的充裕以及成熟的市场环境、完善的产业部门、高效的政府等等，都会成为外部生产要素流入的引力。而不可流动生产要素禀赋并不丰裕的地区，如果具有良好的制度环境，同样可以在吸引优质生产要素流入、促进城市发展方面成绩显著。当一国制度环境不利于知识型生产要素集聚，不利于创新和高附加值的产业发展时，其国民就只能在国际产业分工中从事价值链低端的"硬苦力"工作❹。

3.2.3.2 政府是最主要的制度环境提供者

政府作用体现在降低运输成本和交易成本，营造更开放的市场环境和人才环境，培育一个利于企业之间相互合作、有效竞争的聚集生态，让市场的自发力量充分发挥作用，形成生产要素集聚效应。我国分权制下的中央和地方两级政府都拥有干预区域生产要素集聚的一定权利，但是立场不同，干预的方向和结果也不一致。中央政府往往立足全局、着眼于区域平衡考虑，采取向外围地区倾斜的转

---

❶ 陈钊，陆铭，金煜．中国人力资本和教育发展的区域差异：对于面板数据的估算［J］．世界经济，2004（12）：25-31.

❷❹ 吴敬琏．中国应当走一条什么样的工业化道路［J］．管理世界，2006，（8）.

❸ Acemoglu D，Johnson S，Robinson J. The Rise of Europe：Atlantic Trade，Institutional Change and Economic Growth［J］. American Economic Review，2005，95（6）：546-579.

移支付和补贴政策等。而地方政府更多基于地方利益和政绩考虑，存在彼此的生产要素争夺。一般来说，政府通过税收优惠、补贴等政策，短期内可以吸引很多企业集中在某个区域，但是否能形成集聚效应，还需综合考量行业特性、企业规模、劳动力市场、人力资源及运输物流等因素，才能避免产业空间布局中“集而不聚”的问题。改革开放消除了要素流动的体制性障碍，形成了有利于要素集聚的环境。20 世纪 90 年代以来，随着城镇化被纳入国家发展战略，政府在生产要素流动集聚中的主导作用更为突出。张幼文（2015）强调，改革开放形成的制度优势提供了吸引生产要素流入集聚的政策环境和国内闲置资源的动员，各级政府在政绩目标和分税制利益驱动下，以发展为第一要务，形成了“国家整体规划、地方竞争性发展的政府导向型生产要素集聚模式”❶。

影响生产要素在区域间流动和集聚的因素，既有来自市场的力量，也有政府这只看得见的手的重要作用。政府力是人为力，对市场机制有方向性的调整作用。市场机制容易因外部性、公共物品、信息不对称等原因产生市场失灵，政府必须在宏观协调、制度安排中发挥比“守夜人”更积极的角色。政府一方面可以通过减免税收、补贴及其他转移支付、各种优惠政策直接干预引导生产要素的流动和集聚；另一方面，通过影响市场机制的发挥，可间接影响集聚。在实现区域协调发展等单纯依靠市场机制无法自动实现的政策目标下，政府可通过行政性手段予以调节。公共支出是政府发挥调节作用的一种有效手段。政府力发挥作用并非扭曲和强行嵌入违背区域要素禀赋结构的制度安排，而是要以尊重自然环境和市场规律为前提。

3.3 生产要素集聚的时空演进特征

3.3.1 生产要素集聚效应的来源

生产要素在城市的集聚所产生的集聚效应是一种全方位的外部经济效应，也是城市化的基本动力❷。生产要素集聚之所以能够对经济社会的发展和效率提升发挥一加一远远大于二的倍乘效应，其原因就在于集聚效应。本研究中，生产要素集聚效应特指生产要素集聚对城市经济效率的影响。货币外部性和技术外部性、路径依赖和循环累积效应，是生产要素集聚效应的主要来源。

3.3.1.1 外部性

集聚可以通过集聚企业之间的产业关联产生成本的节约，还可以通过区域内

---

❶ 张幼文，等．要素集聚的体制引力［M］．格致出版社、上海人民出版社，2015.

❷ Fujita M，Mori T. Frontiers of the New Economic Geography［J］. Papers in Regional Science，2005（84）.

的信息与设备、劳动力、中间投入等方面的匹配与共享来达到成本节约，统称为集聚的货币外部性效应❶。以劳动要素为例，分散的市场上，求职者和招聘者为了满足需求，往往要花费更多的搜寻成本，也更容易出现结构性失业——企业招不到合适的员工，工人也找不到适宜的工作。而生产要素集聚则具有重要的匹配机制。在生产要素集聚度高的地方，劳动和企业更为集中，劳动者找到与自己能力和专业相匹配的工作岗位的机会更多，企业也更加容易雇佣到适合岗位要求的专业化劳动者，从而可以物尽其用、人尽其才，提高生产率。集聚还可以通过共享道路、通信、能源供应等不可分公共物品的供应，实现成本节约和行业规模经济。

集聚促进了技术的创新与外溢，使知识的产生、学习、传播更为便捷。新增长理论指出，新技术生产的边际成本递减，已有的技术知识存量越多，新技术创造的边际成本越低，边际产量越高。货币外部性和技术外部性最大的区别是——后者不通过市场机制发生❷。也就是说，技术外部性不以市场机制为媒介或并不完全受企业等经济主体的支配。这一特性使得技术外部性难以在形式化的模型下展开规范的分析，因而在相当长一段时间的研究中，常被忽略或者干脆作为黑箱处理。技术具有空间溢出性，其溢出效应随着地理距离衰减。而作为一种独特的要素，技术知识很多时候是嵌入在人力资本里发挥对生产的影响作用的。而人力资本的形成和外溢过程强调“干中学”，技能越高的人力资本对积累经验、提高自身专业技能的需求就越强，越加重视彼此间的交流学习。要素集聚度较高的城市，更有利于个体之间的经验和信息交流，研发者之间互相学习的机会更多、在工作中接收的信息量和业务量更大，对能力和生产的提升也更高❸。技术溢出为地区间的交流与合作提供一定的平台，可增强区域的知识学习效应和创新能力。创新型要素在空间的集聚进一步克服了技术溢出的距离衰减效应，强化了溢出对区域间创新和增长的影响。

3.3.1.2 路径依赖和循环累积

区域发展中的路径依赖（Path Depandence），是指经济体一旦进入一种发展模式，发展过程即被锁定（Lock In），之后会出于惯性沿着该模式一直走下去。生产要素集聚也会产生某种路径依赖，或称为区位黏性，其存在对于维持经济系统的既有稳定性具有重要作用。路径依赖不仅存在于地区内部的历史发展过程，

❶ 梁琦，钱学峰．外部性与集聚，一个文献综述［J］．世界经济，2007（2）．

❷ Harris R，Moffat J，Kravtsova V．In Search of“W”［J］．Spatial Economic Analysis，2011，6（3）：249-270．

❸ 张斯琴，张璞．创新要素集聚、公共支出对城市生产率的影响——基于京津冀蒙空间面板的实证研究［J］．华东经济管理，2017，（11）．

从更广阔区域范围来看，一个区域的发展，可能由于地区间的产业联系和技术锁定而受到另一个地区的发展路径影响。循环累积机制则使得在没有外力干预的情况下，经济体会在当前道路上加速度前进。Martin 和 Sunley(2006)❶ 归纳了区域发展中路径依赖的可能来源，包括自然资源及其衍生产业提供的技术可能性、地方资产与基础设施的沉没成本、社会形式和文化传统等。共享的专业劳动力池、专门的中间产品供应链、专业化的区域创新体系等，产生了地方经济的高度内在联系，使得生产要素集聚机制具有一种自我实施和自我强化的自驱动力特征。

3.3.2 城市要素集聚的阶段

城市的生产要素集聚，是以城市企业或产业为主要载体的生产、交换、消费等经济活动在空间上日渐集中的过程，是城市化与产业化在空间与时间上的演进过程。

第一，生产要素集聚首先体现为城市生产的集聚和产业的演进。一方面，循环累积的市场效应和价格指数效应促进了工业的率先集聚，而随着城市集聚度增加，居民对多样化服务和劳务的需求也逐渐增加；另一方面，集聚地租的上升增加，使得对成本更为敏感的制造业退出城市中心地带，让位于服务业。于是城市集聚的产业形态由第二产业向第三产业发展。

第二，城市的集聚经济也表现为交换的集聚，城市为交换提供功能完备的市场体系和各种周到的中介服务，同时还有便利的交通条件和信息来源，从而使得交换更为便捷和更有效率。

第三，城市的集聚经济还体现在消费活动的集聚，各种生产要素包括人口的集中、生产和交换的空间集聚，都必然带来消费的集聚。

城市生产要素集聚的阶段如图 3-3 所示，具体分为三个阶段：

（1）初期阶段：生产要素流入初期，表现为先驱企业进入、并在地理邻近区域的简单“扎堆”，“最初的地方性工业体系开始形成”❷。此时，企业数量少且规模较小，彼此联系松散。

（2）发展阶段：随着集聚的发展，生产要素间呈现线状联系，企业规模扩大，产业链延伸，专业的劳动力市场开始形成；集群内产业增加，基于产业关联效应的企业间的生产协作和技术交流日益频繁。

（3）成熟阶段：城市化水平进一步提高，基础设施日益完善，生产要素联系日益深化，生产要素集聚的范围更加广泛。此阶段生产要素间呈现网络状联系，进一步形成合作合力，共同服务城市经济，推动产业升级。

---

❶ Martin R, Sunley P. Deconstructing Clusters: Chaotic Concept or Policy Panacea [J]. Journal of Economic Geography, 2003, 3 (1): 536.

❷ 马歇尔．经济学原理（中译本）[M]．商务印书馆，1983.

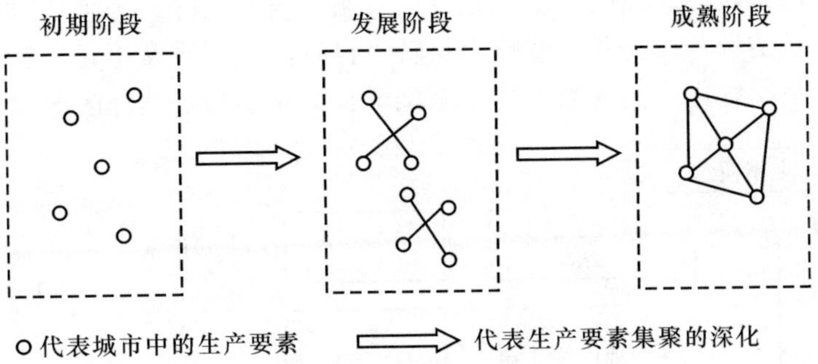

图 3-3 城市要素集聚的阶段
（资料来源：邹游. 区域创新要素集聚对创新绩效的影响［D］. 深圳大学，2014）

3.3.3 全球化下要素集聚的不平等格局

经济全球化和区域一体化的实质，就是消除生产要素和产品流动的障碍，促进更广泛空间的生产要素集聚。然而在此过程中，也可能会带来利益分配格局的进一步分化。在生产要素可自由流动的前提下，要素为了追求相对更高的回报率，由相对充裕的地区流向相对稀缺的地区。受流动性限制，流动性强的生产要素往往流向那些流动性弱的生产要素所在地区[1]。这可以解释在其他条件相同情况下，发达经济体的资本、技术等生产要素向以资源、低端劳动力为主要生产要素的发展中国家流动，追逐后者较低的配套生产要素使用成本（如低廉的劳动力），以及可以降低经营成本的更优惠的政策。

产出效率高的知识型生产要素得到的回报大大高于传统型生产要素，这决定了国际贸易和地区间贸易中利益分配格局的不平等，也决定了发展中地区以资源类初级产品换资本的发展模式注定不可持续。国家间的生产要素流动和集聚的经济后果，是分工和贸易利益分配的区域分异——发达国家专注于新产品新技术的研发，通过资本输出将生产过程放到劳动要素丰富、生产成本低廉的发展中国家。后者在承接产业转移的同时，提供劳动力、土地、矿产和环境资源等。图3-4显示了要素禀赋结构对于区域经济的影响路径。在全球化下的生产要素集聚和贸易利益分配格局中，起决定作用的是知识型生产要素的所有权。不平等交换下的生产要素集聚，导致了不平等分工和利益分配格局，发达国家通过垄断技术和操控价格获取大部分的利润，虽然对于发展中国家也是一个生产要素和产业的集聚过程，但由于不掌握核心技术和定价权，只能处于价值链的低端。在这种不对等的生产要素交流机制中，发展中国家付出资源消耗和环境破坏的代价，只能获得

[1] 张幼文，等. 要素集聚的体制引力［M］. 格致出版社、上海人民出版社，2015.

微薄的生产要素回报。因此，从区域发展战略的角度考虑，必须适时推进本地的生产要素禀赋结构升级，并将战略重点转入自有创新型要素培育，推动地区分工结构和产业结构优化，实现当地的效率型增长，缩小与发达地区的发展差距。

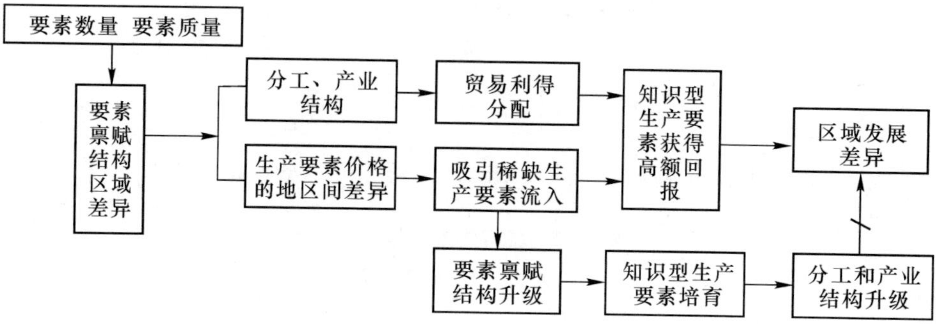

图 3-4　生产要素禀赋结构与区域经济

3.4　本章小结

影响生产要素集聚的动力机制，包含自然、市场和制度三种因素。自然环境、要素禀赋等的区域差异，是影响区域发展和集聚的首要因素和基础性原因。其中生产要素禀赋结构的区域差异，不仅体现在不同地区生产要素的种类和丰裕程度不尽相同，也体现在地区间要素生产效率的差别。要素禀赋的区域差异是要素在区域间存在价格差异的主要原因，生产要素在市场机制的“看不见的手”的指引下，寻求报酬最大化的内生动机，形成了不断自我强化的源驱动力，推动生产要素向相对价格更高的地区流动并最终集聚。政府是制度环境的主要提供者，公共支出是一种重要的制度安排。仅依靠市场的自发作用可能要以忍受长期的区域发展差距为代价，政府通过公共支出发挥调节作用，有助于实现区域协调发展的目标。

4 生产要素集聚与公共支出对城市经济效率的影响机理

4.1 基本假设与短期均衡

4.1.1 基本假设

基于既能反映现实经济世界、同时进行必要简化以有助于分析的原则，本节参照新经济地理学的知识溢出模型，构建一个“两区域、三部门、两要素”的2×3×2分析框架，用以说明集聚和公共支出对于城市经济的影响机理。假设经济体中包含两个区域：城市1和城市2，在下面的分析中记为城市$i(i=1, 2)$。三部门分别指农业部门（A）、现代制造业部门（M）和科技创新部门（T）。为了简化分析，在此处的机理分析中只考虑劳动和资本两种生产要素，其中资本要素的内涵是指以知识、技术为内容的知识资本。

（1）农业部门。遵循瓦尔拉斯范式，完全竞争且规模报酬不变，使用劳动一种生产要素，生产同质性农产品。由于产品具有同质性，因此认为农业部门不存在交易费用，两地间农业部门劳动力的工资也是相同的。设该部门生产单位农产品需要单位劳动投入，并将部门劳动力工资标准化为1，即（为了便于区分，以上标 * 表示城市2的相关变量，后文同理）：

$$p_A = p_A^* = w_A = w_A^* = 1 \tag{4-1}$$

（2）现代制造业部门。遵循D-S垄断竞争模式，规模收益递增，生产差异化产品。设每个企业只生产一种产品，均使用劳动和资本两种投入要素。制造业部门生产一种产品对应一种知识资本（可理解为工艺技术等），因此资本是固定投入；劳动为可变投入，生产单位产品需要使用a_M单位的工人。边际投入量a_M代表了企业的生产率水平。

工业制成品在当地销售无交易费用，若销往外地，则存在冰山交易费用。这就意味着要将城市1的1单位产品运到城市2，必须运出τ单位才行（$\tau>1$）。由于区际交易费用的存在，其中有（$\tau-1$）单位的产品在运输中损耗了。τ越接近1，表示城市间的交易费用越小，贸易自由度越高。

（3）科技创新部门。制造业部门生产中需要的知识资本由创新部门创造。创新部门的投入要素是劳动，产品是差异化的知识资本，每生产单位资本需要a_I

单位的劳动。参照 Romer(1990)[1]、Martin 和 Ottaviano(1999)[2] 的处理办法，设该部门具有动态的规模经济，生产的边际成本随着知识资本存量的增加而递减。考虑到区位因素，两个城市吸收知识资本的差异性即创新的成本不同。将两地创新部门生产的边际成本分别记为 C_I 、C_I^* ：

$$F = wa_I,\ a_I = 1/(AK^w),\ \text{其中}\ A = s_k + \lambda(1 - s_k) \tag{4-2}$$

$$F^* = wa_I^*,\ a_I^* = 1/(A^*K^w),\ \text{其中}\ A^* = \lambda s_k + (1 - s_k) \tag{4-3}$$

式中，K^w 是两地一共拥有的知识资本存量；s_k 和 （$1 - s_k$） 分别为城市 1、2 知识资本所占的份额。因为前面有每个企业只使用一种知识资本、生产一种产品的假设，两城市资本所占份额也代表各自企业数量（产品数量）的占比，后者用 s_n 表示，则有 $s_k = s_n$；$s_k^* = s_n^* = 1 - s_k = 1 - s_n$ 。λ 为衡量知识在城市间传播的自由度，$0 \leqslant \lambda \leqslant 1$ ，当 $\lambda = 0$ 时，表示地区间知识溢出极其困难，技术创新只能由当地受益；当 $\lambda = 1$ 时，表示存在全域性的技术溢出，一个城市的创新成果可以轻松并且不耗费成本地传播到其他地区。

4.1.2 消费者均衡

设消费者对农业部门和制造业部门的产品有相同偏好，其效用函数为：

$$U = M^{\alpha}A^{1-\alpha} \tag{4-4}$$

式中，M 为工业制成品综合消费指数（工业品数量指标）；A 为农业部门产品的消费；指数 α 为购买工业制成品的份额；$1-\alpha$ 为用于购买农业部门产品的份额。

假定存在大量潜在的工业制成品，从而将生产空间视为连续的，对工业制成品的消费 M 符合不变替代弹性函数（CES）：

$$M = \left[\int_0^{n^w} m(i)^{\rho}\mathrm{d}i\right]^{1/\rho},\ 0 < \rho < 1 \tag{4-5}$$

式中，n^w 为全部制成品的种类和制造企业的总数量；$m(i)$ 为消费者对第 i 种制成品的消费数量；ρ 为消费者对制成品多样性的偏好程度，其值越接近于 0，则消费者对产品多样性的需求越大；定义系数 σ 表示制成品之间的替代弹性，可知 $\sigma = 1/(1-\rho)$。

消费者的优化问题为：在消费者收入 Y 及各种商品价格 p_A 、$p(i)$ 既定的情况下，实现农业部门产品与工业制成品消费组合的效用最大化。基于前述假设，可暂不考虑农业部门的生产消费行为，则消费者最优决策问题等价于：

$$\min\int_0^{n^w} p(i)m(i)\mathrm{d}i \quad \text{s. t.} \quad \left[\int_0^{n^w} m(i)^{\rho}\mathrm{d}i\right]^{1/\rho} = M \tag{4-6}$$

---

[1] Romer P. Endogenous Technological Change. Journal of Political Economy, 1990, 98 (5): 71-102.

[2] Martin P, Ottaviano G I P. Growing Locations: Industry Location in a Model of Endogenous Growth [J]. European Economic Review, 1999, 43: 281-302.

式（4-6）表示实现给定消费组合下支出最小化。建立拉格朗日方程求解，得到消费者对差异化产品 j 的补偿需求函数为：

$$m(j)=\frac{p(j)^{1/(\rho-1)}}{\left[\int_0^{n^w}p(i)^{\rho/(\rho-1)}\mathrm{d}i\right]^{1/\rho}}M \tag{4-7}$$

因此，消费者对差异化工业制成品 j 的支出为 $p(j)m(j)$，对制成品总支出为：

$$\int_0^{n^w}p(j)m(j)\mathrm{d}j=\left[\int_0^{n^w}p(i)^{\rho/(\rho-1)}\mathrm{d}i\right]^{(\rho-1)/\rho}M \tag{4-8}$$

消费者的制成品总支出可以视为购买 $m(j)$ 单位的制成品组合的总花费，将购买单位制成品组合的最小成本定义为价格指数，记做 P_M

$$P_M\equiv\left[\int_0^{n^w}p(i)^{\rho/(\rho-1)}\mathrm{d}i\right]^{(\rho-1)/\rho}=\left[\int_0^{n^w}p(i)^{1-\sigma}\mathrm{d}i\right]^{1/(1-\sigma)} \tag{4-9}$$

由式（4-9）得出的价格指数具有重要的经济意义：

（1）价格指数与市场规模之间存在负向联系，新经济地理学将之定义为种类效应。对于以边际成本定价、追求利润最大化的厂商而言，市场规模扩大促进了竞争效应，引起更多厂商进入，进而强化了两者间的负向联系。

（2）名义收入不变前提下，价格指数下降使地区实际收入增加，对制造业工人吸引力增强。随着消费者及厂商的进入，进一步扩大当地市场规模，从而形成循环累积的价格指数效应与市场规模效应，不断促进区域发展。

以上结论对于集聚的福利分析具有重要意义，这一点将在后文论及。

4.1.3 制造业企业的利润和相对市场规模

4.1.3.1 资本收益率

制造业企业利润的一般表达为：

$$\pi=p_iq_i-(F+a_Mq_i)w_M \tag{4-10}$$

通过对企业利润最大化条件的求解（求解过程详见附录1），得到 π 的具体解析式：

$$\pi=pq/\sigma=\frac{\alpha E^w}{\sigma n^w}\left[\frac{s_E}{s_n+\varphi(1-s_n)/\psi}+\frac{\varphi(1-s_E)}{\varphi s_n+(1-s_n)/\psi}\right] \tag{4-11}$$

式中，E^w 为两城市的消费总支出；$s_E=E/E^w$，$1-s_E=E^*/E^w$ 分别表示城市1消费支出占总支出的份额以及城市2消费支出占总支出的份额，由假设条件，它们各自等于两城市企业所占的份额。

为了简化表达式，将城市1生产并在本地销售的制成品价格进行标准化处理，设其值为1。由于每个企业只使用一种知识资本，有 $n^w=K^w$，令

$$B=\left[\frac{s_E}{s_n+\varphi(1-s_n)/\psi}+\frac{\varphi(1-s_E)}{\varphi s_n+(1-s_n)/\psi}\right]$$

将式（4−11）简写为：

$$\pi = B\frac{\alpha E^{w}}{\sigma K^{w}} \tag{4-12}$$

同理，有城市 2 的企业资本收益率为：

$$\pi^{*} = B^{*}\frac{\alpha E^{w}}{\sigma K^{w}} \tag{4-13}$$

式中，$B^{*}=\left[\frac{\varphi s_{E}}{s_{n}+\varphi(1-s_{n})/\psi}+\frac{1-s_{E}}{\varphi s_{n}+(1-s_{n})/\psi}\right]$。

4.1.3.2 总支出

经济中可用于消费的支出等于全部收入减去资本投资支出，后者一般包括两部分：用于补偿资本折旧的支出（折旧率为 δ）和用于保障经济按照一定速度增长（增长率为 g）的支出。对于收入，在本节分析框架下其来源是劳动工资和资本收益。因此城市 1 的消费支出为：

$$E = s_{L}L^{w} + s_{n}BE^{w}\frac{\alpha}{\sigma} - (g+\delta)Ka_{I} \tag{4-14}$$

式中，s_L 为城市 1 劳动所占的份额；s_n 为城市 1 企业也即资本所占的份额；a_I 为资本的生产成本。对应地，可得城市 2 的消费支出：

$$E^{*} = (1-s_{L})L^{w} + (1-s_{n})B^{*}E^{w}\frac{\alpha}{\sigma} - (g+\delta)K^{*}a_{I}^{*} \tag{4-15}$$

两城市的消费总支出为：

$$E^{w} = E + E^{*} = L^{w} + E^{w}\frac{\alpha}{\sigma} - (g+\delta)(Ka_{I} + K^{*}a_{I}^{*}) \tag{4-16}$$

将资本创造成本函数代入，因为 $s_n = s_k$，整理得区域的消费支出总额：

$$E^{w} = \frac{\sigma}{\sigma-\alpha}\left[L^{w} - (g+\delta)\left(\frac{s_{n}}{s_{n}+\lambda(1-s_{n})} + \frac{1-s_{n}}{\lambda s_{n}+(1-s_{n})}\right)\right] \tag{4-17}$$

4.2 要素集聚的经济效应分析

4.2.1 要素集聚的增长效应

4.2.1.1 长期均衡条件

在本章的模型中，影响经济增长的主要因素是资本增长率，因此用资本增长率来衡量各城市长期的经济增长。当每个地区的单位资本回报率都与其成本恰好相等时，经济系统达到长期均衡。此时资本存量的增长率、全城市支出水平都是稳定的，城市 1、2 的资本存量和支出份额都不再变化。以 g 和 $g*$ 分别表示城市1、2的资本增长率，则资本份额 s_k 的变化率为：

$$\dot{s}_k = (g - g*)(1 - s_k)s_k \tag{4-18}$$

上式的解有两种情况：

(1) 均衡的空间分布结构（$g = g^*$）；

(2) 集聚的空间分布结构（核心-边缘结构，$s_k = 0$ 或 $s_k = 1$）。

4.2.1.2 两种空间结构增长效应对比

将"托宾 q"理论作为区位均衡机制。托宾 q 值是资本价值与资本成本之比，在均衡时该值为1。资本价值（v）定义为资本投资的预期收益，即资本投资期内收益流的现值。对资本收益折现的思路为——因为资本存量上升伴随着工业品种类增多，因此随着资本存量以 g 的速度积累，单位资本收益也以相同的速率下降（πe^{-gt}）；资本折旧率 δ 的存在决定了单位资本在未来有 $e^{-\delta t}$ 部分可用，同时考虑到贴现率为 ρ（与前面代表消费多样性偏好的经济涵义不同），城市1的单位资本当前价值为：

$$v = \int_0^{\infty} e^{-\rho t} e^{-\delta t}(\pi e^{-gt})\,dt = \frac{\pi}{\rho + g + \delta} \tag{4-19}$$

A 均衡下的增长

此时对于城市1有 $s_n = s_k = s_L = 1/2$（此时城市2相应份额也是1/2），根据"托宾 q"理论：

$$\frac{v}{F} = \frac{\pi}{(\rho + \delta + g)a_I} = 1 \tag{4-20}$$

将 π 和 a_I 的表达式及对称均衡时 $B = 1$ 并 $s_n = 1/2$ 的值代入，令 $b = \alpha/\sigma$ 有：

$$\frac{1 + \lambda}{2}\frac{bBE^w}{\rho + \delta + g} = 1,\ E^w = \frac{1}{1 - b}\left[L^w - \frac{2(g + \delta)}{1 + \lambda}\right]$$

得

$$g_{dc} = \frac{b(1 + \lambda)}{2}L^w - (1 - b)\rho - \delta,\ \text{且}\ E^w = L^w + \frac{2\rho}{1 + \lambda} \tag{4-21}$$

由式（4-21）可知，空间均衡分布情况下，均衡增长率与知识区际溢出系数（λ）有关，知识资本在城市间溢出效应的加强（λ 增加）从长期看有利于均衡增长率的提高。当不存在城市间的知识传播障碍时（$\lambda = 1$），长期均衡增长率达到最大值。

B 集聚结构下的经济增长

设现代制造业部门集中于城市1，此时有 $s_n = 1$，$A = B = 1$，$E^w = \dfrac{L^w - g}{1 - b}$，所以：

$$g_{cp} = bL^{w} - (1 - b)\rho - \delta \tag{4-22}$$

此时经济增长率不再与 λ 有关。比较均衡分布和空间集聚两种情况下的增长率，有：

$$g_{cp} - g_{dc} = \frac{b(1 + \lambda)}{2}L^{w} > 0, \tag{4-23}$$

式（4-23）有着重要的经济意义：

长期增长率与经济体的空间分布结构有关，相对于均衡的空间分布模式，空间集聚下全区域的经济增长率更高，后者正好是空间均衡分布下 $\lambda = 1$ 时所能达到的最大增速。简言之，空间集聚下的经济增长率要高于分散空间格局下的增长率。这个理论结论对于区域发展战略的制定具有重要意义。在区域间的溢出完全无障碍的情况下，知识资本会趋于空间集聚，并且必然伴随着其他生产要素和产业的集聚。对于全区域而言，生产要素和产业在空间上的集聚是更有效率的空间分布形式；而"撒胡椒面儿"式地平均分配资源和要素，则意味着效率的损失，将以较低的增长速度为代价。

4.2.2 要素集聚的福利效应

4.2.2.1 集聚对实际收入的影响

从前述推导中，得到重要的结论：价格指数与企业数量或者市场规模之间存在着负向联系。当资本呈现对称的空间分布时，城市 1、2 拥有同等数量的企业，两地的价格指数相同，两地居民的实际收入水平一致。当资本在空间呈现不对称分布时，随着大量的资本和企业集聚在城市 1，其产品种类也以与资本份额相同的增长率增加；产出和投资的上升，使城市 1 的居民可以享受到种类更加丰富的产品，生产的本地化带来的运输成本节约使价格指数更低，因而城市 1 居民实际收入水平增加，福利提升。而城市 2 的情况则相反，由于多数商品均是由城市 1 生产提供的，城市 2 的居民不得不为当地市场上商品的冰山运输成本买单，当地价格指数高于城市 1，这也意味着其他条件不变情况下，城市 2 的居民实际收入减少，福利水平下降。

4.2.2.2 集聚对名义收入的影响

依据前面的分析，地区居民的主要收入来自所拥有的劳动和资本要素的报酬。在对称的空间分布格局下，两城市的名义收入完全相等。而在资本向城市 1 的集聚过程中，由于地区间的国民收入分配很大程度上取决于城市拥有的生产要素份额，当地居民的资本性收入会上升，名义收入增加；集聚的价格指数效应和放大的市场效应会循环累积，促进城市 1 的发展，增加其居民福利水平。而城市 2 的居民则只能获得工资性收入，名义收入下降；并且从长期来看，由于资本（企业）的流失，就业岗位减少，来自劳动的工资性收入也会下降。

前面以资本要素集聚为例分析生产要素集聚的效应，具有广泛代表性。一方面，资本集聚可以吸引带动其他生产要素的进一步集聚，所以，对资本集聚过程的分析结论对于广泛意义下的生产要素集聚同样具有适用性。同时，在资本增值逻辑下，企业为了实现最大利润，具有技术创新的内在激励，于是资本集聚中心往往也是技术创新的高地，拥有更多知识型生产要素，从而也具有区域分工和贸易收益分配上的优势，可以很好地体现集聚中心-外围结构中的福利流向比较。

4.2.3 生产要素集聚的“红利”与“陷阱”

生产要素集聚对于区域存在正反两个方向“双刃剑”式的影响，两者在市场力的循环累积效应下被不断放大，从而使得生产要素集聚对于区域效率产生两种不断演化的动态效应。本书将这两种作用相反的动态效应分别概括为“集聚红利”和“集聚陷阱”，前者对区域效率的提升具有促进作用，后者则会阻碍区域效率的提升。

4.2.3.1 集聚红利

生产要素集聚能够带来组合红利，促进区域专业化分工、资本积累和技术创新，使区域更多地从专业化和多样化的外部性中获利，进而提高集聚地的经济效率，使之步入发展的快车道，在良性循环中成长为区域的增长极。

集聚红利具体包括以下几方面的含义：

（1）生产要素的组合红利。生产活动通常是几种生产要素相互配合、共同参与的过程，生产要素在空间上集聚并进而在生产过程中有效协作时，每一种生产要素通过协同合作机制对其他生产要素施加影响，不仅提高了生产要素个体的生产能力，而且通过要素合作产生了新的集体生产力[1]，从而使生产要素集聚拥有了在要素分散状态下不具备的组合红利。生产要素集聚的组合红利是要素集聚与产业集聚的重要区别。

（2）集聚促进专业化分工。空间集聚下，资本创造部门会集中于某个区域，其他区域则专注生产某一类产品。这就意味着，生产要素集聚有利于 MAR 外部性的产生——提高集聚产业的专业化程度，并促进其生产率增长。这种专业化分工可以视为集聚促进区域效率的源泉之一。

（3）集聚的资本溢出红利。资本创造部门存在着边际成本递减规律，随着

[1] 单许昌．空间经济生成动力机制及结构研究［M］．上海人民出版社，2016.

中心地资本份额的上升，资本形成的边际成本趋于下降，而边际收益率趋于上升。所以，资本具有循环累积的自我强化机制，集聚机制一经启动，集聚中心地的资本积累将在不断扩大的内生投资激励下呈“滚雪球”式的自发增长。

（4）集聚的知识溢出红利。在追求增值的内在驱动下，资本的集聚将促进地区的技术研发和制度创新，增进知识技术的扩散交流，从而促进中心地的经济效率。在空间集聚下，处于相同产业的企业大量集中于同一地区，其中任何一个企业所积累的关于生产工艺、组织管理、营销推广等知识，都可以被其他同行低成本甚至无须承担额外成本地学习借鉴。在提升地区专业化水平的同时，集聚也带来了产业的多样化，知识的互补性使得不同产业的企业之间也能从知识交流中获益，并促进自身的创新活动。Jacobs（1969）认为，创新的外部性主要是发生于互补的产业之间，不同产业的知识交换更有利于技术创新。

4.2.3.2 集聚陷阱

本研究所指集聚陷阱的含义是，假如集聚带来的经济增长使外围区的获益不足以弥补其福利损失，不仅会使集聚外围区面临着要素流失和福利受损而陷入衰落，从长远看，也会因不断扩大的区域差距影响中心地的可持续发展。

图 4-1 反映了集聚中心-外围结构下中心地和外围区的要素交换结构和福利对比。中心地资本集聚优势将吸引劳动、技术和优惠政策，最终转化为全方位的要素集聚和市场集中优势。对于处于集聚外围的区域而言，生产要素流出带来产业流失，意味着当地居民要承担更高的生活成本，区际交易成本越高，福利损失越大。从长期看来，外围区产业部门的减少还会进一步导致就业岗位减少和实际财富下降。综上，生产要素集聚会使集聚中心地和外围区之间形成不对等的交换

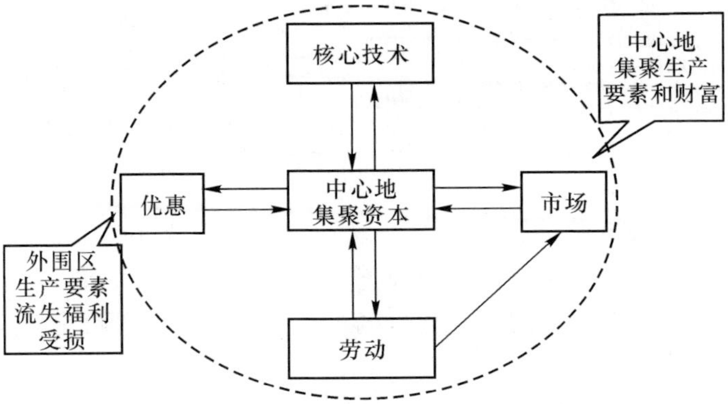

图 4-1 生产要素集聚的中心-外围结构和福利比较

（资料来源：范云芳．国际生产要素集聚论．中国经济科学出版社，2014. 笔者有改动）

和不平等的分工[1]，令生产要素和财富日益集中于中心地，外围区则面临着生产要素和财富双重流失带来的损失。集聚外围地区最终的福利状况，由失去产业导致的静态损失和全域经济增长带来的动态收益之间的相对关系所决定。如果集聚带来的增长足够强劲，使外围区的净收益提高，则集聚带来的是全域普遍获益的情况（集聚中心地和外围区的增长和福利情况均好于之前）。反之，要素集聚的红利将被不断扩大的区域发展差距所消减。外围区自身缺乏增加投资的激励，优质生产要素被中心地不断强化的虹吸效应所吸收，面临着劳动流失和资本的进一步下降。随着集聚度的提高，地区不平衡将渐趋加剧[2]，外围区难以避免地沦为塌陷区，并成为制约区域发展的短板；集聚中心地的发展也将因外围消费市场萧条而动力不足。此外，相对于资本无限扩张的欲望而言，资源总是相对稀缺的，在不可流动生产要素约束下，中心地将被地价上升、交通成本增加以及生态环境恶化等"大城市病症"所困，从而限制资本的扩张。这样，外围地区的衰落最终会将全区域拖入"集聚陷阱"。由此看来，只有实现中心地和外围区普遍获益的增长才能避免落入"集聚陷阱"，将"集聚红利"最大化。

4.3 公共支出的影响

本节将从公共支出视角探讨集聚陷阱难题的可能破解路径。集聚红利和集聚陷阱是要素集聚的一体两面，虽然只需"无为而治"，市场之手便可推动集聚机制自发实施并自我强化，但是要避免区域落入集聚陷阱，实现全域的协同发展，仅靠自发的市场机制则难以实现。因为外围区对于资本和其他要素缺乏吸引力，难以通过吸引区外要素注入启动经济的循环累积增长。这就需要政府发挥"援助之手"。如何综合权衡集聚下的空间效率和区域公平，帮助外围区跳出不利循环的陷阱，是区域发展战略和政府公共支出政策需要面对的重要课题。

4.3.1 公共支出对区域经济的影响

本研究运用宏观经济学国民收入决定模型论证公共支出对区域的影响。全社会可实现的国民收入（Y）取决于有效总需求（Aggregated Demand，AD）。考虑一个包含居民、企业和政府三个主体的经济系统，此时有效需求由居民的消费需求（C）、企业的投资需求（I）以及政府的购买性支出需求（G）构成（下列各式中下标 t 表示时间因素），即：

$$Y_t = AD_t = C_t + I_t + G_t \tag{4-24}$$

居民的消费支出主要分为两大类：其一为自发性消费，是不受收入影响、由人的基本需求决定的必需消费，一般将其视为固定的常数。另一类则是引致消

[1] 萨米尔·阿明，不平等发展——论外围资本主义的社会形态［M］. 商务印书馆，1990.

[2] 刘修岩. 产业集聚的区域经济增长效应研究［M］. 北京：经济科学出版社，2017.

费，会随消费者可支配收入的增加而增加，公式表示为：

$$C_t = \alpha + \beta Y_t^d, \ \beta = \frac{\Delta Y^d}{\Delta C} \tag{4-25}$$

式中，α 为自发性消费；β 为边际消费倾向，即收入增加引起消费增加的倍数，由其定义可知：$0 \leqslant \beta \leqslant 1$；$Y^d$ 为可支配收入，是指居民收入扣除需向政府缴纳的税收、再加上政府对个人的转移性支出后的收入，公式表述为：

$$Y_t^d = Y_t - T_t + Tr_t \tag{4-26}$$

式中，T 和 Tr 分别为个人向政府缴纳的各项税费支出和政府以补助等形式对个人的转移性支付。

4.3.1.1 公共支出的范围

政府的收入主要来自于税收（T），而政府的公共支出则主要包括购买性支出（G）和转移性支出（Tr），按照西方财政学的判断标准，两者的划分依据是公共支出是否与商品劳务直接交换。

（1）购买性支出指政府为满足社会公共需要，在市场上购买商品和劳务的支出，既包括政府维持日常政务活动所需的支出，如国防费、行政管理费、社会文教费以及各项事业费等；也包括兴办投资事业所需的购买支出，如基本建设拨款等。购买性支出基本上反映了全社会的要素和资源中由政府直接配置消耗的份额。政府在市场中的身份是商品和劳务的购买者，通过支付购买费用的形式将政府掌握的资金与市场上微观经济主体所提供的商品和劳务进行交换，形成“政府→市场”的影响链条。

（2）转移支付制度是多数市场经济国家平衡各级政府间财政关系的有效手段。由于地区间在地理位置、资源禀赋、历史背景、人口分布、经济发展和效益等方面的条件不同，实现的财政收入差别很大，对资金的需要也大不相同。通过财政转移支付，有助于调节中央政府与各级政府之间的财政纵向不平衡和各地方政府之间的财政横向不平衡，使各地政府的公共服务趋于均等化。转移支付多以实现社会公平为政策目标，大都具有福利支出的性质，如养老金、救济金、失业补助、农产品价格补贴等。这种制度安排实际上是把国家的财政收入以转移支付的形式返还给个人，因此有的西方经济学家也将其称为负税收。

4.3.1.2 公共支出的增长效应

将式（4-25）和式（4-26）代入式（4-24），得到国民收入决定表达式，为了简化分析，暂时将税收假设为常数，整理得到：

$$Y_t = \frac{\alpha - \beta T_t + \beta Tr_t + I_t + G_t}{1 - \beta} \tag{4-27}$$

式（4-27）揭示出公共支出变动影响国民收入的两条线索：

反应链条1：政府的转移性支出变动会通过可支配收入的变动影响消费水平的改变，并间接引起国民收入的改变，即 $Tr \rightarrow Y^d \rightarrow C \rightarrow Y$；

反应链条2：政府购买性支出的变动会直接引起国民收入的变动，即 $G \rightarrow Y$。

按照乘数原理，公共支出变动时对国民收入的影响是成倍的，将这个倍数定义为乘数。以政府购买乘数为例：

$k_g = \Delta Y / \Delta G$，政府购买乘数的值可以通过对式（4-27）的求导得到：

$$k_g = \mathrm{d}Y/\mathrm{d}G = \frac{1}{1-\beta} \tag{4-28}$$

由于 $\beta \in [0, 1]$，所以 $k_g > 1$。结论是：

当政府购买增加时，会引起国民收入成倍的增加；政府购买支出增加时，可以撬动的国民收入增长程度远远大于自身的增加幅度。在图4-2的收入-支出模型中反映了政府购买支出变动对国民收入的影响。横轴代表国民收入，纵轴代表总需求，以45°线表示 $Y_t = AD_t$ 的均衡国民收入决定条件。当政府购买支出增加时，引起总需求的增长，并且其结果是国民收入成倍地增加（$\Delta Y > \Delta G$）。

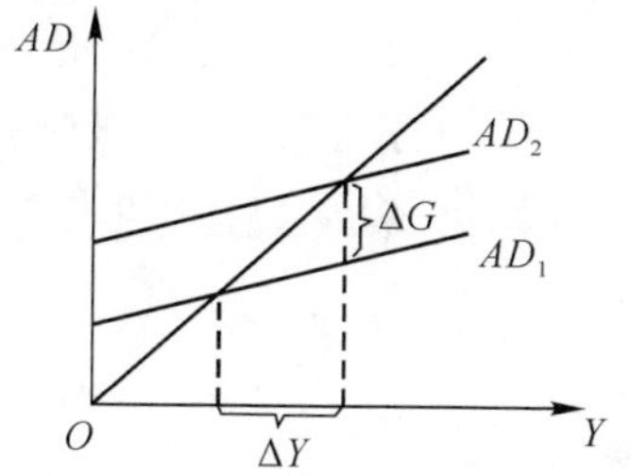

图4-2 购买性支出变动的影响

4.3.1.3 公共支出的挤出效应

公共支出的增加也可能导致私人部门消费和投资的减少，称为“挤出效应”。挤出效应的可能来源是：当政府以增加税收的形式为其公共支出筹资时，将导致私人的消费需求和投资需求减少，从而产生挤出效应。公共支出的资金还可能来自政府在公开市场卖出政府债券的所得。这种相当于收回部分流通中的资金，在货币名义供给不变的情况下将导致市场利率升高。由于投资需求主要与市场利率水平有关，并且和后者成反比（投资函数形如式（4-29）），所以利率提高会降低社会的投资需求，从而形成“挤出效应”。

$$I_t = e - d\gamma \tag{4-29}$$

在以上讨论中，政府公共支出的增加可以直接增加有效需求，也可以通过改变可支配收入以影响消费、投资等经济活动，而间接引起总需求和国民收入增加。这一过程中，伴随着区域对生产要素吸引力增强，将以劳动流入和资本形成为特征，以国民收入成倍增加为结果。但另一方面，公共支出的增加也可能通过“挤出”私人部门的消费和投资而对国民收入产生反向作用。因此，公共支出是否有助于处于集聚外围的地区摆脱低水平循环，将取决于公共支出的支出结构以及作用方向等。

4.3.2 公共支出对要素集聚的作用

4.3.2.1 公共支出的引致要素流动效应

理论上讲，公共支出及公共品的供给可以决定一个城市基础设施水平与生活生产环境等。Tiebout(1956) 在他的开创性研究中提出了“用脚投票”机制，认为劳动者总是倾向于迁往公共品供给更为优越的地区。为了进一步论证公共支出对于要素流动的效应，本研究参考 Boadway 和 Shah(2007)、Albouy(2010) 的相关文献，引入人均净财政收益的概念予以说明❶。两地间居民得自公共支出的福利差异并不能通过公共支出的绝对水平得到准确衡量，而应以不同地区可比较的相同居民从政府处获得的纯收入差异来衡量。Boadway 和 Shah(2007) 将其定义为净财政收益（Net Fiscal Benefits，NFB）差异❷。在其他条件不变情况下，资本和劳动力将流向净财政收益（NFB）较高的地区。NFB 包括两部分：地方政府向居民提供的公共物品和服务，以及中央政府针对居民个体的各类纵向转移支付，记为：

$$\mathrm{NFB}^j = (1-\alpha)\frac{P_{\mathrm{G}}^jG^j}{N^j} + \frac{1}{N^j}\sum_{\mathrm{e}} N_{\mathrm{e}}^jF_{\mathrm{e}} \tag{4-30}$$

式中，NFB^j 为人口规模为 N^j 的 j 地区居民的人均净财政收益；式中第一项 $(1-\alpha)\frac{P_{\mathrm{G}}^jG^j}{N^j}$ 为扣除缴纳的各种税费之后，每个居民实际享受到的地方政府提供的各类物品或服务；G^j 和 P_G^j 为地方政府提供的公共物品数量与对应价格水平；α 为用于税收支付的比例，因为政府提供公共产品和服务的资金补偿来自于税收，故可将税收视为居民享受公共服务所支付的价格；第二项 $\frac{1}{N^j}\sum_{\mathrm{e}} N_{\mathrm{e}}^jF_{\mathrm{e}}$ 表示中央政府提供给居民的转移支付，其中 e 代表中央财政针对居民个体的转移支付类别，N_{e}^j 和 F_{e} 分别代表各类转移支付的受益人口范围和人均支付额。由于公共支出具有“财政引致的要素流动”效应❸（Fiscally Induced Factors Mobility or Migration），在其他条件不变情况下，劳动、资本和技术将流向 NFB 较高的地区。由式（4-30）可以看出，NFB 与地方政府公共支出规模、中央转移支付水平、地区人口数量及不同地区的价格指数（市场因素）等有关。其中，决定要素跨区域流动的关键因

❶ Albouy D. Evaluating the Efficiency and Equity of Federal Fiscal Equalization [J]. NBER working papers, 2010, No. 16144.

❷ Boadway R W, Shah A. Intergovernmental Fiscal Transfers: Principles and Practice [M]. World Bank Publications, 2007.

❸ Boadway R W, Shah A. Intergovernmental Fiscal Transfers: Principles and Practice [M]. World Bank Publications, 2007.

素是地方公共支出，而非中央补助❶。公共支出的引致生产要素流动效应不仅通过提高生产要素收益、降低交易成本直接发挥吸引力，还通过改善教育医疗、社区服务、基础设施等体制环境，发挥间接吸引力❷。鉴于以上理论基础，本研究将把关注点主要集中于地方公共支出对生产要素集聚及城市经济效率的影响上。

4.3.2.2 公共支出对要素所有者的行为影响

本节借鉴学界的普遍做法，采用微观经济学中的均衡分析方法，通过对一个代表性居民行为的分析来说明生产要素所有者的决策过程。居民 h 是否从城市 1 流向城市 2 的行为决策，取决于 h 对其迁移成本与迁移收益的比较。h 代表着劳动、资本、技术等生产要素的所有者，对 h 迁移决策的分析也是对于公共支出作用下生产要素流动与集聚机理的进一步探讨。由于政府提供公共产品和服务的资金保障来源于税收，因此税收可被视为居民享受公共服务所支付的价格。对居民 h 而言，迁移的收益取决于两城市提供的公共产品（分别用 X^1 和 X^2 表示）的差异；迁移成本则基于两地的税收水平比较。以 M、X 分别表示城市人口数和政府提供公共产品的数量，则 $C_M(X, M)$ 表示城市人口为 M 时提供 X 单位公共产品的边际成本，于是居民 h 迁移决策的成本比较是：

$$C_M(X^1, M^1) - C_M(X^2, M^2)$$

通过对 C_M 求全微分可以得到迁移产生的成本变化为：

$$dC_M = C_{MX}dX + C_{MM}dM \tag{4-31}$$

则居民 h 由城市 1 向城市 2 迁移时的成本收益比为：

$$\frac{dC_M}{dX} = C_{MX} + C_{MM}\frac{dM}{dX} \tag{4-32}$$

居民 h 在不同城市间的迁移意味着可以享受的公共产品的不同，以及因此对个人收入水平的可能影响——需要为增加享用的公共服务以缴纳税收的形式付费。从偏好的角度定义限制居民最优决策的约束条件，h 的偏好可以用边际替代率（Marginal Rate of Substitution，MRS）表示，即：

$$MRS_{XY}^h = dY^h/dX \tag{4-33}$$

式（4-33）表示居民 h 对公共品消费（X）和个人收入水平（Y^h）的边际替代率，由相关均衡条件可得，当 h 对两者的边际替代率与他迁移的成本收益比恰好相等时，他的效用实现最大化：

❶ 毛捷，汪德华，白重恩．民族地区转移支付、公共支出差异与经济发展差距［J］．经济研究，2011，(2)：75-86.

❷ 张斯琴，张璞．创新要素集聚、公共支出对城市生产率的影响［J］．华东经济管理，2017，(11)：65-70.

$$MRS_{XY}^{h} = C_{MX} + C_{MM}\frac{dM}{dX} \tag{4-34}$$

从城市角度而言，当地居民的偏好与地方政府的边际成本-收益比也相等，即具有相似偏好水平的人集聚在一起，形成以共同的利益和公共支出需求为基础的城市居民群体。这种现象称之为“Tiebout 俱乐部”。

总之，公共支出对要素集聚具有如下影响：

（1）公共支出具有“引致生产要素流动的效应”。生产要素在城市间流动集聚的决定条件就是基于公共服务水平和税收代价的比较，以及对此两者的偏好。在其他条件不变的情况下，公共支出水平较高的城市会吸引生产要素进入；而在公共支出水平相对较低的城市，生产要素则会“用脚投票”，选择离开。

（2）公共支出的增加，一方面可以以直接作用于供给侧的方式增加城市产出；另一方面可以通过完善基础设施、降低交易成本、提升生活质量等方式作用于生产要素发展环境，增强城市比较优势。处于集聚外围的城市通过缩小与集聚中心地的公共支出差距，可以增强自身的要素吸引能力和生产要素配置效率，从而有利于缩小地区发展差距，增加区域总产出。

（3）地方政府通过提供公共支出吸引生产要素流入，其行为符合理性经济人给定约束下成本最小原则。政府应以提高公共支出效率为政策。

4.3.3 城市竞争与公共支出的空间溢出性

集聚中心和外围之间不同的福利对比状况，使得地方政府尤其是外围区政府通常会采取市场分割、地方保护等区域竞争性策略维护本地经济利益；同时，现行的制度安排也成为城市竞争的制度根源。

4.3.3.1 政府竞争的制度根源

Herrmann-Pillath（2003）指出，政府竞争通常包括上下级政府间的纵向竞争，以及同级政府间的横向竞争两个层面[1]。造成政府竞争的原因并不仅仅是财政分权制度或者由此带来的地方政府为本地经济和财政收入增长的竞争，其深层体制原因是嵌入经济竞争当中的政治晋升竞争[2]。政治集中是我国政府治理的一大特征[3]，政府官员只能在“封闭的内部劳动力市场”上流动，如果被组织罢免，很难找到其他的工作。因此，一旦进入官场，就只有争取可能的晋升机会努力向上（Zhou，2002）。我国目前以 GDP、财税等经济指标作为干部考核的主要政绩标准，是地方政府为发展本地经济而激烈竞争的主要制度根源（张军和周黎

---

[1] 何梦笔．政府竞争：大国体制转型理论的分析范式，www. cahepil. net.

[2] 贾莎．财政政策促进产业结构调整的经济效应研究［D］．武汉：武汉大学，2012.

[3] 踪家峰．城市与区域经济学［M］．北京：北京大学出版社，2016.

安，2008）。

通常政府竞争可以表现为争项目、争资金、争人才，以及各种地方政策方面的竞争等，都可以概括为对要素的争夺。同时，政府部门和私人部门之间在一定条件下也可能产生竞争关系。政府是地方发展战略和经济政策的重要制定者和执行者，同时，在任期政绩最大化激励下，地方政府也同企业和居民个体一样，参与市场经济发展和竞争。地方政府这种“既是裁判员，又是运动员”的复杂角色，一方面使得政府与企业和居民等私人部门之间具有利益一致性，并且还可以通过投资科教人才和基础设施等方面促进前者盈利机会；但另一方面，不同于私人部门以追求利润或效用最大化为目标，政府部门的目标是地方生产总值和财政收入等指标最大化，当两者之间出现目标偏离时，便会产生利益冲突，此时便会产生政府利用公权与民争利。图 4-3 概括了政府部门之间以及政府与私人部门之间的关系。中央政府和地方政府间存在财政（如转移支付）和政治利益（政治晋升等）的好处交换；地方政府之间则彼此争夺各种可增进地区经济增长的生产要素，包括人才。在 Tiebout 和 Mcguire 模型中深入分析了政府间争夺选民的机制，因为后者既可以用手投票，也可以用脚投票。此外，作为公共物品提供者的政府与作为生产要素拥有者的私人部门之间，则存在着公共物品与资源的交换关系。

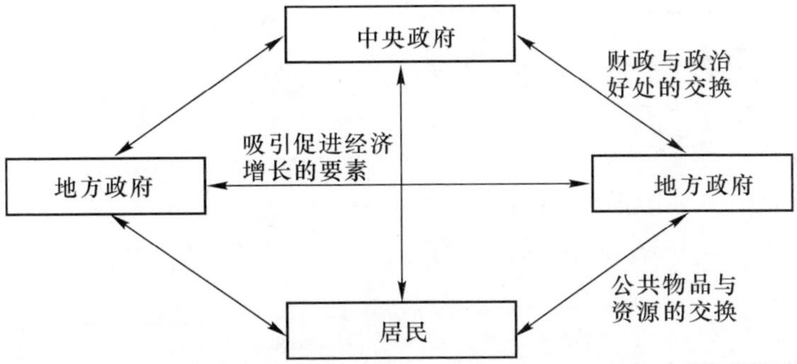

图 4-3 政府部门与私人部门间关系与竞争

（资料来源：何梦笔．政府竞争：大国体制转型理论的分析范式，www. cahepil. net）

4. 3. 3. 2 政府竞争的效率损失与合作的收益

政府竞争可以对地方政府提供激励，提高其生产效率和资源配置效率，有利于促进居民效用提升和地区经济增长，但近年来学界也开始关注政府竞争带来的效率损失。地方官员为谋求任期内政绩最大化而努力提升个人政治资本的自利性动机，使得地方政府的行为很容易偏离公共利益最大化的轨道，也在一定程度上扭曲了劳动、资本等生产要素的市场化流动，出现资源配置失当和选择性偏差，导致国民经济实际福利的降低❶。地方政府在地方公共品供给中更加偏好易于传递政绩信息的显性公共品，而减少供应教育、医疗等“百年树人”型的隐性公共品❷，从而造成区域间严重的市场分割、产业同质化竞争等问题；甚至采取压低土地价格、放宽财税优惠政策和放松环保标准的“竞次性”模式吸引企业落户（陶然等，2009）。

仍以双城经济模型为例。城市 1、2 同质，以固定的投资总额用于两种公共品（I 和 N）投资，I 属于正向型投资，对整个经济系统具有正外部性；N 则对全域具有负向性影响。城市收益函数为：

$$V_1 = (I_1 + \vartheta I_2)^{\alpha}(N_1 - \eta N_2)^{\beta},\ V_2 = (I_2 + \vartheta I_1)^{\alpha}(N_2 - \eta N_1)^{\beta} \quad (4-35)$$

式中，α，β，ϑ，$\eta \in (0,\ 1)$，$\alpha+\beta<1$ 表明还有其他影响城市收益的次要因素，公式中予以忽略；ϑ，η 衡量对应投资的外部性效应。两城市在一定预算约束条件下进行投资策略选择，分别以 S_1、S_2 表示城市 1、2 的预算约束。

（1）两城市分别按各自利益最大化进行决策：

$$\max V_1 = (I_1 + \vartheta I_2)^{\alpha}(N_1 - \eta N_2)^{\beta},\ \text{s. t. } I_1 + N_1 \leqslant S_1 \quad (4-36)$$

$$\max V_2 = (I_2 + \vartheta I_1)^{\alpha}(N_2 - \eta N_1)^{\beta},\ \text{s. t. } I_2 + N_2 \leqslant S_2 \quad (4-37)$$

求解得到两城市反应函数：

$$I_1 = \frac{\alpha(S_1 - \eta S_2)}{\alpha + \beta} + \frac{\alpha\eta - \beta\vartheta}{\alpha + \beta} I_2,\ I_2 = \frac{\alpha(S_2 - \eta S_1)}{\alpha + \beta} + \frac{\alpha\eta - \beta\vartheta}{\alpha + \beta} I_1 \quad (4-38)$$

因此，分别决策下全区域的正向投资量为：

$$(I_1 + I_2)\big|_{\text{fs}} = \frac{\alpha S_1 + \alpha S_2 - \alpha\eta S_1 - \alpha\eta S_2}{\alpha + \beta - \alpha\eta + \beta\vartheta} \quad (4-39)$$

（2）假设由上级政府对两城市投资策略进行集中决策：

$$\max V = (I_1 + I_2)^{\alpha}(N_1 - N_2)^{\beta},\ \text{s. t. } I_1 + N_1 \leqslant S_1,\ I_2 + N_2 \leqslant S_2 \quad (4-40)$$

最优解为：

$$(I_1 + I_2)\big|_{\text{jz}} = \frac{\alpha S_1 + \alpha S_2}{\alpha + \beta} \quad (4-41)$$

（3）分别决策和集中决策下正向投资对比关系为：

$$(I_1 + I_2)\big|_{\text{fs}} - (I_1 + I_2)\big|_{jz} < 0 \quad (4-42)$$

又由两个约束条件，必有$(N_1 + N_2)\big|_{\text{fs}} - (N_1 + N_2)\big|_{\text{jz}} > 0$ （4-43）

上述模型推导过程证明了政府竞争的效率损失：分别决策下，各城市分别谋求自身利益最大化，最终的正向型投资量小于集中决策；而负向型投资则大于集中决策下的最优量。通过博弈矩阵（表 4-1）也可以对上述论证予以证明。

---

❶ 张幼文，等．要素集聚的体制引力［M］．上海：格致出版社、上海人民出版社，2015.

❷ 闫威．地方公共品供给的理论研究［D］．武汉：华中科技大学，2004.

表 4-1 城市间竞合策略支付矩阵

		城市 2	
		合作	竞争
城市 1	合作	8，8	-5，10
	竞争	10，-5	-8，-8

城市 1，2 均面临两个策略选择——合作或竞争。对于全区域整体而言，最优的策略无疑是双方均选择合作，此时区域收益为 16，双方各得 8。然而两个城市均有动力背弃“合作”选择“竞争”，假设城市 1 选择“合作”而城市 2 选择“竞争”，则后者的获益大于选择“合作”时，为 10；城市 2 的背约使得选择“合作”的城市 1 蒙受损失，收益为-5。然而事实往往会以这样的方式惩罚背约者——由于两个城市均有同样的决策逻辑和背约激励，最终会不约而同选择“竞争-竞争”的策略组合，于是城市和全区域均在竞争中蒙受福利损失，最终双方收益均为-8。

综上，城市间各行其是的分别决策，将会使整个经济体面临资源浪费和效率损失，因此外围区政府通过采取区域竞争的方式并不能促进自身发展。无论基于城市各自的最终利益或是区域的整体利益最优的考虑，均应通过城市合作谋求协同共赢的发展。但各城市均有背离合作采取竞争的激励，为了维护区域合作机制的稳定性，除了提升城市政府科学治理能力外，还应该建立由上级政府领导的城市间合作机制，通过权威的顶层设计和管理，统筹保障全局利益最大化。

4.3.3.3 公共支出的空间溢出性

Case 等人（1993）发现地方政府的公共支出行为与邻近地区支出密切相关，相邻地区增加公共支出会导致本地区政府支出的显著增加[1]。Case 等从西方选举制度入手对此进行了解释——选民以相邻地区政府的表现作为衡量本地区政府绩效的标准，这就使得当地政府出于理性考虑，选择与相邻地区相近的行为而不是与之偏离太远。因此，地方政府之间会在公共支出政策上相互学习效仿，导致公共支出具有空间溢出效应，相邻地区的地方政府公共支出政策上会相互影响。由于前文叙及的“晋升锦标赛”的体制性原因，公共支出的空间溢出效应在我国也同样存在。公共支出是地方政府推动当地经济增长的重要调控手段。各地政府官员在晋升压力下对于周边城市的公共支出政策高度关注，作为可观测到的政策工具，一个城市增加公共支出的行为，很容易引起周边城市竞相仿效。政绩竞赛下的邻里学习效应，是我国公共支出具有空间溢出性的主要原因。

---

[1] Case A C，Rosen H S，Hines J R. Budget Spillovers and Social Policy Interdependence：Evidence from the States［J］. Journal of Public Economics，1993，52（3）：285-307.

4.4 理论假说

根据前文的机理分析和相关经济原理，影响城市经济效率的因素主要有如下几类：

（1）生产要素集聚程度。作为城市经济活动的主要投入变量，生产要素的禀赋状况和集聚程度直接决定了城市经济效率所能达到的高度。

（2）城市自身的发展环境。本研究主要关注如下几类“硬环境”和“软环境”，交通通信基础设施等“硬环境”构成城市发展的物质环境基础；制度环境和市场环境则是最重要的“软环境”因素。政府是制度环境的主要供给者，政府对城市经济效率的影响和干预是可被观测到的，是“看得见的手”。本研究以公共支出变量反映政府对城市经济效率的影响；而市场环境对城市经济效率的影响则是无形的，是所谓的“看不见的手”。

（3）城市历史效率水平。由于城市发展具有路径依赖性，其历史效率水平对当下城市经济效率具有循环累积的惯性影响。

（4）空间环境因素。周边相邻城市的经济状况和发展程度是重要的空间环境因素，将影响到本城市的效率水平。正如同鱼在水中的生长状况既取决于鱼自身的素质条件，也取决于水体环境，城市的发展也取决于自身因素和周边环境因素。城市的历史效率水平和当下生产要素投入的集聚程度属于前者；而城市自身环境和周边空间环境因素则是后者，属于“水体环境”。基于以上分析，本研究按照图 4-4 的逻辑路线依次提出理论假说并在后文进行实证检验。

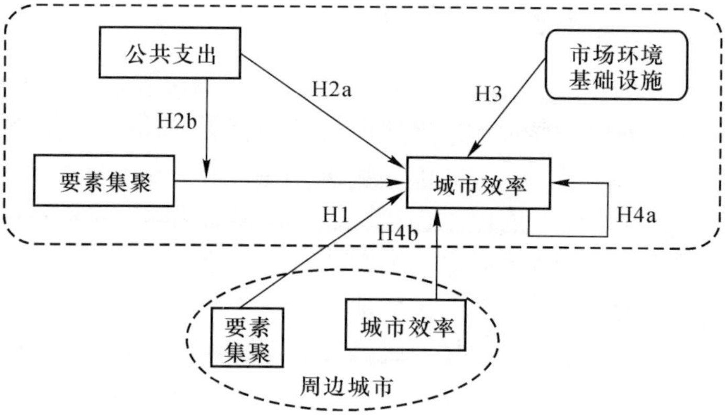

图 4-4 理论假说逻辑结构

本研究理论假说如下：

H1：生产要素的集聚状况会影响城市经济效率，并且这种影响具有空间相关性，即城市的经济效率水平不仅受到本城市要素集聚状况的影响，也会受到周边城市相关状况的影响。后文将生产要素集聚对城市经济效率的影响定义为要素集聚效应。

H2：公共支出不仅会对城市经济效率产生重要的影响，并且对于要素集聚效应具有影响作用。

H2a：公共支出水平对于城市经济效率提升具有直接性影响。

H2b：公共支出水平对于生产要素集聚效应具有影响，即公共支出会作用于生产要素集聚影响城市经济效率的过程。

H3：区域开放程度、金融市场发育程度、基础设施完备情况等都是重要的环境因素，会对城市经济效率产生影响。

H4：城市经济效率具有时间和空间维度上的路径依赖，简称“时空惯性”。

H4a：城市经济效率具有时间效应，即城市历史效率水平能够循环累积地影响其当期的效率。

H4b：城市经济效率具有空间效应，周边城市的经济效率会对本城市效率水平产生影响。

4.5 本章小结

生产要素的空间集聚有助于促进全域的经济增长和要素配置效率的提高，但是也会导致集聚中心和外围区间发展的不平等。仅仅依靠市场力很难改变外围区在集聚中心因增长和福利的双重流失而陷入塌陷的命运。政府公共支出具有增长效应和引致生产要素流动效应，政府之手的适度干预，对于矫偏市场完全作用下外围衰落、综合权衡集聚下的空间效率和区域公平、促进区域协调发展，可以起到积极作用。政府应当注重不同公共支出政策的调节方向，促进政策对全体国民尤其是外围区居民的福利改进。通过对政府竞争模型的分析，我们得到启示：采取市场分割或是区域竞争的方式对促进外围区发展并无益处；反之，区域合作和一体化发展则有助于减少区际交易成本，促进外围区和全域整体的可持续增长与福利提升。在分别决策的情况下，各地方政府会以本地区利益出发进行决策，有背离区域间合作框架的激励，但其结果则是导致全域利益的损失。因此，实现区域协调合作发展，需要权威的顶层设计和管理，从全局利益最大化角度进行统筹决策。在以上理论分析的基础上，本研究进一步提出相应的理论假说，并通过后文的实证予以检验。

5 环渤海城市经济效率和生产要素集聚测算

作为国家和地区经济增长的发动机，城市的发展应该以追求效率为目标（周一星，1998）。近年来，城市的经济效率问题日益受到学界关注。另外，城市也是生产要素集聚的主要空间载体，生产要素集聚是城市化的根本经济本质。本章选取环渤海地区为研究对象，对其区域内各城市经济效率以及生产要素集聚程度进行测算。环渤海地区位于我国西北、华北、东北三大经济区的结合部，是我国的第三大增长极，在带动区域发展和对外开放中具有重要的区位优势和战略意义。

5.1 环渤海经济发展及城市概况

环渤海地区地理范围为环绕渤海全部和黄海部分的沿岸及周边地区，国家发改委 2015 年下发的《环渤海地区发展纲要》，明确环渤海地区具体包括北京、天津、河北、辽宁、山东、山西、内蒙古两市四省一区。环渤海土地面积 186 万平方公里，占我国国土总面积的 19.4%；2014 年末该地区常住人口为 3.14 亿，实现地区生产总值 18.5 万亿元，分别约占全国的 23%和 27%。环渤海以京津为中心，以大连、青岛、烟台、秦皇岛等沿海开放城市为扇面，以石家庄、济南、沈阳、太原、呼和浩特、包头等城市为支点，包括京津冀跨省际城市群，山东半岛、辽中南、呼包鄂以及太原周边城市群等几个规模不等的省内城市群，横向连接东北、华北、西北等广阔的内陆腹地，对内是全国经济发展的重要引擎和辐射带动“三北”地区发展的龙头；对外则西联俄罗斯和蒙古国、东通日本和韩国，拥有进入太平洋和走向世界的海上要冲和陆上门户，在对外开放中具有重要战略地位，拥有发展成为世界级城市群的地利优势。

5.1.1 环渤海协同发展的优势基础

环渤海协同发展的优势涉及三个方面：

（1）环渤海地区幅员广阔、连接海陆，具备协同构建开放型经济体系的良好条件。辽东半岛、京津唐、河北东部沿海区、黄河三角洲和胶东半岛毗邻排列，呈一个大写的“C”字形，辽东半岛和胶东半岛之间相距只有 130 公里左右，犹如双臂环抱渤海湾，拥有占全国近 1/3 的陆地海岸线，通过大连、天津、青岛等多个港口与 160 多个国家和地区保持经贸往来。内陆口岸方面，内蒙古边境线长达 4200 公里，与俄罗斯和蒙古国接壤，拥有满洲里、海拉尔、二连浩特等16个对俄罗斯和蒙古国的开放口岸和3个国际航空口岸。

（2）生产要素禀赋丰富，互补性强。环渤海人才资源密集，科技力量雄踞榜首，仅京津两地高校与研究院所的科研人员就占到全国的1/4。山西和内蒙古的能源、有色金属等矿产资源储量丰富，沿海省市拥有农业、海洋、旅游等多种资源，城市群经济生产要素优势与内地资源禀赋优势具有很强的互补性，为资源优化配置以及产业联动发展奠定了坚实的基础。

（3）产业基础雄厚，层次梯度明显。环渤海地区是中国最大的工业密集区，重化工业、加工制造业、现代服务业等产业基础雄厚，煤炭、钢铁、石化、船舶制造等历史悠久，电子信息、文化创意、金融商务等新兴产业发展迅速，各地产业存在层次梯度，具备地区间产业协作的基础。

5.1.2 环渤海协同发展的制约性因素

环渤海协同发展的制约性因素也有三个方面：

（1）政府干预度高，市场带动作用有待强化。与发达国家集聚经济圈多以市场力为主导自发形成壮大的动因不同，我国的经济区发展的重要动力来自国家和地方各级区域发展战略的推动影响，并呈现梯次崛起❶。相对而言，珠、长三角洲发展过程市场主导的占比更大，先有企业参与，最后才是政府间的协商和制度安排层面。而环渤海则国有经济占比很高，京津冀地区更因其特殊的政治地位，是“强势政府区”，存在“诱致政府职能过度扩大化”❷ 的体制性原因，政府干预强度更大，市场化程度相对较低。

（2）各区域间竞争大于合作，一体化程度不足。区域一体化要求淡化行政色彩，降低行政区划分割引起的经济壁垒。与珠、长三角相比，环渤海具有很强的行政区经济属性，区域内统一开放的商品市场和生产要素市场尚未形成，生产要素跨区域流动阻力较大，一体化进程远未达到实质性阶段。此外，各省市间经济与产业联系都比较缺乏，仍处于各自为政的状态，市场分割、产业同构、重复建设、无序竞争等问题突出，协调发展机制亟待建立。以港口建设为例，环渤海港口众多，在建设时并非基于区域一体化视角下的市场需求考量，而是各地为谋取本地利益最大化的政府行为，以至于“狭小的渤海湾，拥挤着数量众多的重量级港口和船舶”❸，各港口之间竞争有余、协作不足。

（3）发展不平衡不充分的矛盾比较突出，发展质量和效益有待提高。各地区发展水平不一，大中小城市发展不协调，城乡发展不平衡，基本公共服务差距较大。京津等核心城市仍以极化作用为主，对周边城市的辐射带动力不足，延缓

---

❶ 顾海兵，张敏．中国城市群渐次崛起［R］．中国经济报告，2015，2.

❷ 纪良纲，陈晓永．城市化与产业集聚互动发展研究［M］．北京：冶金工业出版社，2005.

❸ 彭秀良，魏占杰．幽燕六百年：京津冀城市群的前世今生［M］．北京：北京大学出版社，2017.

了外围区的城市发展进程，京津周边仍存在涉及众多人口的贫困带。此外，环渤海传统产业面临产能过剩，产业结构优化和经济转型升级压力依然较大，区域整体实力和综合竞争力有待进一步增强。

5.2 环渤海城市经济效率测算

本研究所指的城市经济效率是全要素生产率的概念，指在一定的生产技术条件下，城市集聚各种资源实现发展过程中的消耗与收益的对比，即各种生产要素投入与有效总产出的对比关系。城市经济效率水平综合体现了城市对投入要素的有效配置、运行状态和经营管理水平。本章将采用基于 DEA 模型的 Malmquist 指数评价方法，测度环渤海城市经济效率及其动态变动。

5.2.1 DEA-Malmquist 指数评价方法

5.2.1.1 效率与全要素生产率

经济学中的“效率”，一般是对经济社会活动有效性的评价。经济活动均可视为消耗某些生产要素以实现特定经济收益的活动，其投入要素与产出收益之间的对比就是效率。曼昆（2005）对“效率”的定义则更倾向于产出的视角，认为效率是社会能从其稀缺资源中获得最多的东西，“当可以对拥有的全部稀缺资源进行充分利用时，就可以认为这种经济活动是有效率的”[1]。根据曼昆的观点，效率可以被视为“利用既定的投入可以实现的最大产出”。

宏观经济学中的“效率”，通常是全要素生产率的概念。这个概念源于微观管理中的“生产率”（Quesnay，1766），反映生产活动中投入产出的对比关系。1928 年，Douglas 提出宏观生产函数后，学者开始关注宏观经济增长中对生产率作用的定量研究；其后，荷兰经济学家 Tinbergen（1942）和美国经济学家 Stigler（1947）分别提出了“Total Factor Productivity”即全要素生产率（TFP）的概念；在此基础上，学者们陆续展开相关研究，其中以“索洛余值”（Solow，1957）最具有代表性。1961 年，美国经济学家 Kendrick 进一步发展了全要素生产率的概念，认为它是“除生产要素投入增加以外的经济增长部分”[2]，是经济增长中由于技术进步、管理水平提高和资源的高效配置等实现的部分。

全要素生产率分析是近年学界对于经济增长经验分析的重点领域之一，以估算 TFP 为基础，通过对一个区域经济增长源泉的分析，考察其经济增长方式的可持续性，并给出不同区域经济增长差异的解释（郭庆旺等，2005）。早期对于

---

[1] N · 格雷戈里 · 曼昆 . 经济学原理［M］. 北京：清华大学出版社，2017.

[2] Kendrick J W. Productivity Trends in the United States［M］. New Jersey：Princeton University Press，1961.

TFP 的估算主要采用“索洛余值”法。该方法的优点是估算相对简便，但需要先行设定具体的生产函数，由于生产函数的不可知性，常常因为设定形式的不同导致不同的测算结果；并且“索洛余值”法基于“完全竞争”和“规模报酬不变”的假设前提下，约束条件过强。正如 Jorgenson 和 Griliches(1967) 所指出的，基于统计核算得到的 TFP 包含了与产出相关但不能核算为生产要素投入的各种可能因素，实际上是一种计算上的误差，相当于是对“无知的度量”❶；如果影响产出的因素都能够被包括进来并加以准确衡量的话，这一统计误差将不复存在。

近年来，一些新的经济计量方法逐渐被应用于效率评价，如参数随机前沿分析和非参数数据包络分析法等，相对于之前的方法，在可操作性和合理性上都更有优势。其中数据包络方法是一种最常用的非参数前沿效率分析方法。

5.2.1.2 数据包络法的效率评价原理

数据包络方法（Data Envelopment Analysis，DEA）由美国著名运筹学家 Charrles 和 Cooper 于 1978 年提出，通过计算经济单元的实际生产表现与最优前沿面之间的距离，进行效率评价。相对于其他方法，DEA 效率测算法的优点在于：

（1）无须事先设定具体的生产函数以及估计参数，能够有效避免因函数设定形式错误而导致的测算偏差，得到较稳健的测算结果。

（2）采用最优化方法内生地确定各种投入要素的权重，排除了人为确定权重的主观性，使评价结果更为客观。

（3）具有与市场价格无关的优点，可以规避不同量纲指标体系之间横向对比问题。

创建者 Charnes 认为，该方法的上述优点表明 DEA 在具有不同量纲的多投入、多产出复杂经济系统的效率评价方面具有很强的适用性，因此非常适合用于城市这样的复杂经济体的效率评价❷。DEA 方法测评城市经济效率的具体思路是：将每个城市视为一个决策单元。首先，利用距离函数构建包含当前所有被评价城市生产可能性集的理想边界——最优生产前沿面，目的是寻找待评城市经济效率的最优集合；然后，通过比较各城市实际生产表现与前沿面的距离，测算出每个城市的具体效率水平。

设城市使用两种投入要素 x_1、x_2，产出为 y，其规模报酬不变的生产函数为 $y=f(x_1, x_2)$，以 y_0 代表现行投入-产出水平下的生产前沿面，即所有城市在现有技术水平下利用现有投入所能达到的最大产出为 y_0，在 x_1-x_2 坐标系中绘出产

❶ Jorgenson D W，Z Griliches. The Explanation of Productivity Change [J]. Review of Economic Studies，1967，34 (7)：349-383.

❷ Charnes Abraham，William Wager Cooper，Susan X Li. Using data envelopment analysis to evaluate efficiency in the evonomic performance of Chinese cities [J]. Socio-Economic Planning Sciences，1989，23.

出水平为 y_0 的等产量线（图 5-1），其中 y_0 右上方的区域是现行技术水平和现有投入下无法达到的产出水平。因此，对于城市 i 而言，其实际产出可能在 y_0 线上或者是 y_0 线的左下方。当城市 i 的产出落在 y_0 线上的时候，说明其生产具有完全效率，此时 i 的经济效率值为 1；当城市 i 的产出在 y_0 左下方时，说明其生产缺乏效率，效率值在 0~1 之间，此时实际效率与前沿边界的距离代表其无效率的程度。

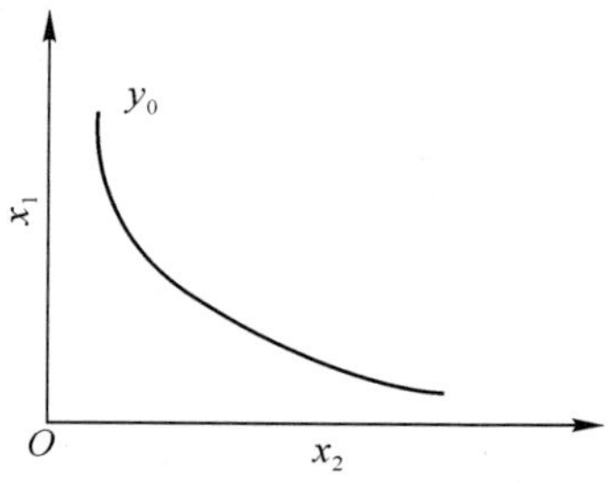

图 5-1 决策单元的生产效率图
（资料来源：杨玮．基于 DEA 方法的我国林业全要素生产率实证研究［D］．北京：北京林业大学，2010）

5.2.1.3 DEA 方法的模型

根据用于测算实际生产到最优前沿面的距离函数的设定形式，可以分为投入导向型距离函数和产出导向型距离函数。前者以产出既定情况下，投入向量能够向内缩减的程度来衡量生产技术的效率，即为了实现既定产出水平能够节约利用的最小投入数量；后者则以投入既定水平下产出向量最大可向外扩张的程度衡量生产效率，即在既定投入水平下可以得到的最大产出量。这与微观经济理论中企业以追求利润最大化为经营目标，对投入和产出进行有效配置的思想是一致的。DEA 的基本模型有如下两种形式：

（1）CCR 模型，由 Charnes、Cooper 和 Rhodes（1978）提出，是 DEA 模型的基本形式，因为基于规模报酬不变的假定，又被称为 CRS 模型（Constant Returns to Scale）。以投入导向型 CCR 模型为例，考虑 k 个决策单元（Decision Making Unit，DMU）的效率情况，在既定的技术水平下，每个 DMU 均使用 m 种投入来生产 s 种产出，规模报酬不变，其中第 j 个 DMU 的技术效率 DMU_j 可以表示为满足如下约束的模型：

$$\max \frac{\sum_{r=1}^{s} u_r y_{rj}}{\sum_{i=1}^{m} v_i x_{ij}}$$

$$\text{s.t.}: \frac{\sum_{r=1}^{s} u_r y_{rj}}{\sum_{i=1}^{m} v_i x_{ij}} \leqslant 1 \quad \text{for } j = 1, 2, \cdots, k$$

$$u_r, v_i \geqslant \varepsilon (r = 1, 2, \cdots, s; i = 1, 2, \cdots, m) \tag{5-1}$$

式中，x_{ij}和 y_{rj}分别代表其中第 j 个 DMU（$j=1, 2, \cdots, k$）的第 i 种投入的数量（$i=1, 2, \cdots, m$）和第 r 种产出的数量（$r=1, 2, \cdots, s$）。变量 v_i（$i=1, 2, \cdots, m$）代表投入的权重；u_r（$r=1, 2, \cdots, s$）代表产出的权重；ε 为非阿基米德无穷小量。这意味着目标是寻找到能够使所有被观测城市经济效率达到最大化的恰当的 u 和 v 的取值，约束条件是所有效率得分均不大于 1。

为了避免无限解的出现以及获得一个线性规模模型，对其进行如下 Charnes-Cooper 变换：

$$\max \sum_{r=1}^{s} u_r y_{r0}$$
$$\text{s. t. :} \sum_{i=1}^{m} v_i x_{i0} = 1$$
$$\sum_{r=1}^{s} u_r y_{rj} - \sum_{i=1}^{m} v_i x_{ij} \leqslant 0$$
$$u_r,\ w_i \geqslant \varepsilon (r = 1,\ 2,\ \cdots,\ s;\ i = 1,\ 2,\ \cdots,\ m) \tag{5-2}$$

根据线性规划的对偶性质，可将上述数学表达转化为：

$$\min\theta$$
$$\text{s. t. :} \sum_{j=1}^{k} \lambda_j x_{ij} \leqslant \theta x_{i0} \quad (i = 1,\ 2,\ \cdots,\ m)$$
$$\sum_{j=1}^{k} \lambda_j y_{rj} \geqslant y_{r0} \quad (r = 1,\ 2,\ \cdots,\ n)$$
$$\lambda_j \geqslant 0 \quad \text{for } j = 1,\ 2,\ \cdots,\ k \tag{5-3}$$

式中，θ 为标度变量；λ 为 $k \times 1$ 阶常数向量。

这个线性规划系统最终要找到对应于各 DMU 的一系列 θ 值。$\theta \leqslant 1$，当 $\theta = 1$ 时表明城市经济恰好在效率前沿面上运行。若 θ^* 是规划问题的最优解，则可以得出如下结论：

若 $\theta^* < 1$，则称 DMU 非 DEA 有效；

若 $\theta^* = 1$，则 DMU 为 DEA 有效。

（2）BBC 模型，是 Banker，Charnes 和 Cooper（1984）在对 CCR 模型调整和拓展的基础上提出的。该模型基于规模收益可变的理论假设，因此又称 VRS 模型（Variable Returns to Scale）。仍以投入导向型为例，模型如下：

$$\min\theta - \varepsilon\left(\sum_{i=1}^{m} s_i^- + \sum_{r=1}^{s} s_r^+\right)$$
$$\text{s. t. :} \sum_{j=1}^{k} \lambda_j x_{ij} + s_i^- = \theta x_{i0} \quad (i = 1,\ 2,\ \cdots,\ m)$$
$$\sum_{j=1}^{k} \lambda_j y_{rj} - s_r^+ = y_{r0} \quad (r = 1,\ 2,\ \cdots,\ s)$$
$$s_r^+,\ s_i^-,\ \lambda_j \geqslant 0 \quad \text{for } j = 1,\ 2,\ \cdots,\ k \tag{5-4}$$

同理，若 θ^* 是规划问题的最优解，有如下结论：

若 $\theta^* < 1$，则称 DMU 非 DEA 有效；

若 $\theta^* = 1$，则 DMU 为 DEA 有效。

5.2.2 Malmquist 指数法下效率的分解

5.2.2.1 效率分解

基于 DEA 技术的 Malmquist 指数法是 20 世纪 90 年代以来最为流行的测算 TFP 的非参数方法。Malmquist 指数方法其实是一种分解的思想，通过将引起效率变化的因素分解，可以更准确地判断出效率提升的源泉，从而找到未来效率推进的有效路径。因此，本研究选用该方法测算城市经济效率。Malmquist 指数方法是由其最早提出者的名字命名的。1953 年，瑞典的经济和社会统计学家 Malmquist 为了分析不同时期居民消费的变化，提出了该方法；Caves 等（1982）通过将距离函数引入其中，使之能够测度每个生产决策单位与最优生产前沿面的距离，以此来反映生产率变化；之后，Fare 等（1994）将 Malmquist 指数与数据包络理论相结合，对测算出的 TFP 做了进一步的分解❶。Malmquist 指数是基于距离函数构造的，从时期 t 到时期 $t+1$ 的 Malmquist 生产率指数，如果选择以时期 t 的技术水平为参照，可定义为如下形式：

$$M_t(x_{t+1},\ y_{t+1},\ x_t,\ y_t) = \frac{D_0^t(x_{t+1},\ y_{t+1})}{D_0^t(x_t,\ y_t)} \tag{5-5}$$

式中，x_t 和 y_t 分别为 DMU 在 t 时期的投入和产出向量集；x_{t+1}、y_{t+1} 为在 $t+1$ 时期的投入和产出向量集；D_0 为距离函数，其求解通过 DEA 的数学线性规划模型来实现。

同理，也可以选择以时期 $t+1$ 的技术水平为参照，此时 Malmquist 指数为：

$$M_{t+1}(x_{t+1},\ y_{t+1},\ x_t,\ y_t) = \frac{D_0^{t+1}(x_{t+1},\ y_{t+1})}{D_0^{t+1}(x_t,\ y_t)} \tag{5-6}$$

在实际测算中，为了避免因选取不同时期的技术水平参照造成对测算结果的影响，按照 Fare 等（1994）的定义，将相邻两个时期（第 t 期到 $t+1$ 期）决策单元（DMU）的效率变动（记作 tfpch，Total Factor Productivity Change）定义为两个参照期的 Malmquist 指数的几何平均数，即：

$$\text{tfpch} = M_0(x_{t+1},\ y_{t+1},\ x_t,\ y_t) = \left(\frac{D_0^{t+1}(x_{t+1},\ y_{t+1})}{D_0^{t+1}(x_t,\ y_t)} \times \frac{D_0^t(x_{t+1},\ y_{t+1})}{D_0^t(x_t,\ y_t)}\right)^{1/2} \tag{5-7}$$

式（5-7）就是基于 DEA 方法下计算 Malmquist 指数的常用公式，其中，$D_0^t(x_t, y_t)$ 和 $D_0^{t+1}(x_{t+1},\ y_{t+1})$ 为生产点在相邻两期同其前沿面技术相比较的距离函数；$D_0^t(x_{t+1},\ y_{t+1})$ 和 $D_0^{t+1}(x_t,\ y_t)$ 为生产点在混合期同前沿面技术相比较得到的距离函数，分别是以第 t 期技术为参照表示的第 $t+1$ 期的效率，和以 $t+1$ 期技术为参照表示的第 t 期的效率。

Malmquist 指数用两个不同时刻距离函数的比值来刻画效率的变化，测算结果反映了效率的动态变化，即增长率。如果测算结果大于 1，代表效率提升；小于 1，代表效率下降；如果恰好等于 1，则表示效率与上一时期持平。式（5-7）

❶ Fare R, Grosskopf S, Norris M, Zhang Z. Productivity Growth, Technical Progress and Efficiency Change in Industrialised Countries [J]. American Economic Review, 1994a, 84 (1): 66-83.

通过如下换算，可进一步分解为不同偏向性质的变动：

$$\text{tfpch} = M_0(x_{t+1}, y_{t+1}, x_t, y_t)$$

$$= \frac{D_0^{t+1}(x_{t+1}, y_{t+1})}{D_0^t(x_t, y_t)} \times \left(\frac{D_0^t(x_{t+1}, y_{t+1})}{D_0^{t+1}(x_{t+1}, y_{t+1})} \times \frac{D_0^t(x_t, y_t)}{D_0^{t+1}(x_t, y_t)}\right)^{1/2} \tag{5-8}$$

（1）将式（5-8）中第一项命名为规模报酬不变情况下的技术效率变化指数（Efficiency Change，effch），即：

$$\text{effch} = \frac{D_0^{t+1}(x_{t+1}, y_{t+1})}{D_0^t(x_t, y_t)} \tag{5-9}$$

技术效率变化指数（effch）反映的是生产单位对现有技术的有效利用程度，通过衡量每个决策单位在现有技术条件下获得最大产出的能力，来判断其生产是否在更靠近生产前沿面的位置进行。因此，技术效率变化指数也可以理解为反映DMU从 t 期到 $t+1$ 期对最佳生产前沿面的追赶速度，可被称为“追赶效应”或“水平效应”。当effch>1时，代表相对技术效率提高，DMU的实际生产距离生产前沿面更为靠近。

（2）技术进步变化指数（Technology Change，techch），令

$$\text{techch} = \left(\frac{D_0^t(x_{t+1}, y_{t+1})}{D_0^{t+1}(x_{t+1}, y_{t+1})} \times \frac{D_0^t(x_t, y_t)}{D_0^{t+1}(x_t, y_t)}\right) \tag{5-10}$$

techch描述了从 t 期到 $t+1$ 期技术前沿的移动，这往往是因技术进步带来的。技术进步变化指数也称为“增长效应”，技术进步与科技创新对于生产的影响是提高了生产要素的产出能力和使用质量，表现为生产前沿面向上移动；当techch>1时，表示因技术进步推动生产前沿面变化。因此，式（5-10）可缩写为：

$$\text{tfpch} = \text{effch} \times \text{techch} \tag{5-11}$$

式（5-11）的涵义是：将引起城市经济效率变化（tfpch）的因素分解为两种情况——因技术效率变化引起的效率变化（effch）和因技术进步变化引起的效率变化（techch）。这种思想可以反映在图5-2中。横轴 x 代表所有投入要素集；纵轴 y 代表产出集；y_1、y_2 分别代表既定技术水平和投入下的生产可能性边界（即最优前沿面）。A 点位于前沿面边界以下，表示缺乏效率的点，其效率缺乏的程度用 A 到前沿面的距离衡量。

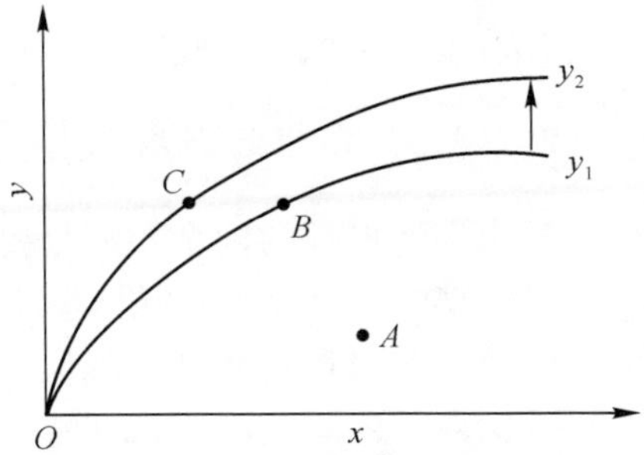

图5-2 效率的分解和效率提升

B、C 点位于最优前沿边界（y_1、y_2）上，表示具有效率；C 点位于更高的技术前沿面，代表比 B 更高的效率水平；$y_1 \rightarrow y_2$ 表示因出现技术进步推动的生产前沿面的改变；$B \rightarrow C$ 表示因技术进步提升的效率；而 $A \rightarrow B$ 则表示因技术效率改善

而获得的效率提升。

在规模效率可变的前提下，技术效率变化指数可以进一步分解为：

$$\text{effch} = \frac{D_{0,\ \text{VRS}}^{t+1}(x_t,\ y_t)}{D_{0,\ \text{VRS}}^{t}(x_{t+1},\ y_{t+1})} \times \left(\frac{D_{0,\ \text{CRS}}^{t+1}(x_{t+1},\ y_{t+1})}{D_{0,\ \text{VRS}}^{t+1}(x_t,\ y_t)} \middle/ \frac{D_{0,\ \text{CRS}}^{t}(x_t,\ y_t)}{D_{0,\ \text{VRS}}^{t}(x_{t+1},\ y_{t+1})} \right) \tag{5-12}$$

将式（5-12）右边的两项分别定义为纯技术效率变化指数和规模效率变化指数，其中：

（1）纯技术效率变化指数记做 pech(Pure Technical Efficiency Change)，是剔除了规模变动和投入处置能力变化后的生产效率，可以反映因管理、组织、决策等因素对经济单元生产效率的影响。当 pech=1，表示在目前的技术水平上，其投入资源的使用是有效率的，生产技术在城市的产出中得到充分的发挥。

（2）规模效率变化指数记做 sech(Scale Efficiency Change)。规模效率是由于规模因素影响的生产效率，反映在一定的制度和管理水平下，决策单元实际生产规模与最优规模之间的差距，以此对投入产出比是否合理或是否达到产出最大化做出判断。如果 sech=1，表示城市拥有合理的投入产出比，处于最优规模；sech<1，表示城市规模对城市产出的增加发挥了抑制作用，规模效率无效。

因此，可以将式（5-12）记为：

$$\text{effch} = \text{pech} \times \text{sech} \tag{5-13}$$

综上，有：

$$\text{tfpch} = \text{effch} \times \text{techch} = \text{pech} \times \text{sech} \times \text{techch} \tag{5-14}$$

运用式（5-14），可以将城市经济效率的提高分解为技术效率的提高，或技术进步的出现；进一步而言，城市经济效率的来源可能是管理等纯技术效率因素提高、规模效率改善，或者是技术进步推动。利用 Malmquist 指数对效率变化的分解，有助于对效率变化的原因做出更为清晰的判断。

5.2.2.2 城市经济增长与城市经济效率提升

城市经济增长的两个源泉是要素投入数量的增加和要素使用效率的提升，见图 5-3。改革开放以来，我国城市化快速推进，主要依靠的是增加生产要素投入驱动的粗放式增长，在城市规模扩大的同时，也日益受到资源、环境及生产要素供给的约束。依靠生产要素配置效率提高和技术创新进步带来的高效率集约式增长，才是未来城市发展的质量保证。运用 DEA-Malmquist 指数法测算出的城市经济效率，可以反映在生产要素“名义”投入不变的情况下，因要素使用效率提高对城市经济效率的促进。

5.2.3 城市经济效率测算的变量选取

基于 DEA 技术的 Malmquist 指数方法不仅可以测算出城市经济效率的逐期动

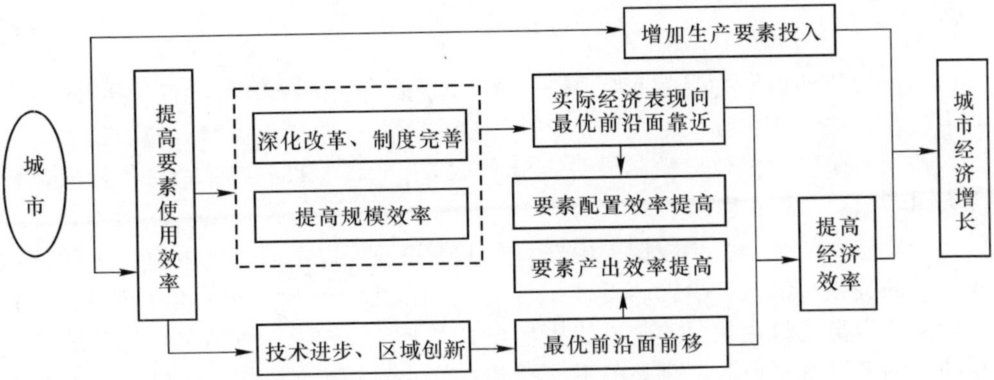

图 5-3 城市经济增长路径

态变化，而且可以通过效率分解确定城市经济效率变动的源泉，因此政策性含义比较强。应用 DEA 模型进行准确有效的效率评价的前提，是对投入产出变量进行合理的选择。本研究主要选取反映城市经济活动的土地、劳动和物质资本投入量作为投入变量，以城市实际地区生产总值作为产出变量，相应数据取自《中国城市统计年鉴》《中国教育统计年鉴》、中经网城市统计数据库以及各省历年统计年鉴。鉴于本研究考察范围为环渤海地级及以上城市的效率水平，因此，所用数据统计口径均为相应城市的市辖区数据。后文同理。

5.2.3.1 劳动投入

Wang 和 Yao（2002）、岳书敬和刘朝明（2006）的研究证明，如果不考虑劳动要素投入的质量改善因素，将人为造成对 TFP 增长率的高估。因此，在确定劳动对于地区经济增长的影响时，不仅要考虑劳动投入的数量，还要考虑劳动者的素质即人力资本水平的提高。本书参照 Barro 和 Lee（2001）的研究，以劳动力投入数量乘以劳动力平均受教育年限所得到的有效劳动作为劳动投入指标。其中：

（1）劳动力投入数量，一般选取城镇单位就业人数来衡量，具体指 16 周岁以上从事一定社会劳动并取得相应劳动报酬或经营收入的劳动人员数量。

（2）劳动力平均受教育年限，人力资本对于经济增长的重要作用已经得到广泛的承认（Mankiw 等，1992），但是在经验研究中，至今尚未对其内涵和外延达成一致标准（白重恩和张琼，2015），也较难以量化。鉴于劳动者一般是通过接受教育、培训等手段获得劳动技能和人力资本的提升，本研究采用 Barro（2000）的思想，以“教育获得”来衡量人力资本水平；借鉴徐现祥等（2004）、张学良（2012）的做法，采用平均受教育年限作为人力资本存量的代理变量，计算公式为：

$$H = \sum_{i=0}^{4} \frac{S_i Y_i}{P} \tag{5-15}$$

式中，H 为劳动力平均受教育年限，$i=0$，1，2，3，4 分别为文盲、小学文化、初中文化、高中文化和大专及以上文化程度；Y_i 为各种文化程度对应的受教育年限，按照各阶段学校教育学制设计，分别取 0、6、9、12、16；S_i 为各种文化程度人口数量；P 为 6 岁以上人口总量。

需要说明的是：鉴于数据可得性，本书采用 6 岁以上人口受教育情况代替从业人员的受教育情况，尽管两者在统计对象的范围上有所不同，但是研究表明，各地从业人员受教育状况的变异趋势与 6 岁以上人口的受教育情况变异趋势基本相同，两者具有很强的正相关关系（孙旭，2016），因此，这种替代是可行并且可信的。

5.2.3.2 资本投入

直接影响城市产出水平并非当期投资，而是前期投资积累而成的总资本存量水平。统计年鉴中并未提供城市资本存量的数据，通过对国内相关经典文献的梳理，发现进行资本存量估算的相对有效方法是永续盘存法（王小鲁和樊纲，2000；张军和章元，2003；单豪杰，2008）。因此，本研究采用永续盘存法对环渤海各城市 2001~2015 历年资本存量进行估算，计算公式为：

$$K_{it} = I_{it}/P_{it} + (1-\delta)K_{i,\ t-1} \tag{5-16}$$

式中，K_{it} 为第 t 期的资本存量，由以下因素决定：第 t 期的固定资产投资 I_{it} 、时期 t 的固定资产价格指数 P_{it} 、资本折旧率 δ。

可以看出，使用永续盘存法估计资本存量的关键点在于：基期资本存量的估算，相应价格指数和折旧率的确定。目前国内学者对资本存量的估算以全国或省际层面为主，对城市层面的资本存量估算相对较少，并且现有文献对于上述几个关键变量在选择标准上大为不同，结果很不一致。本研究的处理办法为：

（1）对于基期资本存量的确定。借鉴 Youn（1999）、张军和章元（2003）的方法，采用基年固定资产投资总额除以 10%作为初始资本存量。

（2）根据国家统计局公布的相应年份的固定资产投资价格指数来剔除价格变化的影响。该价格指数只有省级层面的数据。考虑到同一省份内部物价水平差异不大，本研究以各城市所在省份的当年固定资产价格指数作为城市固定资产价格折算指数。

（3）关于折旧率的确定，不同文献差异较大。本研究以张军和章元（2003）采用的 9.6%作为折旧率。

5.2.3.3 土地投入

传统的经济增长理论将资本、劳动作为影响产出的重要变量，然而城市的经济活动是以土地为载体，资本、劳动等生产要素价值的发挥需要依托土地进行。从我国的国情来看，土地资源的相对稀缺性是影响城市发展和城市经济效率的重要约束条件，有必要将土地投入纳入城市的投入要素中加以考量。现实经济发展过程中，土地投入的增加一般采用建成区面积的扩大来描述。本研究参照李郇等（2005）和戴永安（2010）等学者的做法，选取城市建设用地面积作为衡量指标。

5.2.3.4 产出变量

本研究选择地区生产总值表示城市产出，并按照相应缩减指数对其中价格变动的影响予以剔除。由于无法取得城市层面的历年GDP折算指数，因此采用其各自所在省份的GDP折算指数，并以2000年为基期进行平滑调整，从而折算出城市各年实际生产总值。

综上，城市效率测算所有变量及说明见表5-1。

表5-1 DEA投入、产出变量说明

变量	变量内容	变量说明
投入变量	劳动投入-劳动数量	年末城镇单位就业人数
	人力资本	劳动者平均受教育年限
	资本投入	永续盘存法估算的资本存量
	土地投入	城镇建成区面积
产出变量	地区生产总值	以2000年为基期的实际地区生产总值

数据来源：根据相应年度的《中国城市统计年鉴》《中国教育统计年鉴》、各省统计年鉴整理计算得出。

5.2.4 环渤海地区经济效率整体评价

本研究运用DEA-Malmquist指数方法，基于可变报酬假设下投入导向评价标准，对环渤海2000~2015年城市经济效率进行测算，分析其中的时空变化规律。测算范围包括环渤海地区北京、天津、河北、辽宁、山东、山西、内蒙古两市四省一区的地级及其以上城市，主要的考虑是：这样的城市市区行政界限相对稳定，数据在时间上具有可比性。特别需要指出的是，本研究的研究范围并不包括环渤海全部区域。鉴于本研究的研究对象为城市经济效率，其中内蒙古阿拉善盟、锡林郭勒盟、兴安盟以及呼伦贝尔市由于行政建制及建制发生变更（撤盟设市）的原因，与本研究所关注的“城市”数据统计口径不一致，故不列入测算范围。因此，本研究研究对象为除内蒙古上述四个盟市以外的环渤海地区其他63个地级及以上城市。涉及具体地理范围如图5-4所示。

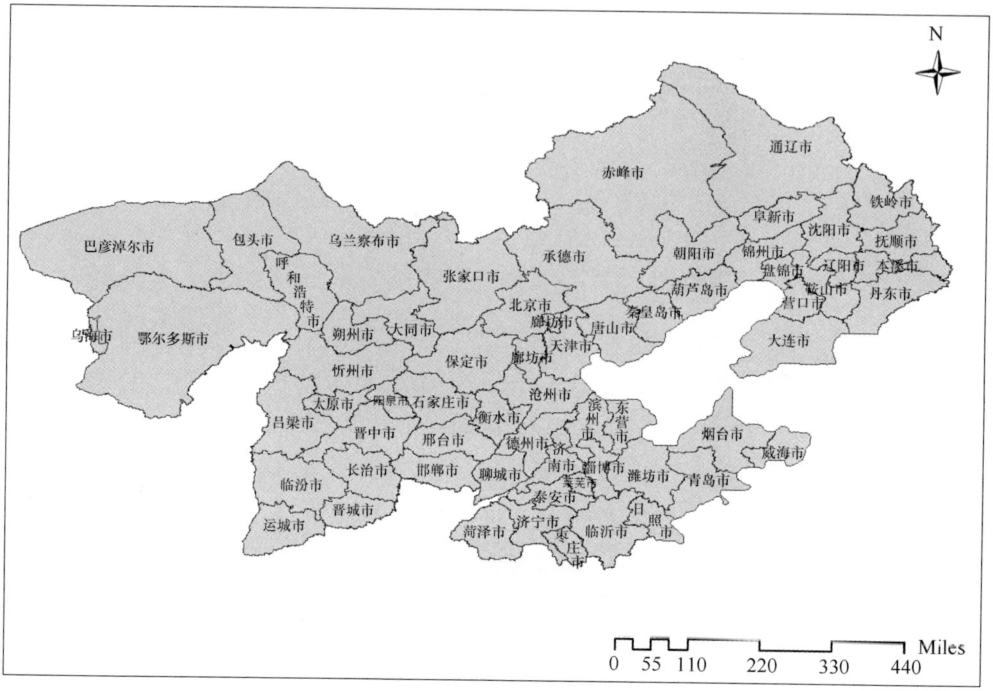

图 5-4 本研究涉及环渤海城市范围

5.2.4.1 原始 DEA-Malmquist TFP 指数

Malmquist 指数方法计算的效率值是以上一年为基期，每个指标都是反映城市经济效率与上年相比的相对变化情况，因此，原始效率指数只有在相邻两个时期间才具有可比性。DEA-Malmquist 测算结果见表 5-2。需要指出的是，为了对区域经济效率的变化根源做出更为明确的判断，表中将求得的区域经济效率（tfpch）的变化具体分解为技术效率（effch）、技术进步效率（techch）、纯技术效率（pech）以及规模效率（sech）的变化，分解的依据是式（5-14）。

表 5-2 2000~2015 年环渤海原始 TFP 指数及其分解

年份	effch	techch	pech	sech	tfpch
2000	1.000	1.000	1.000	1.000	1.000
2001	1.001	1.033	1.009	0.992	1.034
2002	1.010	1.062	1.018	0.991	1.073
2003	1.027	1.045	1.019	1.007	1.072
2004	1.039	1.022	1.020	1.019	1.061

续表 5-2

年份	effch	techch	pech	sech	tfpch
2005	1.054	0.991	1.029	1.024	1.044
2006	1.021	1.029	1.008	1.013	1.051
2007	0.990	1.061	0.991	0.999	1.051
2008	0.992	1.027	0.991	1.002	1.019
2009	0.995	1.007	0.982	1.014	1.002
2010	0.954	1.030	0.976	0.977	0.982
2011	0.927	1.055	0.974	0.951	0.977
2012	0.961	1.046	0.954	1.008	1.005
2013	1.008	0.953	0.997	1.010	0.961
2014	0.962	1.033	0.978	0.984	0.993
2015	0.969	1.035	0.996	0.973	1.003
mean	0.984	1.016	0.986	0.998	1.000

资料来源：根据相应年度的中经网城市统计数据库、各省统计年鉴、中国教育统计年鉴，作者整理计算。

表 5-2 反映了 2000~2015 年环渤海地区效率的整体变化情况，以及各效率分解指标的时序变化。从中可以看出，环渤海地区效率（tfpch）在 2000~2009 年一直大于 1，表现为持续的效率提升过程；从 2010 年之后增长趋势改变，效率下降的年份占多数。具体分析各项效率指标的变化情况：技术进步效率（techch）在各年间基本均有效（大于 1），总体呈现不断提高，2000~2015 年间，技术进步为区域效率贡献了 1.6%的增长。但是其余各效率指数在年度间波动较大且总体呈现下降趋势，技术效率（effch）变化率为-1.6%，其中纯技术效率（pech）自 2007 年起呈逐年下降趋势，平均增长率为-1.4%；规模效率（sech）平均增长率为-0.02%。总体来看，除技术进步为环渤海地区经济效率贡献了持续的促进作用外，其余效率指标从 2007 年起都增长缓慢，从而影响了环渤海经济效率的增长，尤其是由于纯技术效率提升太慢，导致生产要素使用效率不高。初步判断，这与此阶段国际金融危机的持续影响和国内经济进入减速换挡期有关。图 5-5 更直观地反映了各效率指标在年度间的变化。

2000~2015 年间各效率指标在各年份间的变化幅度明显，其时序变化均展现出了锯齿状的形态。地区经济效率（TFP）变化范围在 0.95~1.08 之间，2009 年之前一直大于 1 的效率有效区间内波动，表明此阶段地区经济效率处于持续上升趋势；2009 年之后，除个别年份外（2012 年和 2015 年），TFP 指数都小于 1，表明此阶段经济效率有所降低。其中技术进步效率指数除个别年份外基本大于 1，表明技术创新保持了较为持续的进步；纯技术效率和规模效率变动则大致以

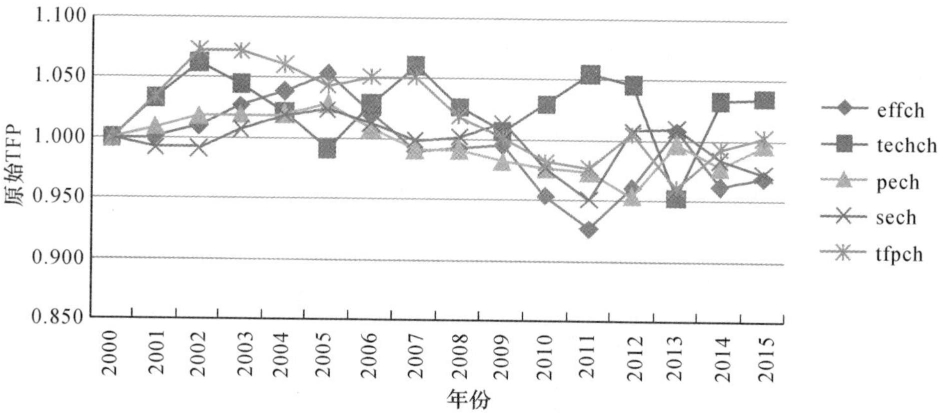

图 5-5 环渤海地区原始 DEA-Malmquist TFP 的时序变化

(资料来源：根据相应年度的中经网城市统计数据库、各省统计年鉴、中国教育统计年鉴，作者整理计算)

2007 年为界，由持续的效率增长转为较明显的效率下行。2009 年各项效率指标都显著偏低，应该与金融危机的冲击影响有关。

5.2.4.2 定基 DEA-Malmquist TFP 指数

原始的 Malmquist 指数只能反映相邻两年的相对效率变化，并不具有传递性（即纵向连续可比性），无法满足对时间序列上地区经济效率的评价和描述的要求，因此需要调整为以固定年份为基期的定基指数，才能具有纵向及横向的可比性。为了便于进行城市之间经济效率的差异评价和比较，本研究以 2000 年的效率值为基期，对之后各年的效率值做相应调整，调整后的定基 DEA-Malmquist 指数值如表 5-3 所示。

表 5-3 2000~2015 年环渤海定基 TFP 指数及其分解

年份	effch	techch	pech	sech	tfpch
2000	1.000	1.000	1.000	1.000	1.000
2001	1.001	1.033	1.009	0.992	1.034
2002	1.011	1.097	1.027	0.983	1.109
2003	1.038	1.146	1.047	0.990	1.189
2004	1.079	1.172	1.068	1.009	1.262
2005	1.137	1.161	1.099	1.033	1.317
2006	1.161	1.195	1.107	1.046	1.385
2007	1.149	1.268	1.097	1.045	1.455
2008	1.140	1.302	1.088	1.047	1.483
2009	1.134	1.311	1.068	1.062	1.486

续表 5-3

年份	effch	techch	pech	sech	tfpch
2010	1.082	1.350	1.042	1.038	1.459
2011	1.003	1.425	1.015	0.987	1.426
2012	0.964	1.490	0.969	0.995	1.433
2013	0.972	1.420	0.966	1.005	1.377
2014	0.935	1.467	0.944	0.989	1.367
2015	0.906	1.518	0.941	0.962	1.371

资料来源：根据相应年度的中经网城市统计数据库、各省统计年鉴、中国教育统计年鉴，作者整理计算。

将表 5-3 中的数据绘制成定基 DEA-Malmquist TFP 的时序变化图（图 5-6），可以更为清晰地反映出环渤海地区经济效率的变化趋势和增长源泉。

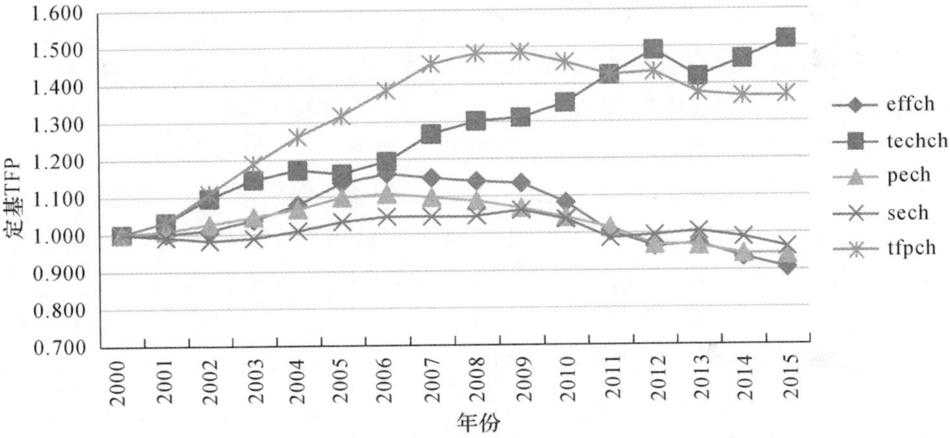

图 5-6 环渤海地区定基 DEA-Malmquist TFP 的时序变化

（资料来源：根据相应年度的中经网城市统计数据库、各省统计年鉴、中国教育统计年鉴，作者整理计算）

图 5-6 显示，在整个考察期，环渤海技术进步效率基本保持持续增长，其他效率指标则以 2007~2009 年为界，呈现先升后降的趋势。2007 年之前，规模效率和纯技术效率均有稳步上升，技术进步效率提升明显，三者合力下环渤海区域经济效率一直保持较快持续增长；2007 年之后，纯技术效率与规模效率先后出现轻微降低，并在其后年份中呈持续下降，表明这一阶段城市投入要素使用效率和规模效益均不理想，并拖累了地区经济效率的表现。探究 2009 年以后地区经济效率下降的原因，考虑到受多种因素的叠加影响，一方面是国际性金融危机和“欧债危机”的持续影响，另一方面我国国内改革进入攻坚阶段，经济进入减速换挡转型期，伴随城市规模扩张带来的效率提升已经放慢，地区经济效率的释放开始减缓。总体看来，2000~2015 年间，环渤海技术进步效率持续提升，地区经

济效率保持在有效区间运行；在 2008～2009 年达到局部性高点，其后有所下降。这一特征与潘芬超（2014）、白重恩和张琼（2015）等对全国城市经济效率和全国总体效率研究的结论一致。从近年来各效率指标对环渤海地区经济效率的贡献来看，技术进步指数>规模效率指数>纯技术效率指数，表明技术进步与科技创新对区域经济效率提升起主要作用。这一结论与金相郁（2007）和刘建国（2012）的研究相一致。今后环渤海地区除了坚持落实创新驱动发展战略，也要注重通过深化改革加强制度完善和提升管理水平，提高市场化程度和城市规模经济，通过改进物力、资金、人才等各项资源配置使用效率，促进区域技术效率提升。

5.3　环渤海城市经济效率时空分布特征

5.3.1　城市经济效率空间分布及其演变

5.3.1.1　各城市平均经济效率

表 5-4 列出环渤海各城市 2000～2015 年的平均效率水平及其分解。为了更为清晰明确地呈现各指标对城市经济效率的影响，将基于纯技术效率指数、规模效率指数、技术进步指数三项对环渤海城市经济效率进行分解分析。后文如无特别说明，将不再涉及技术效率变化指数。从表 5-4 结果来看，环渤海地区大部分城市属于富有效率的城市（tfpch>1），并且这些城市都无一例外地同时处于技术进步效率有效状态（techch>1），说明 2000～2015 年环渤海各城市技术进步明显，对城市经济效率的稳步提升产生了持久的带动作用。为了便于更准确地区分不同城市经济效率提升源泉，表 5-4 中根据纯技术效率和规模效率的相对情况进行区分。

表 5-4　2000～2015 年环渤海各城市经济效率水平

city	techch	pech	sech	tfpch	city	techch	pech	sech	tfpch
tfp>1，共 48 个城市									
pech>1，sech>1（12 个城市）									
天津	1.056	1.000	1.000	1.056	鞍山	1.026	1.012	1.009	1.048
呼和浩特	1.026	1.038	1.002	1.068	抚顺	1.018	1.016	1.000	1.035
包头	1.027	1.029	1.000	1.057	葫芦岛	1.025	1.027	1.005	1.058
赤峰	1.015	1.028	1.020	1.064	东营	1.076	1.000	1.000	1.076
通辽	1.029	1.006	1.008	1.043	长治	1.045	1.010	1.004	1.060
乌海	1.019	1.024	1.001	1.044	忻州	1.024	1.000	1.001	1.025
pech>1，sech<1（16 个城市）									
北京	1.051	1.000	0.982	1.032	巴彦淖尔	1.017	1.000	0.997	1.014

续表5-4

city	techch	pech	sech	tfpch	city	techch	pech	sech	tfpch
邯郸	1.041	1.012	0.999	1.052	本溪	1.023	1.015	0.998	1.037
邢台	1.024	1.004	0.999	1.028	锦州	1.022	1.010	0.993	1.025
张家口	1.026	1.033	0.997	1.056	营口	1.020	1.000	0.983	1.002
衡水	1.038	1.004	0.995	1.038	阜新	1.017	1.020	0.989	1.027
临汾	1.022	1.026	0.989	1.037	辽阳	1.018	1.012	0.997	1.028
吕梁	1.033	1.000	0.990	1.022	铁岭	1.044	1.036	0.997	1.079
济南	1.045	1.000	0.991	1.036	朝阳	1.020	1.019	0.995	1.035
pech<1，sech>1（7 个城市）									
乌兰察布	1.024	0.984	1.002	1.010	淄博	1.068	0.997	1.004	1.069
大连	1.043	0.980	1.003	1.025	烟台	1.035	0.956	1.012	1.001
临沂	1.053	0.963	1.001	1.015	济宁	1.037	0.963	1.003	1.002
德州	1.035	0.984	1.004	1.022					
pech<1，sech<1（13 个城市）									
石家庄	1.045	0.964	0.996	1.004	青岛	1.056	0.982	0.981	1.018
秦皇岛	1.025	0.996	0.999	1.020	泰安	1.033	0.989	0.998	1.020
廊坊	1.045	0.989	0.984	1.017	莱芜	1.049	0.992	0.997	1.037
朔州	1.041	0.986	0.977	1.002	聊城	1.033	0.985	0.997	1.014
运城	1.018	0.999	0.985	1.002	菏泽	1.030	0.993	0.999	1.022
沈阳	1.054	0.980	0.999	1.032	枣庄	1.025	0.996	0.997	1.017
丹东	1.027	0.998	0.991	1.016					
tfp<1，共 15 个城市									
唐山	1.020	0.967	1.005	0.991	晋中	1.007	0.968	1.013	0.987
保定	1.025	0.972	1.001	0.998	鄂尔多斯	1.006	0.937	1.027	0.968
承德	1.016	0.980	0.995	0.991	盘锦	0.973	1.000	1.000	0.973
沧州	1.036	0.990	0.974	0.999	潍坊	1.017	0.962	1.000	0.978
太原	1.000	1.005	0.990	0.995	威海	1.040	0.954	1.006	0.998
大同	0.981	1.010	1.003	0.994	日照	1.035	0.964	0.995	0.993
阳泉	0.972	1.022	0.992	0.986	滨州	1.023	0.954	0.997	0.972
晋城	1.012	1.013	0.972	0.996					

资料来源：根据相应年度的中经网城市统计数据库、各省统计年鉴、中国教育统计年鉴，作者整理计算。

总体看来，环渤海城市经济效率空间分布呈现如下特点：

（1）空间相关性。环渤海区域各城市经济效率水平并非呈现空间随机分布，而是具有一定的空间相关性，地理空间相邻或属于同一省份的城市在各个效率指数分布上往往具有相似特征，体现出较明显的“空间趋同俱乐部”现象。

（2）一般而言，城市经济效率与经济发展水平存在一定程度的匹配效应，即经济发展水平较高的城市往往也是富有效率的。但值得注意是，抚顺、葫芦岛、忻州等城市虽然经济规模和发展水平都不算高，但城市经济效率得分却相对很高。这一方面，说明这些城市的投入产出规模和技术利用与区域内其他城市相比较为合理；另一方面，也说明在 DEA 生产要素投入导向的评价框架下，经济产出的高低并不是评价城市经济效率的唯一标准。这也说明相对于地区总产值，利用 DEA 方法测算出的经济效率指标是一个可以更全面反映地区投入-产出关系和要素配置效率的指标。

5.3.1.2 环渤海城市经济效率演变

利用 Arcgis 分别绘制 2001 年和 2015 年环渤海城市经济效率的空间分布地图，见图 5-7 和图 5-8，图中颜色越深代表经济效率水平越高。通过对比，可以清晰反映各城市经济效率变迁的总体路径。

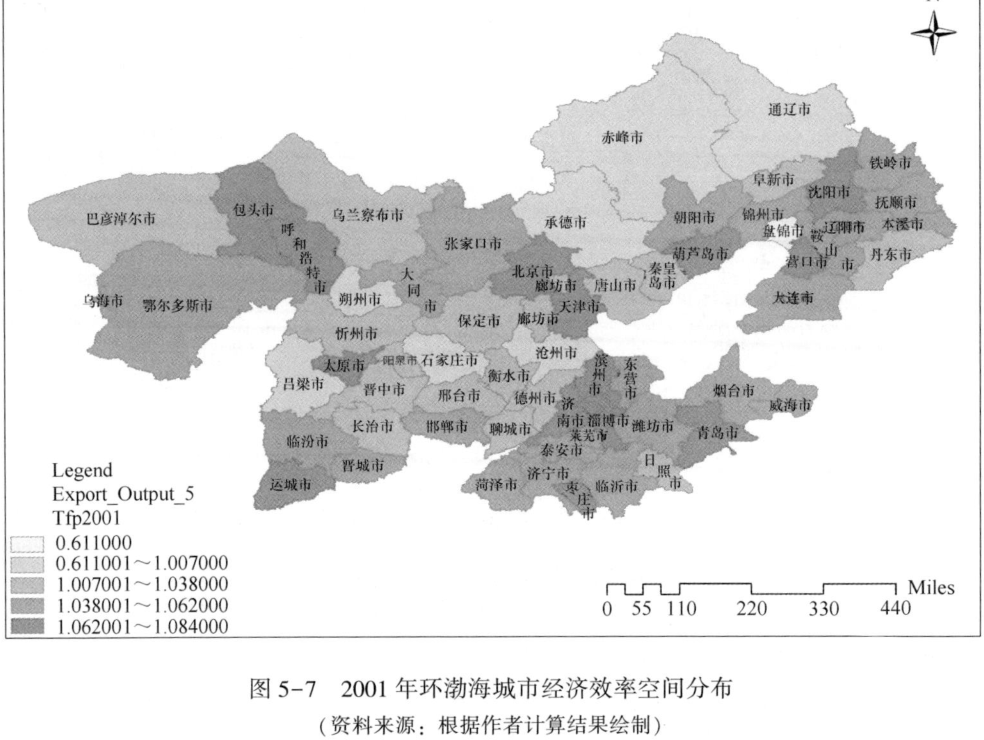

图 5-7 2001 年环渤海城市经济效率空间分布

（资料来源：根据作者计算结果绘制）

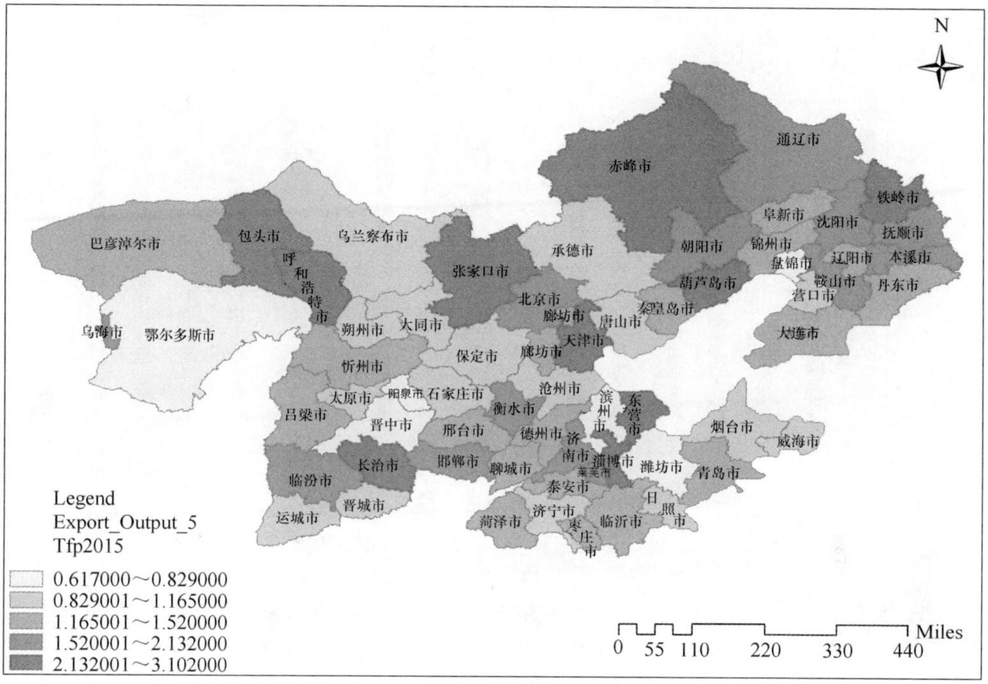

图 5-8 2015 年环渤海城市经济效率空间分布

（资料来源：根据作者计算结果绘制）

图 5-7 和图 5-8 更为直观地反映了环渤海城市经济效率的空间相关性特征，地理邻近城市的经济效率水平也大致相似，“空间趋同俱乐部”现象明显。两图中均按照各城市经济效率水平分为五档，通过对比 2001 年和 2015 年经济效率空间分布，发现存在较明显的空间极化现象。

2001 年各城市效率水平分布梯次总体较为均匀，最具效率的城市基本是直辖市和省会城市，多数城市处于较有效率的第三、四档，最缺乏效率的只有盘锦一个城市。而 2015 年多数城市相对效率水平均有所下滑，除天津、呼和浩特依然处于最有效率的第五档外，其他各省会城市多数落入三、四档，其中太原市相对效率下降最为明显。与 2001 年对比，2015 年最缺乏效率的城市明显增多。

5.3.2 副省级以上城市经济效率比较

为有更直观地对比认识，缩小比较范围，对环渤海地区京津两个直辖市、各省会城市和大连、青岛两个非省会副省级城市共 9 个城市，比较其城市经济效率及其他三项分解指标（图 5-9），有了新的发现：

（1）四项指数均大于 1 的城市是呼和浩特和天津。呼和浩特表现比较突出，

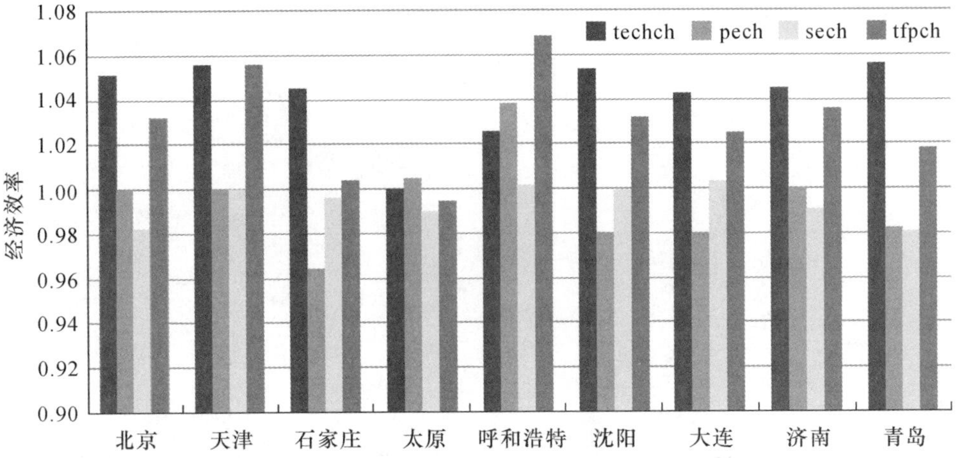

图 5-9　环渤海省会和副省级城市经济效率比较

（资料来源：根据相应年度的中经网城市统计数据库、各省统计年鉴、中国教育统计年鉴，作者整理计算）

在 9 城市中效率名列第一。技术进步指数、纯技术效率指数和规模效率指数水平相对比较均衡，其中纯技术效率指数高于其他城市，表明呼和浩特城市生产要素投入及使用上效率较高，基本没有冗员。不过与其他城市相比，呼和浩特仍存在着技术进步驱动相对不足，未来还需要加大政府资金投入和政策支持，引导创新资金、技术与人才流入。相比之下，天津技术进步指数更高，创新能力优于呼和浩特，只是在纯技术效率指数上低于前者，总体体现了较强的实力。

（2）北京、石家庄、沈阳、大连、济南、青岛在技术进步指数上大致相当，呈现出较强的一致性，技术创新和进步是城市经济效率提升的主要动力来源。其中，北京各项指数均在富有效率水平之上，除了规模效率略低于 1，这可能意味着北京城市规模效率提升已经达到一个阶段性顶点，需要依靠科学的城市规划、功能清晰定位、非首都功能疏解等措施，进一步获得规模效率提升。另外，也有待通过制度创新提升生产要素投入效率，获得城市经济效率持续增长的动力。值得注意的是石家庄城市经济效率总体较低，纯技术效率和规模效率都处于较低水平，较高的技术进步指数则充分反映了来自京津的技术溢出对于当地经济效率的提振作用。

（3）9 个城市中城市经济效率最低的太原，除纯技术效率指数略大于环渤海平均水平外，其余几项指标甚至都低于区域平均水平。太原是新中国成立初期主要工业基地之一，以能源、冶金等为支柱产业，资源依赖型经济特征明显，产业结构比较单一。作为省会城市，近年来执行淘汰落后过剩产能政策力度较大，关停并转了一批不达标的煤矿。然而由于当地未能建立起配套完善的产业部类，资源型产业部门的下滑引起城市增长动力不足，经济效率下降。太原的变迁是“中部塌陷”的一个缩影，也是资源型城市转型困境的代表。太原的城市振兴或可从美国底特律的案例中得到启示。底特律曾经是美国的重工业最发达的城市，地处美国中部五大湖城市带，该城市带与大西洋沿岸城市带连成一片，集中了全美3/4的制造业，是美国资本主义的发源地。其中汽车城底特律曾经是美国第三大城市，其汽车流水线被称为20世纪工业文明的标志。然而汽车是一种需求替代弹性较高的产品，消费者需求趋于多元化，随着全球汽车产业中欧系和日系产品的崛起，美国汽车产业竞争力下降。未能有效应对技术冲击的底特律汽车产业几经沉浮，昔日荣光不再，城市财政状况也日益恶化。2013年12月，底特律正式宣告破产，成为美国历史上最大的破产城市。底特律中心城市地位的变迁，揭示了产业结构对于保障区域增长的重要意义，单一产业结构造成城市财政收入来源单一，风险极大。当所倚重的产业兴旺蓬勃时，城市财政收入直线上升；而一旦该支柱产业遇到困难，也会引起城市财政收入直线下滑。任何产业的变迁都遵循生命周期曲线，单一产业结构城市的衰落多起因于主导产业的衰落，所谓成也萧何败也萧何。无论集聚中心地还是外围区，都要避免陷入对某一优势产业的过度依赖，除了建立部类完善的城市产业体系，也要始终保持创新活力，及时推动产业更替和优化升级。

5.3.3 资源型城市的经济效率

图5-10显示了环渤海地区城市经济效率在1以下的15座城市，有唐山、保定、承德、沧州、太原、大同、阳泉、晋城、晋中、鄂尔多斯、盘锦、潍坊、威海、日照、滨州。按照每个城市三项效率指标的相对分布特征，将这15座城市分为两类。大同、阳泉、盘锦三市技术进步指数明显偏低，创新严重滞后，成为城市经济效率缺乏的主要原因；其他大部分城市技术进步指数普遍相对较高，这

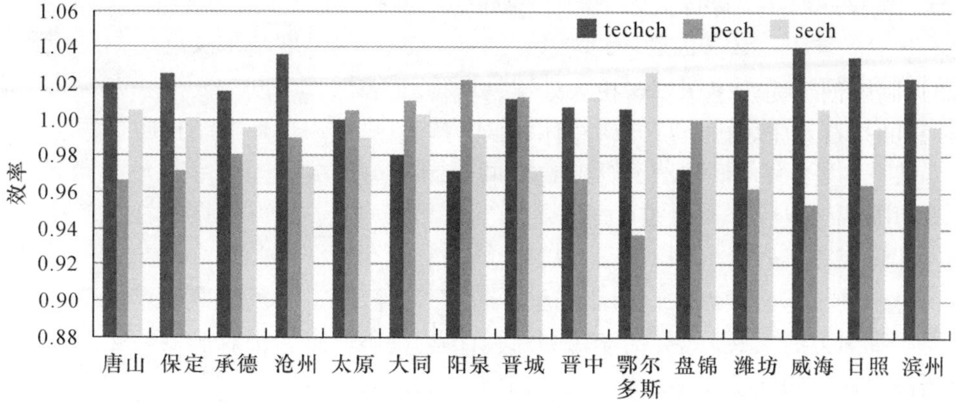

图5-10 环渤海缺乏效率的城市

（资料来源：根据相应年度的中经网城市统计数据库、各省统计年鉴、中国教育统计年鉴，作者整理计算）

些城市经济效率低下的原因在于规模效率和纯技术效率水平较低。其中，沧州、晋城等市经济体量小，规模效率相对最低；鄂尔多斯则是纯技术效率指数最低的城市。

鄂尔多斯是一个很有代表意义的城市。位于内蒙古自治区西南部的鄂尔多斯，直到 20 世纪 80 年代以前，还是内蒙古最贫穷落后的地区之一，经济发展缓慢，其名字鲜为人知。鄂尔多斯的崛起受益于国家 90 年代以来的重化工业优先发展战略，煤炭行业迎来黄金时代。鄂尔多斯依托自身丰富的资源禀赋优势，实现华丽转身，同呼和浩特、包头一道成为带动内蒙古连续 8 年全国增速第一的“金三角”，2013 年其地区生产总值相较于 1978 年增长了 1143 倍[1]。“鄂尔多斯现象”一度成为后进地区成功实现跨越式发展的代名词。与地区财富增长一同发生的，是鄂尔多斯如火如荼的城市建设和房地产市场，一样红火的还有不断高扬的房价和鳞次栉比拔地而起的高楼。巨量的资金投入下，昔日地处干旱地区的一座小城迅速建成为美丽的现代化城市。但是，资源依赖型的单一产业结构具有固有的脆弱性，受经济周期影响较大。在 2010 年以来世界经济增长放缓和国内进入结构调整期之后，煤炭产品价格暴跌，鄂尔多斯经济增速明显放缓，并引发民间融资危机爆发、大量房地产开发项目中断、新建城区空置一系列问题，繁华过后，轰轰烈烈的造城运动只留下一座入住率低下的空城。

从学术的角度重新审视“鄂尔多斯现象”，不难发现：从表面来看，鄂尔多斯是资源型城市“兴也资源，衰也资源”发展轨迹的一个缩影，资源依赖型的单一产业结构固有的脆弱性是鄂尔多斯等城市困境的直接原因。资源型城市是指依托于森林、矿产等本地现有或特有的自然资源，以资源开采和加工为主导产业的专业职能城市。资源型城市数目多，分布广，也在我国社会经济中占有重要地位，是国民经济持续健康发展的重要支撑。由于资源型城市发展主要依赖不可再生资源，相应产业具有高耗能、高排放的特点，在资源产业一业独大、撑起城市经济半壁江山的时候，未能及时建立起配套完备的产业部类；而随着资源部门的衰落，城市经济因缺乏其他接替产业支撑也进入持续低迷。而长期资源过度开采及近年国际能源市场的价格颓势，也使城市生态环境保护与经济持续增长之间的矛盾更加突出。资源型城市面临节能减排和寻找新的增长动力的双重压力，产业结构亟待优化。

迪克西特-斯蒂格利茨垄断竞争空间模型揭示出（模型推导结论见附录 2）：所有市场规模效应都是通过产品种类的变化起作用的。资源型城市往往产业结构单一，以能源矿产开采加工产业为主。经济繁荣期资源部门以高增长高回报吸引劳动力、资本等持续流入，产业比重不断上升；轻工、服务等其他产业部门因缺乏要素吸引力而发展迟缓，产出能力低、市场供不应求，很难满足富裕起来的城市居民多样化的消费需求，资源红利带来的收入效应难以有效转化为本地市场效

---

[1] 张斯琴，秦宇．劳动力成本、市场规模与资源型城市产业结构优化［J］．经济与管理，2017，（6）．

应以拉动产业发展与结构完善。由于城市支柱产业多为劳动密集型，劳动力工资构成了当地企业的主要生产成本。生活用品价格偏高，地价、房价快速上涨，引起生活成本、生产成本螺旋式上升，限制了生产要素流入并集聚，既有产业部门难以通过规模经济壮大。循环累积因果效应放大了本地市场效应和价格指数效应对区域经济的影响，最终制约了资源型城市部类齐全的现代产业体系的建立。产业结构单一，缺乏健全产业部类支撑的城市，经济体系十分脆弱，在经济不景气时，外围市场对资源型产品需求大幅下降的影响会迅速传导并放大，造成对资源型城市经济体系的巨大冲击。

迪克西特-斯蒂格利茨垄断竞争空间模型揭示出产业结构单一对于城市产业升级的深层影响。由于市场规模与价格指数之间存在负向联系，即随着市场上制成品种类的增加，其价格指数随之下降，达到既定效用所需成本将下降，而各种商品间差异性越大，这种负向变动幅度就越大。新经济地理学将之定义为种类效应。对于以边际成本定价、追求利润最大化的厂商而言，市场规模扩大促进了竞争效应，引起更多厂商进入，从而强化了市场规模与价格指数间的负向联系。另一方面，在名义收入不变前提下，价格指数下降地区的实际收入增加，更多吸引制造业工人流入该地区；而消费者及厂商的进入，在一定条件下将更加有利于该地市场规模的扩大。产业结构单一的资源型城市情形正好相反，市场规模小而制成品种类少、价格指数高，其他情况不变情况下，工人实际收入水平低，不利于吸收厂商、劳动力等生产要素进入，进而限制了城市市场规模扩大和产业结构升级。

“鄂尔多斯现象”背后也反映了中国城市化过程中普遍存在的“人为造城”式城市化道路的通病。要素投入并非城市经济效率的决定因素，资本的集聚不一定带来效率提升和经济增长，与高投入下迅速推进的城市建设不相匹配的，是城市发展中普遍存在的管理效率低下、制度建设滞后等问题。粗放的外延式增长之下，城市的要素集聚能力尤其是创新型要素集聚能力未能得到有效培育。工业化超前而城市化相对滞后，土地的城市化和景观的城市化超前于人口和产业的城市化，城市经济效率低下，成为此类城市缺乏效率的根本原因。对于这些城市而言，应积极加强自身的要素吸引力并促进要素集聚能力培育，推动城市增长方式由投入驱动型向创新驱动的效率型转变，促进城市的良性可持续发展。

5.4 环渤海城市生产要素集聚现状

究其本质，城市化是一个市场力量、行政手段驱动下的经济活动和各种资源要素的空间集聚过程。作为国家或一个区域的政治、经济、信息、文化、科学、教育中心地，城市是各种生产要素集聚和优化配置的最佳场所❶。如果把城市比

---

❶ 王胜英．要素集聚整合的差异性与城市发展模式［J］．南京社会科学，2003，（1）：15-21.

喻为磁铁，各种生产要素就是磁针，生产要素与产业的集聚与联系是城市化和城市经济发展的关键驱动力量❶。

5.4.1 主成分分析方法

5.4.1.1 环渤海生产要素集聚评价指标体系

考虑到生产要素集聚的多样性和复杂性，本节构建生产要素集聚评价指标体系，采用主成分分析方法对环渤海生产要素综合集聚水平进行评价。依据评价指标选取的全面性、可行性、动态性原则，结合环渤海生产要素集聚的实际情况，将从劳动要素集聚、人力资本要素集聚、资本要素集聚、科技要素集聚四个方面构建综合评价指标体系，见表 5-5。所需数据来自《中国城市统计年鉴》《中国教育统计年鉴》《中国科技统计年鉴》、中经网城市统计数据库以及各省历年统计年鉴。鉴于本研究所考察的是城市范围的生产要素集聚状况，因此所有数据均采用市辖区的统计数据。

表 5-5 环渤海生产要素集聚评价指标体系

一级指标	特征指标	变量	指标内容
生产要素集聚综合指数	劳动要素	x1	城镇单位就业人员从业密度（人/平方公里）
		x2	个体、私营业者从业密度（人/平方公里）
		x3	年末总人口数（万人）
	人力资本要素	x4	每万人高等学校专任教师人数（人）
		x5	每万人中在校大学生数量（人）
		x6	劳动者平均受教育年限（年）
	资本要素	x7	单位 GDP 固定资产投资贡献强度
		x8	单位面积平均资本存量（亿元/平方公里）
		x9	人均利用外资额（美元/人）
		x10	人均金融机构贷款额（百元/人）
	科技要素	x11	每百人专利申请受理数量（件/百人）
		x12	每百人发明专利申请受理数量（件/百人）
		x13	每百人专利申请授权数量（件/百人）
		x14	人均科技市场成交金额（元/人）
		x15	科研技术人员从业密度（人/平方公里）

❶ 沈能．工业集聚能改善环境效率吗——基于中国城市数据的空间非线性检验［J］．管理工程学报，2014，28（3）：10，57-63.

（1）劳动要素集聚度。从城镇单位和个体私营两个方面衡量劳动从业结构，以城镇年末人口数侧面反映劳动总量规模。

（2）人力资本要素度。人力资本是比较难以量化的指标，相关文献主要从两个角度予以衡量，范剑勇（2009）等主张采用高校师生比指标；徐现祥（2004）、张学良（2012）等学者则认为可以采用平均受教育年限作为人力资本存量的代理变量。本研究以高校教师和在校大学生的人口占比反映高级人力资本密度，以劳动受教育年限综合反映人力资本水平。

（3）资本要素集聚度。以单位 GDP 中固定资产投资贡献强度、单位面积平均资本存量、人均利用外资额、人均金融机构贷款额四个指标，从不同角度综合反映资本要素集聚程度。

（4）科技要素集聚度。以三项专利指标、科技市场成交额及科技从业人员密度五项指标，从科技投入和科技产出角度衡量科技要素集聚程度。

5.4.1.2 主成分分析基本思想

为了消除多个指标之间多重共线性的影响，从而更准确地评价各城市生产要素综合集聚水平，采用主成分分析法进行测算。主成分分析（Principal Components Analysis）是由霍特林（Hotelling）于 1933 年提出的一种多元统计方法，其实质是一种降维的思想，通过对原坐标系进行旋转变换，在尽量少损失信息的前提下将原本具有一定相关性的多个指标，重新组合成少数几个保留了原始变量绝大多数信息的综合指标。主成分分析作为一种经典的基于线性分类的数学方法，是一种不掺杂主观意识的客观评价统计分析方法，利用线性拟合的思路把分布在 p 个维度的数据投射到 $m(m<p)$ 个轴上，以达到降维的目的。新生成的综合指标能够代替原指标的大部分信息，并且综合变量之间彼此独立，以此达到简化数据结构、便于数据分析的目的，见图 5-11。

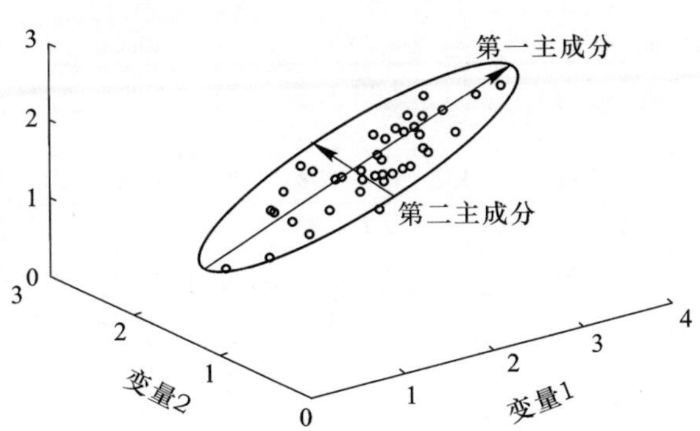

图 5-11 主成分坐标旋转图

（资料来源：PLS 工具箱参考手册，http：//www.docin.com/p-81568077.html）

5.4.2 环渤海生产要素集聚指数

运用主成分分析法之前要先对原始数据进行恰当性 kmo 检验，以判断是否适用于该方法。本研究采用 kmo 指标进行抽样精度检验，结果为 0.7228>0.5（见表 5-6），表明数据比较适合使用主成分分析方法。

表 5-6 kmo 检验结果

Variable	kmo	Variable	kmo
x1	0.7456	x9	0.7821
x2	0.5042	x10	0.8293
x3	0.7498	x11	0.6839
x4	0.6451	x12	0.8416
x5	0.6191	x13	0.6844
x6	0.7512	X14	0.6895
x7	0.5975	X15	0.7170
x8	0.7935	Overall	0.7228

资料来源：中经网城市统计数据库、中国教育统计年鉴、中国科技统计年鉴（2001~2016 年），作者整理计算。

以表 5-5 中各指标为初始变量，使用主成分分析法，计算各主成分的特征值和方差贡献率，结果见表 5-7。表中列出了对应于各个成分的特征值、解释所占的贡献率和累积贡献率，可以看到特征值的贡献度越来越小。

表 5-7 主成分特征值和贡献率

Principal components/correlation

Number of obs = 504
Number of comp. = 15
Trace = 15
Rotation：（unrotated=principal） Rho = 1.0000

Component	Eigenvalue	Difference	Proportion	Cumulative
Comp1	5.2516	3.29491	0.3501	0.3501
Comp2	1.95669	0.417698	0.1304	0.4806
Comp3	1.53899	0.282258	0.1026	0.5832
Comp4	1.25673	0.268743	0.0838	0.6669
Comp5	0.987991	0.105673	0.0659	0.7328
Comp6	0.882318	0.0840466	0.0588	0.7916
Comp7	0.798272	0.224513	0.0532	0.8448
Comp8	0.573759	0.043646	0.0383	0.8831
Comp9	0.530113	0.041917	0.0353	0.9184
Comp10	0.488196	0.188854	0.0325	0.9510

续表 5-7

Component	Eigenvalue	Difference	Proportion	Cumulative
Comp11	0. 299342	0. 0386362	0. 0200	0. 9709
Comp12	0. 260706	0. 129041	0. 0174	0. 9883
Comp13	0. 131665	0. 0936371	0. 0088	0. 9971
Comp14	0. 0380276	0. 0324324	0. 0025	0. 9996
Comp15	0. 00559514	.	0. 0004	1. 0000

资料来源：中经网城市统计数据库、中国教育统计年鉴、中国科技统计年鉴（2001~2016 年），作者整理计算。

一般情况下，以特征值大于 1 作为主成分的抽取条件。本研究提取前四个特征值大于 1 的主成分，其中已经包含了原始变量中的绝大部分信息。图 5-12 的碎石图是特征值对主成分的标绘图，图中从第五个变量开始特征值变化趋于平缓，证明保留前四个主成分的合理性。以对应的方差贡献率为权重，得到环渤海生产要素集聚综合指数的计算公式：

$$zh = 0.3501f_1 + 0.1304f_2 + 0.1026f_3 + 0.0838f_4 \quad (5-17)$$

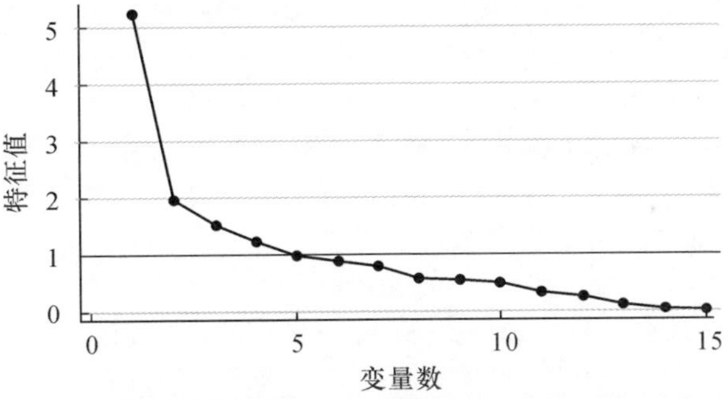

图 5-12 碎石图

（资料来源：根据表 5-7 相关结果绘制）

5.4.3 环渤海城市生产要素集聚水平

5.4.3.1 各省区总体生产要素集聚特征

根据式（5-17）求出各省市生产要素集聚综合指数，表 5-8 反映了 2001~2015 年间环渤海以省域为单位的各地平均生产要素集聚水平变化情况。图 5-13 则直观反映了考察年度内环渤海各省市平均生产要素集聚水平和变异系数，其中变异系数反映各年份不同省区间生产要素集聚水平的离散程度。

表 5-8 环渤海各省区 2001~2015 年平均生产要素集聚水平

省市	2001	2003	2005	2007	2009	2011	2013	2015
北京	1.648	1.588	2.016	2.601	3.492	4.662	6.134	6.836
天津	0.956	0.678	0.869	1.043	1.369	2.061	2.737	3.513
河北	−0.121	−0.303	−0.316	−0.282	−0.183	−0.020	0.149	0.428
山西	−0.100	−0.381	−0.328	−0.286	−0.273	−0.108	0.035	0.170
内蒙古	−0.328	−0.479	−0.472	−0.423	−0.307	−0.069	0.088	0.657
辽宁	−0.158	−0.298	−0.305	−0.266	−0.117	0.164	0.380	0.391
山东	−0.304	−0.409	−0.346	−0.275	−0.168	0.080	0.335	0.646
环渤海	−0.156	−0.321	−0.288	−0.228	−0.113	0.134	0.359	0.613

资料来源：中经网城市统计数据库、中国教育统计年鉴、中国科技统计年鉴（2001~2016 年），作者整理计算。

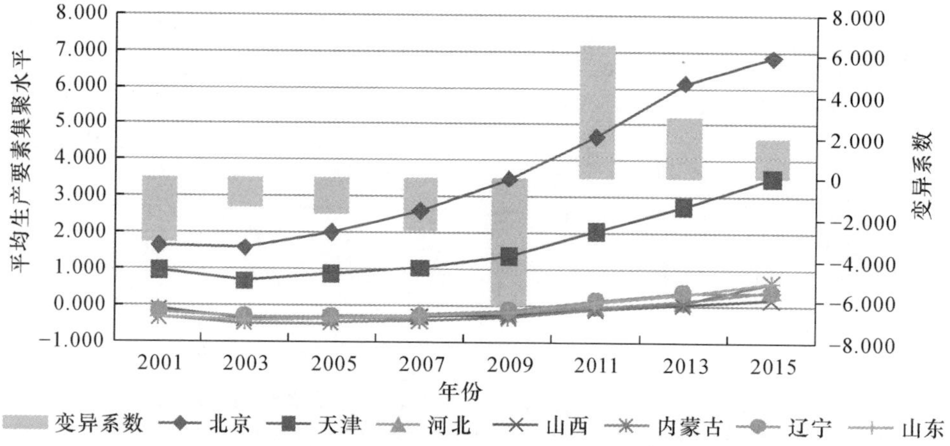

图 5-13 环渤海各省市 2001~2015 年平均生产要素集聚水平时序变化
（资料来源：根据表 5-8 结果整理绘制）

表 5-8 和图 5-13 反映了环渤海生产要素集聚的总体分布特征：

（1）生产要素集聚水平差异很大，空间分布极不均衡。各省生产要素集聚水平明显呈现三个梯队：北京集聚水平最高；天津稳居第二；其他省区则同属第三梯队，基本难分伯仲。鉴于主成分分析法在计算时对数据进行了标准化处理，所以某些区域的最终得分会出现负值，其涵义并不代表集聚水平是负增长，而是说明该区域生产要素集聚程度低于整个考察期内的总体均值。以此反观，在整个考察期内，京津两市生产要素集聚水平一直远远高于区域平均值，第三梯队的广大城市则长期徘徊在区域平均水平之下，证明了环渤海生产要素集聚程度的区域差异极大。由变异系数可知，这种差异在 2010 年前后达到最大。

（2）从增长趋势看。总体看来各地集聚水平均有所增长，但增长速度差异很大。京津生产要素集聚呈持续快速增长，第三梯队各省区则增长缓慢，与京津差距有拉大趋势。这反映了对环渤海而言，极化效应仍是目前影响区域发展的主导力量，京津在区域生产要素集聚方面更多扮演了“黑洞”角色，以虹吸效应而不是扩散效应为主。其他条件不变情况下，京津在“马太效应”作用下，龙头地位将日加巩固。

（3）细观第三梯队内部发现五省区之间的位序也在悄然变化（图5-14）：2001年生产要素集聚水平从高到低依次为山西、河北、辽宁、山东、内蒙古（负值柱形越长代表集聚水平越低），2009年这一次序变为辽宁、山东、河北、山西、内蒙古；2015年内蒙古成为生产要素集聚水平最高的省域，其次是山东、河北、辽宁、山西。环抱京津的畿辅之地河北地位相对稳定，山西、辽宁两省要素集聚相对水平下降，逐渐被山东、内蒙古取代。相对于后者2010年以来要素集聚水平的迅速提高，山西、辽宁地位的相对变化也从生产要素集聚角度折射出中部和东北老工业基地的增长困境。

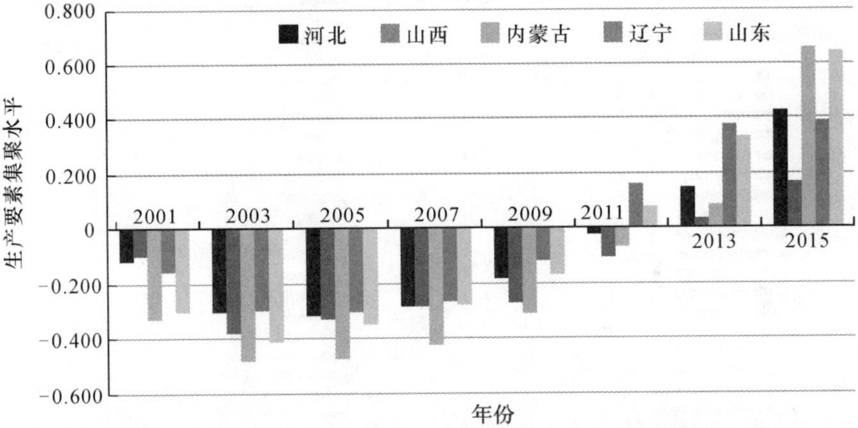

图5-14 环渤海五省区2001~2015年生产要素集聚水平演变

（资料来源：中经网城市统计数据库、中国教育统计年鉴、中国科技统计年鉴（2001~2016年），作者整理计算）

5.4.3.2 城市间生产要素集聚度空间分异情况

图5-15分别显示了2001年和2015年环渤海各城市生产要素集聚水平的空间分布情况。随着发展，各城市生产要素集聚能力均有所增强，但不同城市之间增长速度差异较大；与2001年相比，2015年生产要素向少数大城市集中的趋势更加明显，其结果是城市间生产要素集聚水平差异拉大。有意思的是，尽管2001~2015年其他城市生产要素集聚度位序变化较大，第一名和最后一名的归属却十分稳定，分别是北京和吕梁；不同之处则在于，2015年两者之间的差距比2001年扩大了2.84倍。总体看来，京津作为环渤海的核心城市，生产要素集聚程度

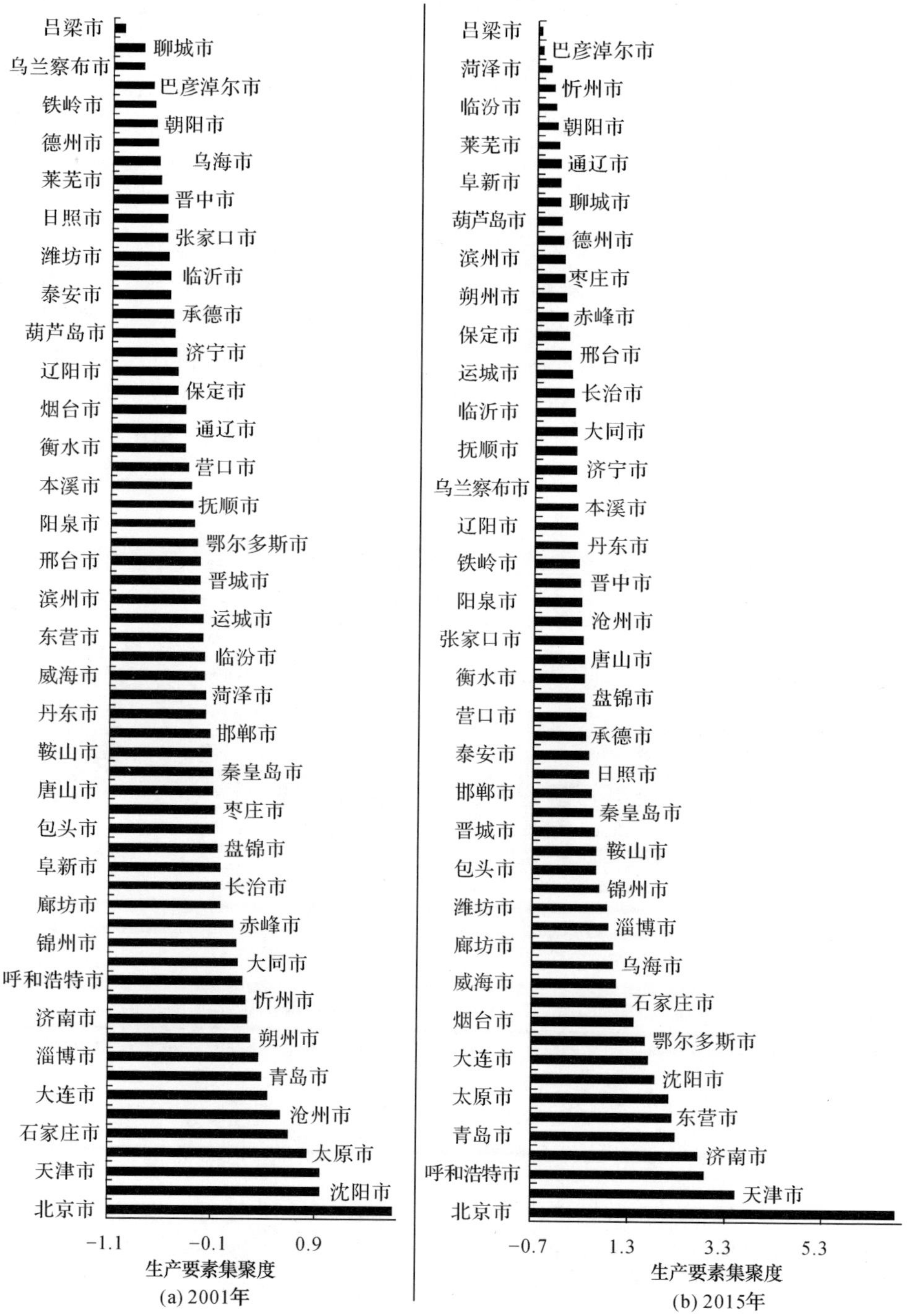

图 5-15 环渤海各市生产要素集聚度

（资料来源：中经网城市统计数据库、中国教育统计年鉴、中国科技统计年鉴（2001~2016 年），作者整理计算）

始终居于前列；由于环渤海浓厚的政治地缘色彩，这种与周边地区不对等的生产要素交换格局，不仅仅体现在市场机制下生产要素自发地向集聚高地的汇聚过程，还有政府宏观调控下调配优势资源向京津集中的过程。其他生产要素集聚程度较高城市的共性特点是：距离京津较近、属于省会城市或副省级城市，是本省区的政治经济中心。2001 年生产要素集聚度居前的城市太原、沈阳、大连、石家庄，到 2015 年排名均有下滑；青岛、济南等市排名有所进步；呼和浩特、鄂尔多斯等城市生产要素集聚度上升，进入前十。这与前文分析中各省区集聚水平的变化趋势一致。

分别绘制 2001 年和 2015 年要素集聚空间分布地图。通过对图 5-16 和图 5-17 的对比，反映出环渤海各城市要素集聚呈现明显的空间相关性，处于相同集聚程度的城市往往连片出现；同时，各城市要素集聚的时空演变格局依然呈现明显的极化趋势特征。

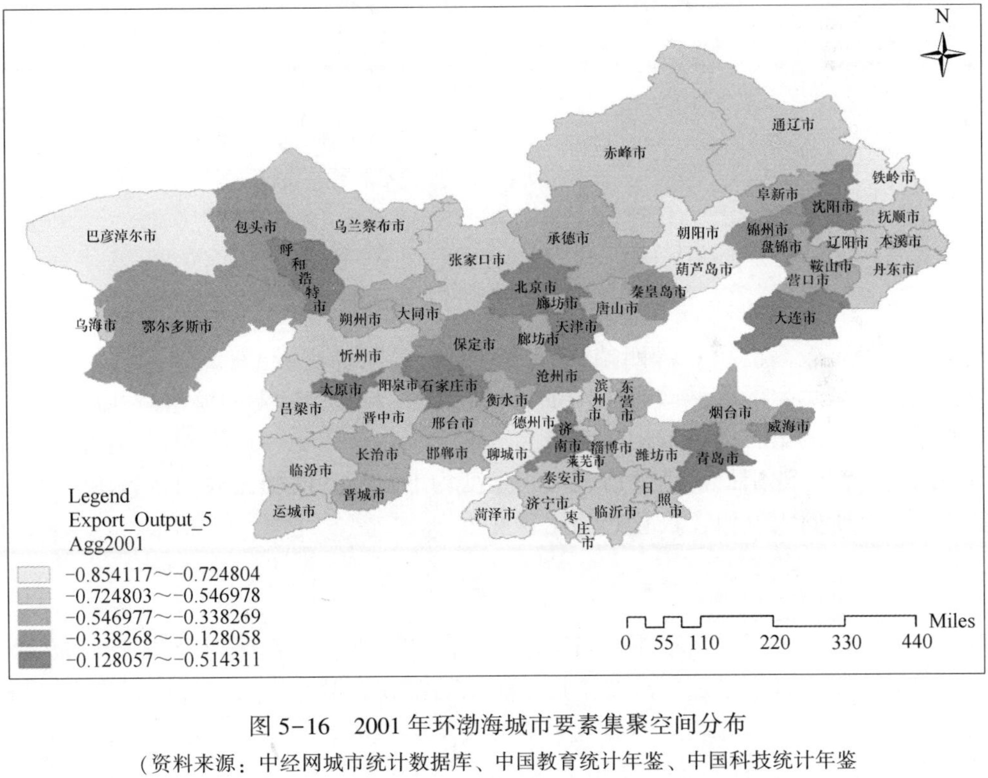

图 5-16 2001 年环渤海城市要素集聚空间分布

（资料来源：中经网城市统计数据库、中国教育统计年鉴、中国科技统计年鉴（2001~2016 年），作者计算绘制）

将环渤海城市的要素集聚程度分为五档：2001 年，集聚程度最高的城市分别为京津、其他各省会城市以及大连和青岛两个副省级城市；上述城市周边区域

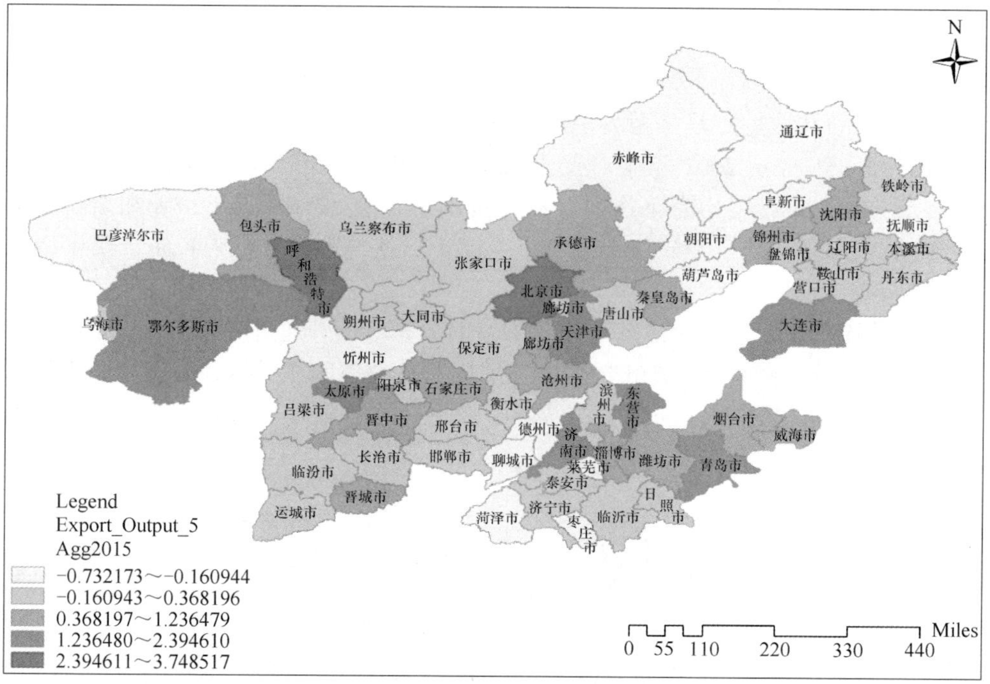

图 5-17　2015 年环渤海城市要素集聚空间分布

（资料来源：中经网城市统计数据库、中国教育统计年鉴、中国科技统计年鉴（2001~2016 年），作者计算绘制）

则属于集聚度较高的第三、四档，各集聚程度之间梯次分布比较合理。到 2015 年，生产要素集聚的区域差异程度加大，区域内集聚度最高的城市减少为两个，而集聚度最低的第一档城市则显著增多，绝大多数城市在区域内相对集聚程度均有下降，天津、沈阳、济南等市相对集聚度均下降一到两档，表明区域内要素日益集中于极少数大城市，极化趋势比较突出。

5.5　本章小结

目前我国宏观经济环境正由高速增长阶段转向高质量发展阶段，新的时代背景要求城市转变以往增加生产要素投入驱动的粗放式增长模式，转向以提升经济效率、提高发展质量为动力的高效率集约式发展。本章以环渤海地区为例，采用基于数据包络分析的 Malmquist 指数法测算了各城市经济效率水平。该方法测算出的城市经济效率可以反映在生产要素“名义”投入不变的情况下，因技术效率提升或技术进步带来的生产要素使用效率提高对经济效率的促进作用。通过对城市经济效率动态演进规律及其提升源泉的分析，有助于探寻新时期城市经济效率增长的突破口。

通过本章的分析发现：2000~2015年间，环渤海城市经济效率基本保持在有效区间运行；在2008~2009年达到局部性高点，其后受国际经济危机和国内结构调整等多种因素的叠加影响，效率提升放缓。从其动力来源看，技术进步与创新对城市经济效率提升起主要作用，规模效率和纯技术效率则表现乏力。今后环渤海地区应进一步坚持落实创新驱动发展战略，同时要注重通过深化改革提高市场化水平和生产要素配置使用效率，促进城市规模经济发挥，提升区域效率。从各城市经济效率水平的空间分布来看，不同城市间效率差异较大，但总体呈现“空间趋同俱乐部”现象，空间邻近城市的经济效率往往表现出相似特征。此外，多数城市相对效率水平均出现下滑，存在较明显的空间极化现象。

本章还通过构建评价指标体系，运用主成分分析法测算了环渤海各城市生产要素集聚程度。以省区为单位的考察发现，京、津生产要素集聚水平分别位居前两极，其他五省区集聚程度则大致相当，其中内蒙古和山东省相对集聚程度有所上升。进一步对比各城市要素集聚水平的演变发现：城市间生产要素集聚程度差异很大，空间分布极不均衡且有扩大趋势，生产要素向少数大城市集中的趋势日渐明显。

6 生产要素集聚与公共支出影响的实证检验

本章以环渤海区域各地级及以上城市为研究对象，依次检验公共支出、生产要素集聚对城市经济效率的影响作用，以及影响城市经济效率的其他因素。集聚问题的本质首先是空间维度上的集聚，因此本章采用空间计量经济学的研究方法，度量生产要素集聚及公共支出的空间溢出效应。

6.1 环渤海城市经济的空间相关性检验

6.1.1 莫兰指数

运用空间计量研究方法的前提是区域之间具有空间相关性，即地理邻近城市在经济发展表现上具有相似特征。因此，空间相关性检验通常是在运用空间计量方法之前，首先需要进行的工作，其目的是证明区域经济活动之间存在空间上的相互依赖性。本研究参照 Anselin（1988）的做法，采用莫兰指数来测度变量之间的空间自相关程度：

$$\text{Moran}'\text{I} = \frac{\sum_{i=1}^{n}\sum_{j=1}^{n} w_{ij}(x_i - \bar{x})(x_j - \bar{x})}{s^2 \sum_{i=1}^{n}\sum_{j=1}^{n} w_{ij}} \tag{6-1}$$

式（6-1）是莫兰指数（Moran′I）的计算公式，式中 n 为研究样本的个数，x_i 、x_j 、$\bar{x}$ 分别为城市 i 和城市 j 在某项指标上的取值以及该指标在样本范围内的均值，s^2 为样本方差；w_{ij} 为空间权重矩阵中的一个元素，空间权重矩阵用以定义研究对象地理空间邻近关系。莫兰指数的取值范围一般在-1 到 1 之间，其绝对值反映空间相关的程度，绝对值越大，表明空间相关程度越大。在本研究框架下，如果 Moran′I>0，就表示区域内各城市在经济属性上存在空间正自相关；Moran′I<0，则表示区域内各城市经济属性存在负相关；当 Moran′I 接近于 0 时，表明城市间经济属性基本不存在空间相关性，近似于随机分布。

6.1.2 空间权重矩阵设定

在进行空间相关性检验时，首先需要定义空间权重矩阵。空间权重矩阵是用数字来描述区域之间的地理特征与空间关系的 $n \times n$ 维矩阵，记作 $\boldsymbol{W}$，形如式（6-2）。

$$W = \begin{bmatrix} w_{11} & w_{12} & \cdots & w_{1n} \\ w_{21} & w_{22} & \cdots & w_{2n} \\ \vdots & \vdots & \vdots & \vdots \\ w_{m1} & w_{m2} & \cdots & w_{mn} \end{bmatrix} \tag{6-2}$$

空间权重矩阵设立原则通常有邻接标准和距离标准。相关文献使用最多的是空间二元毗邻矩阵，按照勒莎杰（LeSage，1999）的做法，邻接标准建立的相邻函数矩阵形式如下：记作 $W = \{w_{ij}\}$，w_{ij} 表示城市 i 与城市 j 的空间关系，$i=1, \cdots, n$；$j=1, \cdots, n$。

$$w_{ij} = \begin{cases} 1，当城市 i 与 j 相邻时 \\ 0，其他 \end{cases} \tag{6-3}$$

邻接矩阵对于空间联系的认定采取了“二分法”式原则——假设只有相邻的地区之间存在空间影响，不相邻地区则不存在空间联系。邻接权重矩阵具有设置简便的优点，但是其假设条件将地区间的空间联系过度简单化，忽略了区域间复杂的影响关系，在多数情况下与客观现实存在一定差距❶。

空间经济学的观点认为，城市之间具有空间相关性，通常情况下，两个存在相互作用的城市间空间相关性的大小，一方面取决于两城市间的距离，另一方面取决于城市间的相对经济规模，一个城市与周边城市间的空间联系强度取决于它与其他所有与之有联系的城市在上述两个方面的集合（田相辉，2014）。本书认为，“距离”是个广义的范畴，不仅包括地理区位的距离，还包括在时间、经济等维度的距离。因为集聚效应的发挥不仅依赖于空间距离的临近，由经济结构所决定的“功能距离”❷，对集聚效应往往起着更加重要的影响。本书主要采用距离权重矩阵来研究生产要素集聚和公共支出与区域效率问题的空间相关性。鉴于上述理论基础，本研究将从地理距离、时间距离和经济距离的不同角度对于“距离”的涵义进行不同界定，具体采用了以下 3 种形式的空间相关性矩阵。

6.1.2.1 地理距离矩阵

地理学第一定律认为，事物与其周围事物之间均存在联系，距离较近的事物之间的联系比距离较远的事物更为紧密❸。Keller(2002) 通过研究提出了著名的知识溢出距离衰减定律，指出知识溢出的强度随着地理距离的延长而衰减❹，其

---

❶ 刘华军，杨骞．金融深化、空间溢出与经济增长——基于空间回归模型偏微分效应分解方法及中国的实证［J］．金融经济学研究，2014，(03)：86-95.

❷ 单许昌．空间经济生成动力机制及结构研究［M］．上海：上海人民出版社，2016.

❸ Tobler W. A Computer Movie Simulating Urban Growth in the Detroit Region［J］. Economic Geography, 1970, 46 (2).

❹ Keller W. Geographic Localization of International Technology Diffusion［J］. American Economic Review, 2002, 92 (1).

后王铮（2003）、Thompson 和 Fox-Kean(2005) 的研究均验证了 Keller 的发现[1][2]。知识溢出距离衰减律为地理学第一定律提供了注解——研发创新者之间的空间邻近有助于信息和知识交流过程中的相互理解，而随着距离的增加，知识和创新成果在空间上的传播扩散效果将逐渐减弱。地理距离空间权重矩阵就是基于上述命题，通过计算经济事物之间的地理区位距离反映两者空间联系的强弱，从而较好地克服了邻接权重矩阵对空间联系描述过于简单绝对的缺陷。其表示方法为：

$$w_d^{ij} = \frac{1}{d_{ij}} \tag{6-4}$$

式中，d_{ij} 为城市 i 和城市 j 之间的地理距离。

对地理距离的度量有不同的办法，学界常常采用的欧氏距离或曼哈顿距离，其共同特点是忽略地球的曲率，直接以两地之间的直线距离来度量。考虑到距离测度应以基于地理可达性为前提，考虑到地球表面曲率的球面距离在度量准确性上优于欧氏距离或曼哈顿距离，本研究采用两城市中心点之间的球面距离来衡量城市间的地理距离。

6.1.2.2 时空距离的阈值矩阵

空间溢出的距离衰减律意味着空间溢出效应存在地理边界，随着空间距离的增加，溢出的作用和强度会渐趋减小。地域间的通行时间不仅影响两地间经济交流和联系，也影响着生产要素流动和集聚。交通运输的快速发展，在缩短通行时间的同时也扩大了通行范围，大大提高了区域间生产要素流动的便利性；近年随着高铁技术的发展和普及，这种交通便捷带来的区域同城化效应和时空压缩效应更为强化。所谓交通技术进步的“时空压缩效应”，是由哈维（2011）定义的，指由于运输技术的发展，物品空间运动的速度大大加快，并且空间距离的通行时间也大为缩短。就经济活动而言，这就意味着成本的节约和效率的提高[3]。除了交通运输的改善，商业从手工业的分离、物流业的专业化等专业化分工的发展，也起到了缩短流通时间并节约交易成本的作用。货币作为一般等价物，具有将买卖在时空上分离的作用，使得商品交易脱离了以物易物的地方化交易的限制。信用的发展则对不确定情形下的交易提供保障，从而提高了交易效率。商业的专业化分离、货币和信用的发展，都是经济社会在缩短流通时间和提高交易效率方面历史悠久的发明，具有一定的时空压缩效应；近代交通技术的进步，则极大地增

[1] 王铮，马翠芳，王莹．区域间知识溢出的空间认识［J］．地理学报，2003（5）．

[2] Thompson P，Fox-Kean M. Patent Gitations and the Geography of Knowledge Spollovers：A Reassessment［J］．American Economic Review，2005，95（1）．

[3] 哈维．资本之谜——人人需要知道的资本主义真相［M］．陈静译．北京：电子工业出版社，2011：48.

强了时空压缩效应，“利用交通和运输工具达到时间和空间的缩短……劳动的社会性质和协作性质也因这些技术进步而得以发展”❶。

距离阈值矩阵就是基于以上原理设定的，因此，本研究对于阈值的确定基于通行时间标准，采用基于高铁可达性指标定义时空距离矩阵。其优点是，通过将城市间通行时间因素纳入考虑，可以侧面反映交通运输进步对于城际经济联系和交易成本的改善，能够更综合全面地反映城市间联系程度的强弱。此处时空距离阈值矩阵具体定义如下：

$$W_y^{ij} = \begin{cases} 1, \text{当 } d_{ij} \geq \text{thres} \\ 0, \text{当 } d_{ij} < \text{thres} \end{cases} \tag{6-5}$$

式中，d_{ij} 为城市 i 和城市 j 之间的地理距离；thres 为阈值。

本书对阈值的确定参考吴珣等（2017）的处理办法，基于两小时经济圈标准❷。2015 年 3 月实施的高速铁路最新设计规范，规定高铁开行速度为 250 千米/小时，因此高铁两小时经济圈的地理范围大致为 500 千米。本研究基于上述依据，将阈值设定为 500，两城市 i、j 间地理距离小于 500 千米，表明城市间处于“高铁两小时经济圈”范围内，将矩阵元素取值为 1；否则说明城市 i、j 间高铁两小时不能到达，不处于“高铁两小时经济圈”内，矩阵元素取值为 0。

6.1.2.3 经济距离矩阵

两城市之间的经济联系并不完全取决于物理距离的远近。比如，北京与上海之间的经济联系远远大于北京与周边一个三线小城市之间的联系，尽管前者之间的物理距离远远大于后者。所以，仅仅考虑物理距离而忽视经济距离是不科学的。经济发展体量的差距对于区域间经济联系具有重要影响，因此，本研究借鉴林光平等（2005）的方法，以两城市间人均实际 GDP 的差额作为测度其“经济距离”的指标，将经济矩阵定义为

$$w_j^{ij} = \frac{1}{|x_i - x_j|} \tag{6-6}$$

式中，x_i 、x_j 分别为两城市的人均 GDP。

式（6-6）表示经济距离矩阵的定义方法是以两城市 i、j 人均 GDP 差距的绝对值取倒数。

6.1.3 莫兰指数结果分析

本研究采用学界通行的 Moran'I 指数，对 2001~2015 年环渤海地区各城市经

❶ 马克思恩格斯选集（第 2 卷）[M]. 北京：人民出版社，1972：175.

❷ 吴珣，杨婕，张红. 不同空间权重定义下中国人口分布空间自相关特征分析 [J]. 地理信息世界，2017，24（2）：32-38.

济表现的空间相关性进行检验，结果见表 6-1，其中 w_d、w_y、w_j 分别对应地理距离矩阵、时空距离阈值矩阵和经济距离矩阵。

表 6-1 环渤海空间依赖性 Moran'I 指数检验结果

year	W_d			W_y			W_j		
	Moran'I	z	p-value	Moran'I	z	p-value	Moran'I	z	p-value
2001	0.034	2.389	0.008	0.063	3.441	0.000	0.389	5.819	0.000
2002	0.014	1.457	0.073	0.018	1.524	0.064	0.381	5.827	0.000
2003	0.034	2.374	0.009	0.061	3.360	0.000	0.411	6.144	0.000
2004	0.036	2.482	0.007	0.057	3.186	0.001	0.436	6.501	0.000
2005	0.030	2.175	0.015	0.049	2.830	0.002	0.454	6.763	0.000
2006	-0.007	0.741	0.229	-0.018	-0.104	0.458	0.082	2.873	0.002
2007	0.033	2.316	0.010	0.051	2.950	0.002	0.498	7.391	0.000
2008	0.027	2.065	0.019	0.048	2.790	0.003	0.519	7.690	0.000
2009	0.031	2.258	0.012	0.032	2.079	0.019	0.544	8.026	0.000
2010	0.031	2.257	0.012	0.033	2.169	0.015	0.516	7.653	0.000
2011	0.035	2.403	0.008	0.036	2.254	0.012	0.503	7.425	0.000
2012	0.048	3.029	0.001	0.049	2.832	0.002	0.530	7.816	0.000
2013	0.046	2.931	0.002	0.020	1.582	0.057	0.497	7.373	0.000
2014	0.028	2.090	0.018	0.042	2.515	0.006	0.488	7.199	0.000
2015	0.067	3.925	0.000	0.064	3.489	0.000	0.459	6.800	0.000

数据来源：根据中经网城市统计数据库相关数据计算得出。

表 6-1 显示：

（1）不论在哪一个矩阵下，绝大部分年份的 Moran'I 指数均显著为正，表明环渤海各城市经济增长的空间依赖性显著，存在明显的正空间自相关关系，即空间邻近的城市在经济表现和增长趋势上也具有一致性。

（2）从 Moran'I 指数的演变趋势来看，地理距离矩阵和时空距离阈值矩阵下的各年 Moran'I 指数大致平稳，其中地理距离矩阵下 Moran'I 指数略低于阈值矩阵 Moran'I 指数；相比之下经济距离矩阵下的 Moran'I 指数大大高于前两者。这说明区域间经济活动的空间相关性并不仅仅单纯是个地理因素问题，更与社会因素和经济因素有着千丝万缕的联系，只考虑地理距离将在一定程度上缩小地区间的空间依赖性，而经济因素则助长了空间依赖性。本研究这一发现和刘华军（2014）的研究成果一致。

（3）经济距离矩阵下的 Moran'I 指数不断增加，在 2009 年达到阶段性高点，之后又略有下降，总体上呈现随时间上升态势，反映出 2001~2015 年环渤海城市增长的空间依赖性在不断增强，呈现一定的经济增长空间趋同俱乐部。环渤海城市经济增长的空间相关性可以进一步通过图 6-1 的 Moran′I 散点图来描述，图中以横轴及纵轴的零值为中心分成四个笛卡儿象限，分别代表高高集聚（HH）、低高集聚（LH）、低低集聚（LL）和高低集聚（HL）。

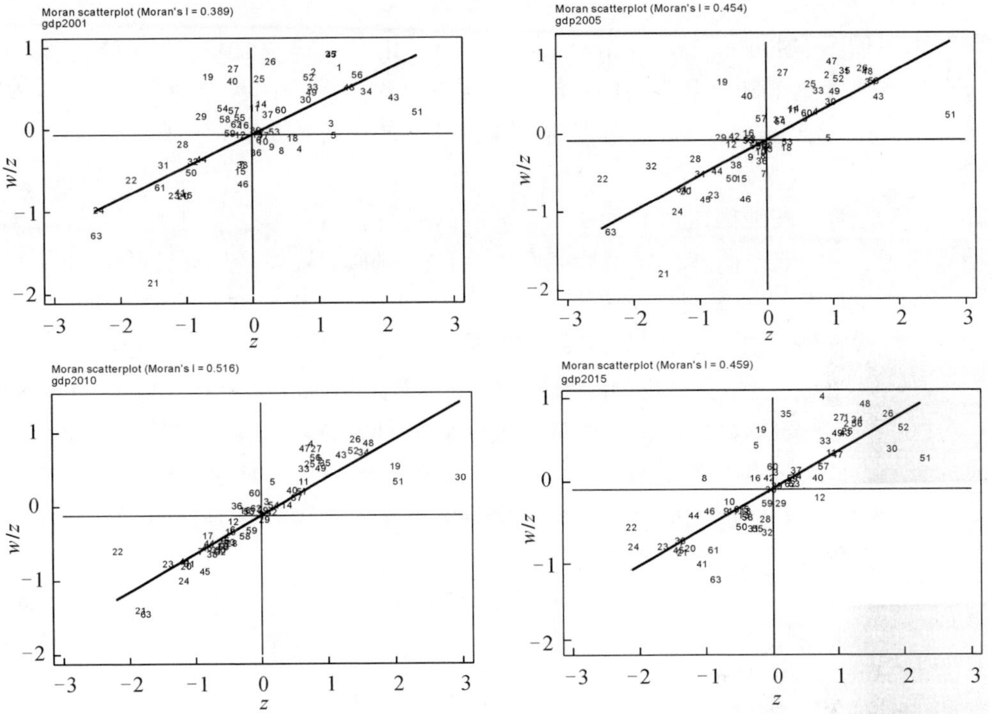

图 6-1 Moran′I 散点图

（数据来源：根据中经网城市统计数据库相关数据以及表 6-1 计算结果绘制）

图 6-1 分别绘制出基于经济距离矩阵的 2001 年、2005 年、2010 年、2015 年四个年份各城市人均 GDP 的 Moran′I 散点图，反映了环渤海城市经济增长的空间集聚特征，其中Ⅱ、Ⅳ象限的样本点比较少，大部分样本点均集中于Ⅰ、Ⅲ象限，说明环渤海各城市经济水平在空间分布上并非是均质的，而是呈现典型的空间俱乐部趋同特征。城市经济水平高的地区多与高水平地区相邻，低水平地区也多与低水平地区相邻，存在显著的空间依赖性和空间集聚特性，并且这种特征一度存在随时间而日益典型化的趋势，在 2010 年前后达到阶段性最高点，之后略有所下降。经过上述检验，表明了环渤海城市经济增长存在着明显的空间相关性，研究对环渤海城市相关经济问题时不能忽视其空间相关性，否则将导致有偏差的估计结果。

6.2 模型与变量说明

6.2.1 模型设定

6.2.1.1 理论模型

本书借鉴 Miller 和 Upadhyay（2000）、陶长琪和周璇（2015）的研究，构建包含生产要素集聚和公共支出的城市增长模型。城市生产函数设定思路如下：假设城市 i 的生产符合外部效应希克斯中性，其生产函数表示为：

$$Y = A(\quad)f(X) \tag{6-7}$$

式中，Y 为城市的地区生产总值；X 为城市的所有投入要素，如土地、资本、劳动等；$A(\quad)$ 为效率函数，满足希克斯中性，是刻画集聚经济外部性的关键。

各种生产要素集聚通过技术溢出对城市经济效率产生影响，促进城市的产出增加、规模报酬上升和纯技术效率提高等[1]，因此有如下形式的效率进步函数：

$$A(T,\ M,\ H,\ L) = A_0 e^b T^\alpha M^\beta H^\gamma L^\varphi \tag{6-8}$$

式（6-8）表示城市的效率改进主要受到各种物资、人力资本等要素集聚效应的影响，此外还与效率的期初水平（A_0）和其他外生环境因素影响（e）有关，T、M、H、L 分别表示科学技术、物质资本、人力资本、普通劳动四种生产要素的集聚程度。代回式（6-7），有：

$$Y = A_0 e^b T^\alpha M^\beta H^\gamma L^\varphi F(K,\ L) \tag{6-9}$$

根据全要素生产率的涵义，全要素生产率代表一定时期地区内的生产要素投入产出间的相对关系，即：

$$\text{TFP} = \frac{Y}{F(K,\ L)} = A_0 e^b T^\alpha M^\beta H^\gamma L^\varphi \tag{6-10}$$

对式（6-10）进行线性变化，有：

$$\ln\text{TFP} = \ln A_0 + b + \alpha\ln T + \beta\ln M + \gamma\ln H + \varphi\ln L \tag{6-11}$$

6.2.1.2 关于计量模型设定形式的讨论

生产要素集聚和公共支出对于城市经济效率的影响，具有空间依赖性和空间反馈效应等空间特征，同时，不同生产要素空间溢出效应具有异质性。前文 Moran'I 的检验结果也证明环渤海各城市经济活动存在较强的空间相关性。经典的线性回归模型不能刻画空间效应，容易导致内生性偏误。本研究使用空间计量模型，引入空间效应（以 w 表示）对该问题进行检验。空间计量模型的一般设

[1] 毛其淋，盛斌．对外经济开放、区域市场整合与全要素生产率［J］．经济学（季刊），2011，11（1）：181-210.

定形式为：

$$\mathrm{Tfp}_{it} = \tau \mathrm{Tfp}_{i,\ t-1} + \rho \sum_{j=1}^{n} w_{ij} \mathrm{Tfp}_{jt} + \alpha_i + \beta x_{it} + \delta \sum_{j=1}^{n} w_{ij} x_{jt} + \mu_i + \gamma_t + \varepsilon_{it} \tag{6-12}$$

式中，$\varepsilon_{it} = \lambda w_{ij} \varepsilon_{jt} + v_{it}$。

式（6-12）为空间面板模型的一般形式，根据 τ、ρ、δ、λ 取值是否为 0，空间面板模型可以具体分为空间杜宾模型、空间自回归模型、空间自相关模型和空间误差模型。当 $\lambda = 0$ 时，为空间杜宾模型（SDM）；若 $\lambda = 0$ 且 $\delta = 0$，则为空间自回归模型（SAR）；若 $\tau = 0$ 且 $\delta = 0$，为空间自相关模型（SAC）；若 $\tau = \rho = 0$，为空间误差模型（SEM）。

对于本研究空间计量模型具体设定形式的取舍，采纳了 LeSage 和 Pace（2009）的观点选用空间杜宾模型（Spatial Dubin Model，SDM）。LeSage 和 Pace 认为，SDM 提供了一个可以捕捉不同类型的空间溢出效应的合适的分析框架，为空间计量分析提供了通用的起点，因此是非常适宜的模型选择形式。在具体回归时，本研究进行了相关检验以判断 SDM 是否可以简化为 SEM 或 SAR 模型（详见后文），检验结果证明，SDM 空间杜宾模型是最适合本书的研究目的的模型设定形式。

6.2.1.3 结合本书的研究目的，本章计量模型具体设定思路如下。

空间杜宾模型的一般形式为：

$$y_{it} = \alpha_i + \rho w_{ij} y_{it} + x_{it}\beta + \delta w_{ij} x_{it} + \varepsilon_{it} \tag{6-13}$$

式中，y 为被解释变量，本研究为城市经济效率（Tfp）；x 为解释变量，包含核心解释变量和控制变量。

根据本研究的研究目的，核心解释变量为生产要素集聚度和公共支出，其中具体考察了资本、普通劳动、人力、科技四种生产要素的集聚程度，分别用 Capt、Labr、Hum、Tech 表示，以 Gov 代表公共支出。本研究控制变量为区域开放程度、金融市场发育状况、基础设施完备情况，度量市场软环境和基础设施硬环境对城市经济效率的影响，分别用 Open、Finc、Road 表示，模型具体形式为：

$$\begin{aligned}
\mathrm{Tfp}_{it} = {} & \rho \sum_{j=1}^{n} w_{ij} \mathrm{Tfp}_{jt} + \alpha_i + \beta_1 \mathrm{Capt}_{it} + \beta_2 \mathrm{Labr}_{it} + \beta_3 \mathrm{Hum}_{it} + \beta_4 \mathrm{Tech}_{it} + \beta_5 \mathrm{Gov}_{it} + \\
& \beta_6 \mathrm{Open}_{it} + \beta_7 \mathrm{Finc}_{it} + \beta_8 \mathrm{Road}_{it} + \delta_1 \sum_{j=1}^{n} w_{ij} \mathrm{Capt}_{jt} + \delta_2 \sum_{j=1}^{n} w_{ij} \mathrm{Labr}_{jt} + \\
& \delta_3 \sum_{j=1}^{n} w_{ij} \mathrm{Hum}_{jt} + \delta_4 \sum_{j=1}^{n} w_{ij} \mathrm{Tech}_{jt} + \delta_5 \sum_{j=1}^{n} w_{ij} \mathrm{Gov}_{jt} + \delta_6 \sum_{j=1}^{n} w_{ij} \mathrm{Open}_{jt} + \\
& \delta_7 \sum_{j=1}^{n} w_{ij} \mathrm{Finc}_{jt} + \delta_8 \sum_{j=1}^{n} w_{ij} \mathrm{Road}_{jt} + \varepsilon_{it}
\end{aligned} \tag{6-14}$$

式（6-14）用于考察生产要素集聚、公共支出及其空间溢出对城市经济效率的影响，验证命题 H1、H2a、H3。i、t 分别代表城市维度和考察期内时间维度；α_i 为城市 i 的个体效应；ε_{it} 为随机扰动项；$\boldsymbol{W}$ 为反映各城市空间关系的权重矩阵；δ、λ 为对应的相关解释变量的空间滞后项回归系数和随机扰动项的空间滞后项回归系数；ρ 称为被解释变量空间滞后项回归系数。

式（6-14）表示城市经济效率要受到自身生产要素集聚、公共支出状况的影响，同时也会受到周边城市相关解释变量和效率水平的溢出影响。值得注意的是，对于特定区域而言，并不是每个变量都具有相同的空间溢出性影响，这一点有待后文的实证检验。为了考察公共支出对生产要素集聚效应的影响程度（验证命题 H2b），在式（6-14）中加入公共支出与生产要素集聚的交乘项，将其变形为式（6-15）：

$$\begin{aligned}
\text{Tfp}_{it} = {} & \rho\sum_{j=1}^{n} w_{ij}\text{Tfp}_{jt} + \alpha_i + \beta_1\text{Capt}_{it} + \beta_2\text{Labr}_{it} + \beta_3\text{Hum}_{it} + \beta_4\text{Tech}_{it} + \beta_5\text{Gov}_{it} + \\
& \beta_6\text{Open}_{it} + \beta_7\text{Finc}_{it} + \beta_8\text{Road}_{it} + \gamma_1\text{Capt}_{it}\cdot\text{Gov}_{it} + \gamma_2\text{Labr}_{it}\cdot\text{Gov}_{it} + \\
& \gamma_3\text{Hum}_{it}\cdot\text{Gov}_{it} + \gamma_4\text{Tech}_{it}\cdot\text{Gov}_{it} + \delta_1\sum_{j=1}^{n} w_{ij}\text{Capt}_{jt} + \delta_2\sum_{j=1}^{n} w_{ij}\text{Labr}_{jt} + \\
& \delta_3\sum_{j=1}^{n} w_{ij}\text{Hum}_{jt} + \delta_4\sum_{j=1}^{n} w_{ij}\text{Tech}_{jt} + \delta_5\sum_{j=1}^{n} w_{ij}\text{Gov}_{jt} + \delta_6\sum_{j=1}^{n} w_{ij}\text{Open}_{jt} + \\
& \delta_7\sum_{j=1}^{n} w_{ij}\text{Finc}_{jt} + \delta_8\sum_{j=1}^{n} w_{ij}\text{Road}_{jt} + \theta_1\sum_{j=1}^{n} w_{ij}\text{Capt}_{jt} * \text{Gov}_{jt} + \\
& \theta_2\sum_{j=1}^{n} w_{ij}\text{Labr}_{jt}\cdot\text{Gov}_{jt} + \theta_3\sum_{j=1}^{n} w_{ij}\text{Hum}_{jt}\cdot\text{Gov}_{jt} + \theta_4\sum_{j=1}^{n} w_{ij}\text{Tech}_{jt}\cdot\text{Gov}_{jt} + \varepsilon_{it}
\end{aligned} \tag{6-15}$$

6.1.2.4 空间计量模型的拓展

前文提出城市经济效率具有“时空惯性”的理论假说（命题 H4a、H4b），即城市经济效率既具有时间维度上的路径依赖，也具有空间维度上的溢出性，城市自身及其周边城市的前期效率水平均会影响到城市的现有效率。为了检验这一命题，需要对如下模型进行检验，式（6-16）和式（6-17）中加入了被解释变量的一阶滞后项 $\tau\text{Tfp}_{i,\ t-1}$，度量城市历史效率水平的惯性影响：

$$\begin{aligned}
\text{Tfp}_{it} = {} & \tau\text{Tfp}_{i,\ t-1} + \rho\sum_{j=1}^{n} w_{ij}\text{Tfp}_{jt} + \alpha_i + \beta_1\text{Capt}_{it} + \beta_2\text{Labr}_{it} + \beta_3\text{Hum}_{it} + \\
& \beta_4\text{Tech}_{it} + \beta_5\text{Gov}_{it} + \beta_6\text{Open}_{it} + \beta_7\text{Finc}_{it} + \beta_8\text{Road}_{it} + \delta_1\sum_{j=1}^{n} w_{ij}\text{Capt}_{jt} +
\end{aligned}$$

$$\delta_2\sum_{j=1}^{n}w_{ij}\text{Labr}_{jt}+\delta_3\sum_{j=1}^{n}w_{ij}\text{Hum}_{jt}+\delta_4\sum_{j=1}^{n}w_{ij}\text{Tech}_{jt}+\delta_5\sum_{j=1}^{n}w_{ij}\text{Gov}_{jt}+$$

$$\delta_6\sum_{j=1}^{n}w_{ij}\text{Open}_{jt}+\delta_7\sum_{j=1}^{n}w_{ij}\text{Finc}_{jt}+\delta_8\sum_{j=1}^{n}w_{ij}\text{Road}_{jt}+\varepsilon_{it} \tag{6-16}$$

$$\text{Tfp}_{it}=\tau\text{Tfp}_{i,\ t-1}+\rho\sum_{j=1}^{n}w_{ij}\text{Tfp}_{jt}+\alpha_i+\beta_1\text{Capt}_{it}+\beta_2\text{Labr}_{it}+\beta_3\text{Hum}_{it}+\beta_4\text{Tech}_{it}+$$

$$\beta_5\text{Gov}_{it}+\beta_6\text{Open}_{it}+\beta_7\text{Finc}_{it}+\beta_8\text{Road}_{it}+\gamma_1\text{Capt}_{it}\cdot\text{Gov}_{it}+$$

$$\gamma_2\text{Labr}_{it}\cdot\text{Gov}_{it}+\gamma_3\text{Hum}_{it}\cdot\text{Gov}_{it}+\gamma_4\text{Tech}_{it}\cdot\text{Gov}_{it}+\delta_1\sum_{j=1}^{n}w_{ij}\text{Capt}_{jt}+$$

$$\delta_2\sum_{j=1}^{n}w_{ij}\text{Labr}_{jt}+\delta_3\sum_{j=1}^{n}w_{ij}\text{Hum}_{jt}+\delta_4\sum_{j=1}^{n}w_{ij}\text{Tech}_{jt}+\delta_5\sum_{j=1}^{n}w_{ij}\text{Gov}_{jt}+$$

$$\delta_6\sum_{j=1}^{n}w_{ij}\text{Open}_{jt}+\delta_7\sum_{j=1}^{n}w_{ij}\text{Finc}_{jt}+\delta_8\sum_{j=1}^{n}w_{ij}\text{Road}_{jt}+\theta_1\sum_{j=1}^{n}w_{ij}\text{Capt}_{jt}\cdot\text{Gov}_{jt}+$$

$$\theta_2\sum_{j=1}^{n}w_{ij}\text{Labr}_{jt}\cdot\text{Gov}_{jt}+\theta_3\sum_{j=1}^{n}w_{ij}\text{Hum}_{jt}\cdot\text{Gov}_{jt}+\theta_4\sum_{j=1}^{n}w_{ij}\text{Tech}_{jt}\cdot\text{Gov}_{jt}+\varepsilon_{it} \tag{6-17}$$

6.2.2 变量选取说明

本研究使用2001~2015共15年间环渤海地区二市四省一区的地级及以上城市时间-空间面板数据。面板数据模型具有样本可变性更强、自由度更多、可以更有效控制不随时间变化的不可观测变量等优点[1]。引入空间维度，则便于更准确地刻画生产要素集聚以及公共支出的空间溢出效应。所用基础数据取自《中国统计年鉴》《中国城市统计年鉴》《中国科技统计年鉴》、中经网城市统计数据库等，对于其中所有的价值变量，均按照对应年份的相关价格指数缩减，以剔除物价变动因素。指标具体说明如下：

（1）城市经济效率（Tfp）。本研究被解释变量为城市经济效率，其涵义为全要素生产率的概念，表示城市在现有投入下的产出效率。数据来源为本研究第5章中基于DEA- Malmquist方法测算出的各城市经济效率值。

（2）普通劳动集聚度（Labr）。就本研究而言，如何度量生产要素集聚是一个重要的问题。早期学者多采用城市或者市场规模来衡量集聚，Ciccone和Hall（1996）指出，经济密度指标对于度量区域内部的集聚程度比规模指标更为合理，因为前者部分地剔除了区域空间尺度差异方面的影响，并且该方法还具有指标更易获得的优点。因此，本研究对生产要素集聚的度量均采用密度指标。本研究所

---

[1] 田相辉，张秀生．空间外部性的识别问题［J］．统计研究，2013（9）．

研究的区域范围是城市，就普通劳动要素集聚而言，城市是第二产业和第三产业集聚的载体，非农产业是城市主要的产业形态。因此，本研究采用非农产业从业密度，即以第二产业和第三产业从业人员占全部从业人员的占比来表示城市普通劳动集聚度。

（3）人力资本集聚度（Hum）。人力资本对城市经济效率具有重要的提升作用，然而人力资本也是比较难以度量的变量。考虑到高校教师本身既是重要的人力资本，同时又对地区人力资本孵化起着关键性作用，本研究参照田士超和陆铭等（2007）、范剑勇（2009）、谢长青和范剑勇（2012）的做法，以高等院校教师作为城市人力资本存量的代理指标，以单位面积的高校教师数量表征城市人力资本集聚度。

（4）资本集聚度（Capt）。以资本存量对地区生产总值的贡献强度作为对应年份的资本集聚度指标，目前各级统计年鉴中均不提供资本存量的数据。本研究参考张军和章元（2003）、单豪杰（2008）等相关经典文献，采用永续盘存法对各城市资本存量进行估算，估算过程详见本研究第5章说明。

（5）科技集聚度（Tech）。科技的度量有两种视角，分别是科技投入和科技产出。鉴于本研究的研究目的，侧重于科技产出角度，具体以科技市场成交额的人均量作为科技集聚的代理指标。

（6）公共支出（Gov）。公共支出不仅是城市经济效率的重要影响变量，同时也是影响生产要素集聚与城市经济效率关系的重要调节变量。本研究主要考察公共支出规模变动对于城市经济效率，以及生产要素集聚效应的影响，具体以城市公共财政支出总量在地区生产总值中的占比衡量。

（7）市场环境。城市的市场环境能决定经济生产的变现能力，并且直接影响企业实际的利润效益水平。良好的市场环境有利于生产要素流动和技术交流，便于通过更大范围的专业化分工以及对外贸易更好发挥地区比较优势和实现经济收益，从而提高本城市的效率。本研究分两个方面考察市场环境，包括区域开放程度和金融市场发育程度。区域开放度（Open）具体以实际利用外资金额占地区生产总值的比重表示；金融市场发育度（Finc）以金融机构人民币资金运用的贷款总额在地区生产总值中的占比表示。

（8）基础设施完备程度（Road）。按照制度经济学的观点，交易费用是影响经济效率的重要因素。由于数据可得性所限，我们无法完整准确地获得度量交易费用的相关数据，不过，作为交易费用的主要部分，运输成本的高低在很大程度上受交通基础设施完备状况的制约。其他条件不变情况下，交通基础设施越完备，运输成本越低。因此，本研究引入基础设施完备度反映这部分影响，具体以城市人均拥有道路面积度量。

6.3 要素集聚和公共支出对城市经济效率的影响

本节将对4.4节提出的命题一一予以证明。当变量间存在空间相关性时，普通最小二乘估计法（OLS）不再适用，为了避免系数估计值出现有偏或者无效，本研究采用极大似然法（ML）对模型进行估计，以获得一致性的估计结果。

6.3.1 基本回归

为了保证实证结果的稳健性，本研究基于前述三种空间权重矩阵——地理距离矩阵、时空距离阈值矩阵和经济距离矩阵——分别对几个空间计量模型回归，并遴选出较优的估计模型形式。具体步骤如下：

（1）固定效应和随机效应的选择，一般采用Hausman检验，然而对于空间计量下的Hausman检验经常出现负值结果，根据Schreiber（2008）、连玉君（2014）的说明，此时选择非随机效应更为适宜❶❷。这与Debarsy和Ertur（2010）的观点是一致的，他们认为当样本随机取自总体时，选择随机效应模型会较为恰当；但是对于特定样本的分析，则应该选择固定效应模型❸。本研究的样本范围为环渤海地区63座城市，属于固定样本的分析；本研究的估计结果也显示，相对于随机效应，各个模型形式在固定效应下的赤池信息准则（AIC）均相对更低，而自然对数似然函数比（LogL）普遍更高，说明对本研究数据而言，固定效应模型比随机效应模型拟合结果更好。

（2）在SDM、SEM或SAR几个空间计量模型间的取舍参考刘华军和杨骞（2014）的做法，对比每一模型的Log-Likelihood与R^2值并据此评价模型的拟合优度，结果表明，空间杜宾模型AIC最低而自然对数似然函数值（Log-Likelihood，LogL）最高，符合最优拟合原则。

（3）进行检验以进一步确定SDM是否可以转换为SEM或SAR模型，相关的检验结果排除了这一假设，证明空间杜宾模型（SDM）是最佳的模型设定形式，是捕捉生产要素集聚和公共支出空间外部性的最佳模型选择。因此，本研究只列示出SDM模型在三种空间相关矩阵定义下的回归结果（详见表6-2），其中模型（1）、（3）、（5）分别对应地理距离矩阵（$\boldsymbol{W}_{\mathrm{d}}$）、时空距离阈值矩阵（$\boldsymbol{W}_{\mathrm{y}}$）和经济距离矩阵（$\boldsymbol{W}_{\mathrm{j}}$）下的固定效应回归，而模型（2）、（4）、（6）则是相应矩阵基于随机效应的回归结果。

---

❶ Schreiber S. The Hausman Test Statistic Can Be Negative Even Asymptotically [J]. Journal of Economics and Statistics，2008，228（4）.

❷ 连玉君，王闻达，叶汝财. Hausman检验统计量有效性的Monte Carlo模拟分析 [J]. 数理统计与管理，2014，33（9）.

❸ Debarsy N，Ertur C. Testing for Spatial Autocorrelation in a Fixed Effects Panel Data Model [J]. Regional Science and Urban Economics，2010（40）.

表 6-2 模型估计结果

	(1)	(2)	(3)	(4)	(5)	(6)
	W_{d_fe}	W_{d_re}	W_{y_fe}	W_{y_re}	W_{j_fe}	W_{j_re}
Capt	-0.107***	-0.100***	-0.107***	-0.101***	-0.111***	-0.104***
	(-15.66)	(-14.35)	(-15.42)	(-14.32)	(-16.07)	(-14.85)
Labr	0.682*	0.715*	0.497	0.536	0.908**	0.922**
	(1.90)	(1.94)	(1.37)	(1.44)	(2.51)	(2.48)
Hum	0.301***	0.249***	0.276***	0.226**	0.429***	0.378***
	(3.36)	(2.82)	(3.04)	(2.52)	(4.70)	(4.21)
Tech	0.220**	0.226**	0.225**	0.232**	0.177*	0.178*
	(2.27)	(2.26)	(2.29)	(2.30)	(1.78)	(1.74)
Gov	-0.658***	-0.609***	-0.556***	-0.526***	-0.787***	-0.728***
	(-3.79)	(-3.43)	(-3.18)	(-2.93)	(-4.45)	(-4.02)
Open	0.402	-0.032	-1.398	-1.548	0.991	0.524
	(0.18)	(-0.01)	(-0.63)	(-0.68)	(0.45)	(0.23)
Finc	1.374***	1.296***	1.342***	1.290***	0.637**	0.569*
	(4.70)	(4.34)	(4.68)	(4.39)	(2.10)	(1.83)
Road	-0.480	-1.132	-0.615	-1.195	0.800	0.248
	(-0.38)	(-0.87)	(-0.48)	(-0.90)	(0.62)	(0.19)
_cons		-7.579***		-6.943***		-0.793
		(-2.80)		(-4.41)		(-0.79)
WCapt	0.069*	0.059	0.100***	0.088***	-0.042*	-0.044**
	(1.94)	(1.61)	(3.66)	(3.21)	(-1.94)	(-2.00)
WLabr	7.873***	7.504***	7.254***	6.819***	0.734	0.789
	(2.90)	(2.68)	(4.59)	(4.21)	(0.76)	(0.80)
WHum	0.081	0.153	2.019***	1.814***	0.296	0.332*
	(0.18)	(0.33)	(5.37)	(4.92)	(1.45)	(1.65)
WGov	2.192**	2.435**	2.826***	2.995***	2.033***	2.068***
	(2.23)	(2.42)	(4.04)	(4.17)	(4.84)	(4.85)
WOpen	-15.551	-15.484	-21.633***	-18.435**	-9.007	-10.168
	(-1.42)	(-1.38)	(-2.67)	(-2.25)	(-1.38)	(-1.52)
WFinc	-4.243***	-4.252***	-2.546***	-2.529***	1.784***	1.792***
	(-4.70)	(-4.57)	(-3.36)	(-3.28)	(3.18)	(3.14)

续表 6-2

	(1)	(2)	(3)	(4)	(5)	(6)
	$\boldsymbol{W}_{d\_fe}$	$\boldsymbol{W}_{d\_re}$	$\boldsymbol{W}_{y\_fe}$	$\boldsymbol{W}_{y\_re}$	$\boldsymbol{W}_{j\_fe}$	$\boldsymbol{W}_{j\_re}$
WRoad	31.701 ***	32.771 ***	14.299 ***	14.176 ***	12.187 ***	12.236 ***
	(4.30)	(4.35)	(3.17)	(3.08)	(2.70)	(2.65)
Spatial rho	0.365 ***	0.347 ***	0.057	0.108	0.269 ***	0.267 ***
	(3.65)	(3.42)	(0.57)	(1.13)	(5.10)	(5.07)
Variance sigma2_e	0.034 ***	0.037 ***	0.035 ***	0.037 ***	0.036 ***	0.038 ***
	(21.70)	(20.92)	(21.74)	(20.96)	(21.60)	(20.84)
lgt_theta		−1.969 ***		−2.010 ***		−1.967 ***
		(−18.23)		(−18.62)		(−18.27)

注：括号中为 t 统计量；*、**、*** 分别表示 10%、5%、1%的显著性水平下通过检验。

数据来源：根据中经网城市统计数据库相关数据计算得出。

表 6-2 中，标志空间依赖关系的空间自回归系数（rho）的系数估计值在 1%的水平下显著为正，证实了数据的空间相关性，表明了环渤海经济增长活动的空间依赖性和相互影响作用，相互邻近城市之间有较强的正向空间关联性。各变量回归系数在不同空间矩阵下的符号基本一致，体现了较好的稳健性。总体看来，在经济距离矩阵（$\boldsymbol{W}_j$）下的对应回归系数均大于另两个矩阵，进一步验证了前文对于经济因素促进了区域间空间依赖性的判断。具体分析如下：

（1）相关要素集聚指标的回归系数反映了生产要素集聚对城市经济效率的影响，即生产要素集聚效应。可以看出，除资本要素外，劳动、人力资本、技术等三项生产要素集聚效应均为正，说明三种生产要素对于城市经济效率均有正向影响，其集聚程度的提高有利于促进城市经济效率提升。资本要素集聚效应在各矩阵下均在 1%水平下显著为负，为了检验资本集聚是否对城市经济效率存在非线性影响，本研究加入资本集聚的二次项，发现结果并不支持“非线性影响的假设”。借鉴白重恩、张琼（2015）等观点，本研究认为，目前环渤海资本积累和经济发展已经跨越初期阶段，具备相当基础，可能存在“投资-消费”比例失衡及低水平盲目重复建设等原因，造成资本要素的集聚不经济，对城市经济效率形成不利影响。

（2）公共支出对于城市经济效率的影响。公共支出在各个矩阵下均在 1%水平下显著为负，表明了不考虑其他因素下的公共支出对城市经济效率产生了消极的负面影响；表 6-2 的结果证明了公共支出的空间溢出效应，考虑到城市间的空间相关性后公共支出作用变为显著的正效应（WGov>0），其具体涵义需要通过空间效应分解进行分析。

（3）其他控制变量。金融市场发育在各空间矩阵下都显著为正，表明发育完善的金融市场对于城市经济效率提升提供了良好的市场环境。开放程度和基础设施水平对城市经济效率的作用没有得出显著性的结论，可能是源于在本研究的研究框架下，“fdi 占比”和“人均道路面积”这两个指标并不能完全代表环渤海城市的开放程度和交通基础设施水平。

6.3.2　空间溢出效应分解

6.3.2.1　直接效应、间接效应和总效应

空间效应的引入丰富了模型的内涵，但对回归系数的解释变得更为复杂，需要综合考虑解释变量对于被解释变量的空间影响和迂回效应，否则如果依然按照经典回归模型的思路予以解释，就会出现对模型估计结果的错误解读[1]。空间计量模型中，以偏导数来刻画解释变量对被解释变量的影响，需要正确理解偏导数的涵义，才能避免对估计结果的误读。这里仍以空间杜宾模型的一般形式为例，为了便于说明，采用式 6-13 的矩阵表达形式：

$$Y = \boldsymbol{t}_n\alpha + \rho \boldsymbol{W}Y + \boldsymbol{X}\beta + \delta \boldsymbol{W}\boldsymbol{X} + \varepsilon \tag{6-18}$$

式中，Y、X 分别为被解释变量和解释变量矩阵；t_n 为 $n \times 1$ 的单位向量；α 为对应的截距项参数。移项得到被解释变量的表达式：

$$Y = (\boldsymbol{I}_n - \rho \boldsymbol{W})^{-1}(\boldsymbol{t}_n\alpha + \boldsymbol{X}\beta + \delta \boldsymbol{W}\boldsymbol{X} + \varepsilon) \tag{6-19}$$

求被解释变量对第 r 个解释变量 x_r 的偏导：

$$\frac{\partial Y}{\partial x_r} = (\boldsymbol{I}_n - \rho \boldsymbol{W})^{-1}(\boldsymbol{I}_n\beta_r + \delta_r \boldsymbol{W}) \tag{6-20}$$

式中，$\boldsymbol{I}_n$ 为 $n\times n$ 的单位矩阵；偏导数 $\frac{\partial Y}{\partial x_r}$ 是一个 $n \times n$ 的矩阵，代表了解释变量 x_r 变化对被解释变量的累积空间效应，即从城市 1 到城市 n 的第 r 个解释变量变化对被解释变量的累积影响，从形式到涵义上都不同于经典线性回归的参数 β_r，所以不能套用之前的方法进行解释。考虑到空间效应的偏导数矩阵 $\frac{\partial Y}{\partial x_r}$ 具有如下特征：某个城市的被解释变量的变化，既会受到自身解释变量变化的影响，也会受到自身以外的其他城市的解释变量变化的影响。这两种影响分别用直接效应和间接效应来表示。偏导数矩阵 $\frac{\partial Y}{\partial x_r}$ 包含着代表上述效应的 $n \times n$ 个元素，其中直接效应（Direct Effect）对应着矩阵的每个对角元素，反映城市 i 的第 r 个解释变量 x_{ir} 的变动对于自身被解释变量 y_i 的影响；间接效应（Indirect Effect）则对应矩阵中非对角的元素，反映周边城市的解释变量 x_{jr}（$i \neq j$）的变动对于 i 城市的被解

---

[1] LeSage J, Pace R K. Introduction to Spatial Econometrics［M］. CRCPress, 2009: 34-43.

释变量 y_i 的影响。

LeSage 和 Pace（2009）提出以累积平均效应来刻画上述两种效应❶，即直接效应以对角元素和的平均值测度，反映本地区解释变量对本地被解释变量的影响，以及空间双向影响的循环反馈效应，衡量解释变量的“城市内影响”；间接效应以矩阵非对角元素和的平均值测度，可以解读为空间溢出效应，衡量解释变量的“城市间影响”。通常，还会以“总效应”的概念综合反映解释变量对被解释变量的总影响，总效应（Total Effect）是以上直接效应和间接效应的总和，是偏导数矩阵中所有元素之和的平均值。

6.3.2.2 空间溢出效应的分解

为了更好地刻画生产要素集聚及公共支出的空间溢出效应对环渤海城市经济效率的影响，以空间杜宾模型为基础，运用空间偏微分方法对空间溢出效应进行分解与测算，以精确测度变量之间的空间交互作用。表 6-3 中分别给出地理距离矩阵（$\boldsymbol{W}_d$）、时空距离阈值矩阵（$\boldsymbol{W}_y$）和经济距离矩阵（$\boldsymbol{W}_j$）下的空间溢出效应分解，Direct、Indirect、Total 分别代表直接效应、间接效应和总效应。

表 6-3 空间溢出效应分解

	Direct			Indirect			Total		
	$\boldsymbol{W}_d$	$\boldsymbol{W}_y$	$\boldsymbol{W}_j$	$\boldsymbol{W}_d$	$\boldsymbol{W}_y$	$\boldsymbol{W}_j$	$\boldsymbol{W}_d$	$\boldsymbol{W}_y$	$\boldsymbol{W}_j$
Capt	-0.107***	-0.107***	-0.114***	0.047	0.100***	-0.095***	-0.060	-0.007	-0.209***
	(-15.86)	(-15.64)	(-17.24)	(0.86)	(3.57)	(-3.89)	(-1.09)	(-0.24)	(-8.31)
Labr	0.793**	0.510	0.950***	12.784***	7.733***	1.278	13.577***	8.242***	2.228
	(2.20)	(1.42)	(2.60)	(2.96)	(4.77)	(1.00)	(3.08)	(4.96)	(1.59)
Hum	0.305***	0.283***	0.451***	0.247	2.148***	0.542**	0.552	2.431***	0.994***
	(3.60)	(3.34)	(5.26)	(0.35)	(7.13)	(2.14)	(0.77)	(7.94)	(3.63)
Tech	0.218**	0.221**	0.176*	0.133	0.017	0.063	0.351**	0.238**	0.239*
	(2.26)	(2.29)	(1.77)	(1.45)	(0.55)	(1.52)	(2.03)	(2.15)	(1.73)
Gov	-0.624***	-0.543***	-0.691***	3.010**	2.951***	2.406***	2.386	2.407***	1.714***
	(-3.54)	(-3.08)	(-3.83)	(2.01)	(4.38)	(4.50)	(1.56)	(3.48)	(2.89)
Open	0.164	-1.473	0.531	-23.606	-22.853**	-11.587	-23.442	-24.327***	-11.056
	(0.07)	(-0.67)	(0.24)	(-1.25)	(-2.56)	(-1.22)	(-1.25)	(-2.76)	(-1.09)
Finc	1.331***	1.347***	0.743**	-6.017***	-2.665***	2.534***	-4.686***	-1.318*	3.277***
	(4.64)	(4.80)	(2.56)	(-4.03)	(-3.51)	(3.73)	(-3.08)	(-1.74)	(4.74)

❶ LeSage J, Pace R K. Introduction to Spatial Econometrics [M]. Bova Raton: CRCPress, 2009: 34-43.

续表 6-3

	Direct			Indirect			Total		
	W_d	W_y	W_j	W_d	W_y	W_j	W_d	W_y	W_j
Road	-0.066	-0.632	1.352	50.596***	15.281***	16.460***	50.530***	14.648***	17.812***
	(-0.05)	(-0.49)	(1.05)	(3.64)	(3.15)	(2.81)	(3.62)	(3.00)	(2.89)

注：括号中为 t 统计量；*、**、*** 分别表示 10%、5%、1%的显著性水平下通过检验。

数据来源：根据中经网城市统计数据库相关数据计算得出。

（1）生产要素的空间集聚效应。对比表中 Capt 的直接效应、间接效应和总效应可知，资本的区域间溢出效应大于区域内溢出效应，这在一定程度上可以说明资本具有较强的空间流动性特征❶；地理距离矩阵和时空距离阈值矩阵下资本的城市间溢出效应为正，并且前者不显著，表明资本的流动对于相邻城市经济效率提升具有一定的促进作用。在大部分情况下，资本的直接效应、间接效应和总效应均显著为负，再次证明了环渤海地区以规模扩张为主的投资驱动型增长模式，已经显现出集聚不经济，资本密集型发展的红利正在消退，区域发展的动力及其重点亟须转变。本研究的实证结果不仅证明了环渤海经济转型的必要性，同时也指明了转型的方向。

从回归结果来看，普通劳动和人力资本集聚的三大效应均为正，且在大部分情况下显著。人口的流入既为产业发展提供了充足的劳动力大军，也扩大了地区的消费和收入积累能力，并通过商品消费网络的外部性，促进了周边城市的繁荣。环渤海地区人口众多，2014 年末地区常住人口占到全国总人口的 23%，从本研究的回归结果也可以发现，劳动和人力资本要素的集聚效应大于其他要素，未来地区发展仍然有望从巨大的“人口红利”中获益。人力资本的集聚不仅可以直接提高本地的效率水平，还可以带动相邻城市产生人力资本集聚，并通过与周边地区合作开展技术创新和经营活动，带动周边的效率提升。分析结果显示科技要素集聚对于城市经济效率也有促进作用，科技的三大效应均为正，再次证明了“科技就是生产力”。研究结果表明，“人口红利”和“创新驱动”因素有望继续为环渤海地区城市增长提供持续动力。考虑到科技要素集聚对当地的影响大于对周边地区的影响，环渤海地区除了继续推进“创新驱动”发展战略外，还应着力扩大科技成果转化能力和知识技术在地区间的传播能力，让科技的光芒照耀更多城市、更广泛的地区，让创新驱动的效率型增长模式成为地区发展的不竭动力来源。

（2）公共支出的空间溢出效应。研究表明，公共支出变化的城市内溢出效

❶ 刘华军，张权，杨骞．城镇化、空间溢出与区域经济增长——基于空间回归模型偏微分效应分解方法及中国的实证［J］．农业技术经济，2014，（10）．

应在各空间权重下为负，地区间溢出效应和全域总效应却为正，并且几乎全部在1%水平下显著。Aschauer（1989）通过研究发现，地方政府的支出对当地经济增长具有抑制作用；从本研究的实证结果来看，公共支出有可能形成对私人部门的“挤出”效应，政府支出过多会对市场效率形成“弱化效应”[1]。在挤出效应和本地经济效率降低的双重影响下，对要素的吸引力下降，当地生产要素更多流向周边地区，并促进要素流入地的效率提升。从空间溢出效应的分解结果来看，公共支出的地区间正向溢出效应明显地大于其对本地市场的弱化效应，因而使政府支出对全域效率增长的总体效应为正。这也表明公共支出调节方向应突破狭隘的地方主义观念，更多从经济区域整体利益着眼进行战略安排。

（3）总体而言，区域开放、金融市场发育、基础设施建设等因素可以创造更好的区域发展环境。其中区域开放对地区效率增长的作用在本例中整体不显著。金融市场发育对本城市经济效率增长具有显著正效应，对于城市间的影响以及全域总影响在不同矩阵间的结果不尽一致。地理距离矩阵和时空距离阈值矩阵下城市间效应和全域效应均为负；但是经济矩阵下显示，一个地区发育完备的金融市场对于周边地区和全域的效率提升均具有促进作用。交通基础设施对于本城市的影响不显著，不过对于城市间及全域效率提升均有显著促进作用。

6.4 公共支出对生产要素集聚效应的影响

6.4.1 公共支出对集聚效应的影响

本节重点考察公共支出对生产要素集聚效应的影响，即检验公共支出作为调节变量，在生产要素集聚对城市经济效率影响过程中所起的作用。按照计量经济学方法，定义各生产要素集聚度与公共支出的交乘项予以检验。最终回归结果见表6-4，表中变量Capg、Labg、Humg、Tecg分别代表资本、劳动、人力、科技四种生产要素的集聚度与公共支出的交乘项，用来度量公共支出影响下的四种生产要素的集聚效应；模型（1）、（2）、（3）分别对应地理距离矩阵（$\boldsymbol{W}_d$）、时空距离阈值矩阵（$\boldsymbol{W}_y$）和经济距离矩阵（$\boldsymbol{W}_j$）下的回归结果。

表6-4依然证明了生产要素集聚效应的异质性，表中资本、普通劳动、人力资本、科技四项要素的集聚效应结果与上一节相同，其中资本集聚效应为负，而后三项要素具有正的集聚效应。对于本回归的重点考察变量的分析发现：Capg的回归系数在三大矩阵下都显著为负，表明公共支出对于资本集聚效应具有负向影响，从而验证了前文的猜想，公共支出容易形成对私人部门的挤出，因此并无助于资本要素集聚效应的提高。Labg结果不显著，Humg的系数在1%水平上显

[1] 刘华军，张权，杨骞．城镇化、空间溢出与区域经济增长——基于空间回归模型偏微分效应分解方法及中国的实证［J］．农业技术经济，2014，（10）．

著为正，而 Tecg 系数多数在 5%水平上显著为正，表明公共支出对普通劳动的集聚效应没有显著性影响，但对于人力资本、科技要素的集聚效应具有促进作用，在公共支出作用下，两种生产要素集聚促进城市经济效率的作用被进一步放大。空间自回归系数（rho）的回归结果再次证实了数据的空间相关性，表明这种影响对周边相邻城市也会产生溢出性作用。

表 6-4 公共支出对于要素集聚效应的影响

	(1)	(2)	(3)
	$\boldsymbol{W}_d$	$\boldsymbol{W}_y$	$\boldsymbol{W}_j$
Capt	-0. 102 ***	-0. 099 ***	-0. 103 ***
	(-12. 54)	(-12. 07)	(-12. 39)
Labr	-0. 503 ***	-0. 490 ***	-0. 473 ***
	(-5. 65)	(-5. 47)	(-5. 27)
Hum	0. 323 **	0. 335 **	0. 422 ***
	(2. 27)	(2. 33)	(2. 88)
Tech	0. 045	0. 113	0. 082
	(0. 22)	(0. 55)	(0. 40)
Gov	4. 630	5. 137	1. 190
	(0. 75)	(0. 83)	(0. 19)
Capg	-0. 312 ***	-0. 300 ***	-0. 350 ***
	(-7. 93)	(-7. 52)	(-8. 80)
Labg	0. 100	0. 143	0. 005
	(0. 32)	(0. 45)	(0. 01)
Humg	2. 294 ***	1. 978 ***	3. 204 ***
	(3. 78)	(3. 23)	(5. 19)
Tecg	2. 682 **	2. 253 **	1. 536
	(2. 52)	(2. 08)	(1. 41)
Open	-1. 152	-2. 671	-0. 862
	(-0. 49)	(-1. 11)	(-0. 36)
Finc	1. 711 ***	1. 592 ***	0. 870 **
	(5. 22)	(4. 93)	(2. 55)
Road	-4. 677 ***	-5. 375 ***	-3. 630 **
	(-3. 26)	(-3. 69)	(-2. 52)
Spatial rho	0. 310 ***	0. 025	0. 282 ***
	(2. 99)	(0. 24)	(5. 47)

续表 6-4

	(1)	(2)	(3)
	W_d	W_y	W_j
Variance sigma2_e	0.040***	0.042***	0.043***
	(21.71)	(21.74)	(21.59)

注：括号中为 t 统计量；*、**、*** 分别表示 10%、5%、1%的显著性水平下通过检验。

数据来源：根据中经网城市统计数据库相关数据计算得出。

6.4.2 公共支出空间溢出效应分解

为了进一步阐明公共支出对于生产要素集聚效应的空间影响，进行空间溢出效应分解，见表 6-5。

表 6-5 公共支出对于要素集聚效应的溢出效应分解

	Direct			Indirect			Total		
	W_d	W_y	W_j	W_d	W_y	W_j	W_d	W_y	W_j
Capt	-0.103***	-0.099***	-0.105***	-0.079	0.095*	-0.053	-0.182*	-0.004	-0.158***
	(-12.64)	(-12.24)	(-12.74)	(-0.84)	(1.96)	(-1.29)	(-1.90)	(-0.08)	(-3.63)
Labr	1.429***	1.265***	1.537***	10.956**	7.074***	1.271	9.352	6.978	2.793
	(3.49)	(3.08)	(3.70)	(2.30)	(3.33)	(0.87)	(0.79)	(1.22)	(0.89)
Hum	0.343**	0.347***	0.459***	1.930*	2.112***	0.924**	2.273*	2.459***	1.383***
	(2.55)	(2.58)	(3.33)	(1.66)	(3.17)	(2.11)	(1.90)	(3.64)	(2.92)
Tech	0.023	0.104	0.058	-1.802	-0.683	-0.501	-1.779	-0.579	-0.443
	(0.11)	(0.52)	(0.28)	(-0.83)	(-0.64)	(-0.65)	(-0.80)	(-0.52)	(-0.53)
Gov	4.508	5.188	1.634	-25.975	-8.864	9.832	-21.467	-3.676	11.465
	(0.73)	(0.86)	(0.26)	(-0.30)	(-0.19)	(0.36)	(-0.24)	(-0.07)	(0.39)
Capg	-0.266***	-0.270***	-0.345***	0.512	-0.111	-0.796***	0.500	-0.382**	-1.140***
	(-6.62)	(-6.64)	(-8.55)	(0.91)	(-0.64)	(-4.27)	(0.88)	(-2.15)	(-5.80)
Labg	0.123	0.184	0.107	31.981	0.164	4.063***	27.041	0.348	4.170***
	(0.40)	(0.59)	(0.34)	(0.37)	(0.10)	(3.40)	(0.30)	(0.20)	(3.26)
Humg	1.699***	1.530**	2.879***	-18.717*	13.000***	3.384	19.611**	14.530***	6.263**
	(2.80)	(2.52)	(4.60)	(-1.92)	(4.72)	(1.40)	(1.96)	(5.22)	(2.38)
Tecg	2.480**	2.263**	1.342	19.836	6.630	2.399	22.301	8.003	3.687
	(2.25)	(2.01)	(1.19)	(0.96)	(0.67)	(0.30)	(1.06)	(0.77)	(0.43)
Open	-0.391	-1.699	-0.770	-16.466	-19.347**	-18.267*	-17.023	-21.435**	-13.780
	(-0.16)	(-0.69)	(-0.30)	(-0.94)	(-2.07)	(-1.77)	(-0.98)	(-2.27)	(-1.35)

续表 6-5

	Direct			Indirect			Total		
	$\boldsymbol{W}_{\mathrm{d}}$	$\boldsymbol{W}_{\mathrm{y}}$	$\boldsymbol{W}_{\mathrm{j}}$	$\boldsymbol{W}_{\mathrm{d}}$	$\boldsymbol{W}_{\mathrm{y}}$	$\boldsymbol{W}_{\mathrm{j}}$	$\boldsymbol{W}_{\mathrm{d}}$	$\boldsymbol{W}_{\mathrm{y}}$	$\boldsymbol{W}_{\mathrm{j}}$
Finc	1.120 ***	1.118 ***	0.427	-5.572 ***	-2.684 ***	2.540 ***	-4.356 ***	-1.411	3.179 ***
	(3.56)	(3.57)	(1.31)	(-3.37)	(-2.90)	(3.52)	(-2.61)	(-1.52)	(4.25)
Road	-3.649 ***	-4.095 ***	-1.689	55.143 ***	14.913 ***	19.584 ***	54.154 ***	13.523 **	20.450 ***
	(-2.59)	(-2.80)	(-1.16)	(4.09)	(2.66)	(3.36)	(4.00)	(2.39)	(3.35)

注：括号中为 t 统计量；*、**、*** 分别表示 10%、5%、1%的显著性水平下通过检验。

数据来源：根据中经网城市统计数据库相关数据计算得出。

表 6-5 中，Capg、Labg、Humg、Tecg 分别用来度量公共支出影响下的资本、劳动、人力、科技四种生产要素的集聚效应；Direct、Indirect、Total 为直接效应、间接效应和总效应，分别代表相关变量的区域内影响、区域间影响以及对全域的总影响。研究结果表明，公共支出影响下的资本集聚本地效应显著为负，验证了公共支出对本地投资具有挤出效应；城市间效应和全域总效应也为负，表明公共支出无助于提高区域资本配置效率，公共支出影响下的资本集聚并不能促进城市经济效率提高。与之相反的是，Labg、Humg、Tecg 在各个空间矩阵下的三大效应基本为正，表明公共支出有助于促进普通劳动、人力资本和科技要素在区域内和区域间的集聚效应，即公共支出的增加有利于三种生产要素集聚对于城市自身效率和周边城市经济效率的促进作用。其中，公共支出对人力资本集聚效应的正向影响最为显著，表明公共支出对于促进人力资本集聚提升城市自身以及周边地区的效率方面都具有积极影响。

金融市场发育与交通设施建设对区域的作用正好相反。对比 Finc 在各个空间矩阵下的三大效应回归系数发现，金融市场发育程度越高，相对而言对周边地区的虹吸效应越强，吸引周边的优质生产要素和资源更多地流入本地，从而促进当地的经济效率提升，但会引起周边的效率损失。但是，经济矩阵下显示，一个地区发育完备的金融市场对于周边地区和全域的效率提升，从长远看来也会产生促进作用。Road 在各个空间矩阵下的结论较为一致，直接效应为负，间接效应和总效用显著为正，反映了交通基础设施对当地效率提升具有显著负向影响，但对周边地区及全域总效应提升则有正向影响。这说明交通设施的完善，便利了地区间的生产要素和经济交流，带动生产要素向集聚高地的进一步汇聚，加剧了要素原有地的要素流失和效率损失，但却同时促进了全域的资源优化配置和效率提升。这与张学良（2012）等对高铁开通加快落后地区生产要素流出的研究结论在本质上是相一致的。

6.5 城市经济效率增长的时空惯性

为了检验经济效率增长的路径依赖性特征，在模型中加入被解释变量的滞后项，对此时的动态空间计量模型进行回归，表6-6汇报了回归结果。模型（1）、（3）、（5）分别对应距离矩阵、阈值矩阵、经济矩阵下的验证生产要素集聚效应的初始回归，模型（2）、（4）、（6）分别对应三个矩阵下含交乘项变量的回归，表中Ltfp代表被解释变量Tfp的滞后项。

表6-6 城市经济效率增长的时空惯性检验

	(1)	(2)	(3)	(4)	(5)	(6)
	$\boldsymbol{W}_d$	$\boldsymbol{W}_y$	$\boldsymbol{W}_j$	$\boldsymbol{W}_d$	$\boldsymbol{W}_y$	$\boldsymbol{W}_j$
Ltfp	0.721***	0.717***	0.716***	0.777***	0.776***	0.774***
	(34.32)	(34.83)	(34.28)	(38.56)	(39.15)	(38.36)
Capt	-0.038***	-0.037***	-0.039***	-0.023***	-0.023***	-0.023***
	(-7.40)	(-7.39)	(-7.80)	(-3.83)	(-3.84)	(-3.74)
Labr	0.450*	0.396	0.443*	0.616**	0.560**	0.615**
	(1.87)	(1.64)	(1.84)	(2.47)	(2.23)	(2.46)
Hum	0.100*	0.097	0.122**	0.197**	0.201**	0.201**
	(1.65)	(1.59)	(1.98)	(2.35)	(2.40)	(2.36)
Tech	0.111*	0.104	0.112*	0.098	0.101	0.107
	(1.70)	(1.59)	(1.69)	(0.72)	(0.74)	(0.78)
Gov	0.024	0.036	-0.056	0.359	1.073**	0.119
	(0.20)	(0.30)	(-0.47)	(0.52)	(2.22)	(0.44)
Open	0.559	-0.374	-0.089	0.646	-0.248	-0.253
	(0.37)	(-0.25)	(-0.06)	(0.42)	(-0.16)	(-0.17)
Finc	0.721***	0.651***	0.430**	0.659***	0.564***	0.312
	(3.63)	(3.38)	(2.14)	(3.25)	(2.85)	(1.51)
Road	0.480	0.367	0.229	-0.578	-0.580	-0.973
	(0.56)	(0.43)	(0.27)	(-0.64)	(-0.65)	(-1.10)
Capg				-0.069***	-0.074***	-0.074***
				(-2.60)	(-2.81)	(-2.79)
Labg				0.336*	0.364*	0.258
				(1.68)	(1.81)	(1.29)
Humg				0.090	0.057	0.186
				(0.23)	(0.15)	(0.48)
Tecg				0.833	0.724	0.816
				(1.23)	(1.07)	(1.20)

续表 6-6

	(1)	(2)	(3)	(4)	(5)	(6)
	$\boldsymbol{W}_d$	$\boldsymbol{W}_y$	$\boldsymbol{W}_j$	$\boldsymbol{W}_d$	$\boldsymbol{W}_y$	$\boldsymbol{W}_j$
Spatial rho	0.323***	0.222**	0.164***	0.362***	0.336***	0.180***
	(3.35)	(2.41)	(2.76)	(3.94)	(3.96)	(3.00)
sigma2_e	0.016***	0.015***	0.016***	0.016***	0.016***	0.017***
	(21.71)	(21.72)	(21.68)	(21.70)	(21.69)	(21.66)

注：括号中为 t 统计量；*、**、*** 分别表示 10%、5%、1%的显著性水平下通过检验。

数据来源：根据中经网城市统计数据库相关数据计算得出。

实证结果证明了环渤海各城市经济效率增长存在明显的路径依赖，本书将之概括为“时空惯性”特征，即城市自身及其周边城市的前期经济效率水平均会影响到城市现有效率。从表 6-6 可以看出，被解释变量的滞后项在各空间矩阵下均显著为正，表明当期的城市经济效率与城市前期的效率水平显著相关，存在“时间上的惯性”。同时，各空间变量滞后项系数（ρ，λ）均显著为正，也证明了各城市经济效率存在“空间上的惯性”，各城市之间具有显著的空间依赖性，一个城市的效率水平会受到周边相邻城市经济效率的影响。通过空间溢出效应分解（表 6-7），对于环渤海城市经济效率的“时空惯性”做进一步分析。

表 6-7 城市经济效率增长的空间溢出效应分解

		(1)	(2)	(3)	(4)	(5)	(6)
		$\boldsymbol{W}_d$	$\boldsymbol{W}_y$	$\boldsymbol{W}_j$	$\boldsymbol{W}_d$	$\boldsymbol{W}_y$	$\boldsymbol{W}_j$
Direct	Ltfp	0.720***	0.715***	0.716***	0.776***	0.774***	0.776***
		(35.05)	(35.71)	(35.13)	(39.43)	(40.00)	(39.41)
	Capt	−0.038***	−0.037***	−0.039***	−0.024***	−0.024***	−0.023***
		(−7.62)	(−7.62)	(−8.05)	(−4.05)	(−4.02)	(−3.94)
	Labr	0.503**	0.437*	0.458**	0.665***	0.612***	0.626***
		(2.21)	(1.93)	(2.02)	(2.83)	(2.60)	(2.66)
	Hum	0.098	0.102*	0.121**	0.198**	0.205**	0.205**
		(1.63)	(1.68)	(2.00)	(2.34)	(2.44)	(2.38)
	Tech	0.114*	0.107	0.115*	0.103	0.102	0.110
		(1.72)	(1.61)	(1.71)	(0.74)	(0.73)	(0.79)
	Gov	0.027	0.045	−0.054	−0.204	0.574	0.933
		(0.23)	(0.38)	(−0.45)	(−0.05)	(0.15)	(0.24)

续表 6-7

		(1)	(2)	(3)	(4)	(5)	(6)
		W_d	W_y	W_j	W_d	W_y	W_j
Direct	Open	0.451	−0.416	−0.214	0.502	−0.296	−0.374
		(0.32)	(−0.29)	(−0.15)	(0.34)	(−0.20)	(−0.25)
	Finc	0.706***	0.638***	0.421**	0.637***	0.538***	0.292
		(3.53)	(3.28)	(2.11)	(3.12)	(2.71)	(1.43)
	Road	0.477	0.362	0.224	−0.577	−0.579	−0.978
		(0.59)	(0.45)	(0.28)	(−0.67)	(−0.67)	(−1.14)
	Capg				−0.069***	−0.075***	−0.074***
					(−2.65)	(−2.87)	(−2.85)
	Labg				0.333*	0.360*	0.251
					(1.69)	(1.83)	(1.27)
	Humg				0.124	0.126	0.187
					(0.33)	(0.34)	(0.50)
	Tecg				0.835	0.726	0.817
					(1.23)	(1.07)	(1.19)
Indirect	Ltfp	−0.051	−0.228***	0.055	−0.044	−0.127	0.093**
		(−0.42)	(−2.58)	(1.26)	(−0.31)	(−1.36)	(2.16)
	Capt	−0.019**	−0.011*	−0.008**	−0.115**	−0.055	−0.033
		(−2.24)	(−1.89)	(−2.33)	(−2.16)	(−1.49)	(−1.33)
	Labr	5.760**	4.512***	0.368	4.696*	4.046***	0.198
		(2.16)	(3.49)	(0.49)	(1.69)	(2.63)	(0.25)
	Hum	0.059	0.904***	0.072	0.819	0.910*	0.383*
		(0.12)	(2.86)	(0.45)	(1.28)	(1.88)	(1.69)
	Tech	0.056	0.031	0.022	0.202	−0.426	−0.080
		(1.34)	(1.16)	(1.30)	(0.16)	(−0.49)	(−0.17)
	Gov	0.536	1.386**	0.129	−6.682*	−7.821	8.943
		(0.47)	(1.99)	(0.37)	(−1.74)	(−0.23)	(0.60)
	Open	−20.331*	−12.557*	−7.483	−23.156*	−9.815	−6.972
		(−1.85)	(−1.87)	(−1.49)	(−1.86)	(−1.21)	(−1.34)
	Finc	−0.773	−0.616	0.013	−1.366*	−1.346**	−0.308
		(−1.06)	(−1.24)	(0.04)	(−1.83)	(−2.42)	(−0.85)
	Road	0.237	0.115	0.044	−0.350	−0.300	−0.212
		(0.54)	(0.41)	(0.26)	(−0.61)	(−0.61)	(−1.00)

续表 6-7

		(1)	(2)	(3)	(4)	(5)	(6)
		W_d	W_y	W_j	W_d	W_y	W_j
Indirect	Capg				−0.041*	−0.039*	−0.016*
					(−1.79)	(−1.91)	(−1.86)
	Labg				0.234	0.156	−0.058
					(0.18)	(0.16)	(−0.14)
	Humg				1.381	4.087	−0.821
					(0.29)	(1.55)	(−0.64)
	Tecg				0.492	0.371	0.175
					(1.02)	(0.91)	(1.01)
Total	Ltfp	0.669***	0.487***	0.771***	0.732***	0.647***	0.869***
		(5.48)	(5.50)	(17.21)	(5.25)	(6.87)	(19.90)
	Capt	−0.057***	−0.048***	−0.047***	−0.138**	−0.079**	−0.056**
		(−5.28)	(−5.86)	(−7.27)	(−2.54)	(−2.04)	(−2.14)
	Labr	6.263**	4.949***	0.826	5.361*	4.658***	0.824
		(2.30)	(3.73)	(1.01)	(1.90)	(2.95)	(0.97)
	Hum	0.157	1.006***	0.194	1.018	1.115**	0.588**
		(0.33)	(3.15)	(1.18)	(1.55)	(2.26)	(2.38)
	Tech	0.171*	0.138	0.137*	0.305	−0.324	0.030
		(1.68)	(1.59)	(1.70)	(0.23)	(−0.35)	(0.06)
	Gov	0.563	1.431**	0.075	3.615	2.907*	0.980
		(0.49)	(2.03)	(0.20)	(1.22)	(1.85)	(1.39)
	Open	−19.879*	−12.973*	−7.697	−22.654*	−10.111	−7.346
		(−1.82)	(−1.91)	(−1.42)	(−1.82)	(−1.23)	(−1.30)
	Finc	−0.067	0.022	0.434	−0.729	−0.808	−0.015
		(−0.09)	(0.05)	(1.36)	(−1.01)	(−1.51)	(−0.05)
	Road	0.713	0.477	0.268	−0.928	−0.879	−1.190
		(0.59)	(0.45)	(0.28)	(−0.66)	(−0.66)	(−1.14)
	Capg				−0.110**	−0.114***	−0.090***
					(−2.48)	(−2.70)	(−2.79)
	Labg				0.567	0.517	0.193
					(0.43)	(0.53)	(0.44)

续表 6-7

		(1)	(2)	(3)	(4)	(5)	(6)
		W_d	W_y	W_j	W_d	W_y	W_j
Total	Humg				1.505	4.213	-0.634
					(0.31)	(1.56)	(-0.46)
	Tecg				1.327	1.097	0.992
					(1.19)	(1.04)	(1.18)

注：括号中为 t 统计量；*、**、*** 分别表示 10%、5%、1%的显著性水平下通过检验。

数据来源：根据中经网城市统计数据库相关数据计算得出。

表 6-7 中模型（1）、（3）、（5）分别对应距离矩阵、阈值矩阵、经济矩阵下的生产要素集聚变量，模型（2）、（4）、（6）分别对应三个矩阵下的交乘项变量；表中分三个部分列出分解后的直接效应、间接效应和总效应，Ltfp 代表被解释变量 Tfp 的滞后项。对表 6-7 结果的分析主要集中于城市经济效率的空间溢出效应，其余变量的结论与前文一致，不再赘述。Ltfp 的直接效益和总效应系数均在 1%水平上显著为正，间接效应系数在多数情况下为负，但多不显著。回归结果表明：

（1）从城市自身的效率增长角度分析，城市自身及其周边城市的前期效率水平均会影响到城市现有效率，并且城市内溢出效应远大于城市间溢出效应。结果说明，城市经济效率主要受自身历史效率循环累积的影响，高效率的城市在增长惯性下可以持续领先，而效率水平较低的城市想要突破低水平惯性实现飞跃式发展则困难得多。因此，目前极化效应仍是影响环渤海发展的主导力量，在其他条件不变情况下，京津在区域发展中的龙头地位将日加巩固。

（2）从城市间的效率溢出影响分析，效率在城市间的溢出效应更多体现为一种负向关系，即一个城市的效率水平越高，越对它周边城市的效率提高形成阻碍作用。换言之，就环渤海而言，大城市与周边地区的关系更多地体现为对后者资源和生产要素的吸纳作用，但是对其辐射带动作用却不足。

6.6 本章小结

本章运用空间杜宾模型，就环渤海地区生产要素集聚效应，以及公共支出对要素集聚效应和城市经济效率的影响，及其空间溢出作用分别进行了检验。实证结果表明：

（1）生产要素集聚对于城市经济效率具有异质性影响。其中资本的集聚效应为负，资本集聚度的增加反而会限制城市经济效率提升。这表明资本密集型发展的红利正在消退，以规模扩张为主的投资驱动型增长模式，已经不能适应城市效率提升和可持续发展的需要，新型城市化发展的动力及其重点亟须转变。本研究的实证结果不仅证明了经济转型的必要性，同时也指明了转型的方向——从回归结果来看，普通劳动、人力资本和科技要素对城市经济效率的集聚效应均显著为正，三类生产要素的集聚不仅促进集聚当地的城市经济效率提升，也会对周边城市经济效率产生促进作用。这表明，“人口红利”和“创新驱动”因素仍有望为环渤海城市增长提供持续动力；环渤海地区除了继续推进“创新驱动”发展战略外，还应着力增强科技成果转化能力和知识技术在地区间的传播能力，以科技创新推动更广泛的城市和地区的效率提升。

（2）公共支出对当地效率存在“弱化效应”，但对区域总体效率则具有显著的正向影响。从本研究的实证结果来看，公共支出可能因对私人部门的“挤出”，而对本地经济效率产生负向影响；由于挤出效应和本地经济效率降低等因素的影响，当地生产要素更多地流向周边其他地区，并促进要素流入地的效率提升。从空间溢出效应的分解结果来看，公共支出的地区间正向溢出效应明显地大于其对本地市场的弱化效应，因而使公共支出对全域总体效率增长体现为正向效应。因此，公共支出政策的调节重点应该更多从全域利益出发布局，跳出地方利益的局限，着力于促进创新型要素集聚。

（3）公共支出对不同生产要素集聚效应的影响具有差异性。公共支出影响下的资本集聚效应为负，验证了公共支出对投资具有挤出效应，无助于提高资本配置效率。与之相反的是，研究证明了公共支出对于促进人力等要素集聚、提升城市经济效率方面的积极影响，公共支出增加有利于促进人力资本和科技等生产要素对于城市经济效率的集聚效应。

（4）城市经济效率增长具有“时空惯性”，极化效应仍主导区域发展。研究结果证明了，城市经济效率具有时间和空间两个维度上的路径依赖，城市自身及其周边城市的前期效率水平均会影响到城市现有效率，并且以前一种影响为主。城市间的效率溢出更多体现为负向关系，因此极化效应仍是影响环渤海区域发展的主导力量，大城市对周边地区的辐射带动功能仍待加强。

通过实证分析，前文提出的理论假设均得以验证。为了验证特大规模城市对于研究结论是否具有异质性影响，本研究用不包含京津的数据进行了检验，结论依然相同，证明了本研究具有较好的稳健性。

7　几个专题的深入探讨

7.1　公共支出对城市效率的空间溢出性影响

公共支出是地方政府推动当地经济增长的重要调控手段，中国改革开放以来的成功经验证明，政府公共支出对于干预区域经济发展、调节要素流动，有着至关重要的影响。值得关注的是，对应于城市化的快速推进以及城市集聚规模的不断扩大，我国公共支出发展相对滞后，在地区间的分布较不均衡。本节进一步探讨公共支出空间外溢效应对当地及周边城市产出的影响。

7.1.1　公共支出总体状况及城市间差异

国家发改委（2015）下发的《环渤海地区发展纲要》将内蒙古并入环渤海地区统一规划发展，但目前学界对于京津冀与周边区域合作共赢发展的研究还不常见。本小节选择京津冀蒙区域为研究样本。河北、内蒙古距京津地理邻近、人脉相通，其生态环境、物质资源、要素成本乃至于产业结构都与京津经济区存在明显梯度互补性，跨区域合作优势十分明显。对京津冀内蒙古 2003~2014 年间公共支出规模进行考察，发现公共支出区域差距极大且存在不断扩大趋势。图 7-1 反映了四省市公共支出水平与同年度区域平均水平对比及其变化趋势，为了更清楚直观，其中河北和内蒙古分别只列出石家庄、呼和浩特两个省会城市相关数据。

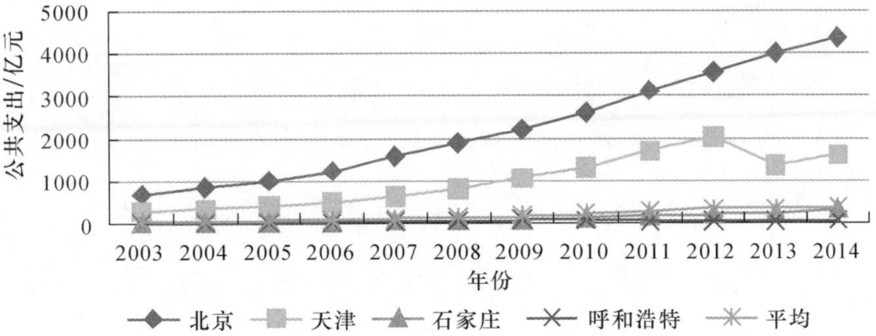

图 7-1　2003~2014 年四市公共支出规模变化趋势对比

（数据来源：根据中经网城市统计数据库相关数据整理）

图 7-1 显示，在考察期内四城市间公共支出相对差距不断加大。北京公共支

出始终处于领先且呈现持续快速增长；天津除在 2013 年有所下降外，总体同样保持持续增长态势。石家庄和呼和浩特与京津差距巨大，甚至低于同期全区域平均水平，但与石家庄公共支出规模缓慢上升的趋势不同，呼和浩特从 2009 年以来公共支出水平不断下降，与石家庄差距也在拉开，目前在四个城市中公共支出水平最低。

将考察范围扩大到京津冀蒙全部地级城市后发现，石家庄与呼和浩特作为省会城市，与省内其他城市相比，公共支出水平并不具有明显领先优势，见图 7-2、图 7-3。图 7-2 中河北省各城市公共支出水平呈现出较为稳定的两极阵营，其中唐山与石家庄始终保持龙头地位，并且除 2013 年外，唐山市公共支出一直高于石家庄；其他城市则水平较为相近。总体说来各城市公共支出区域差距逐渐扩大。

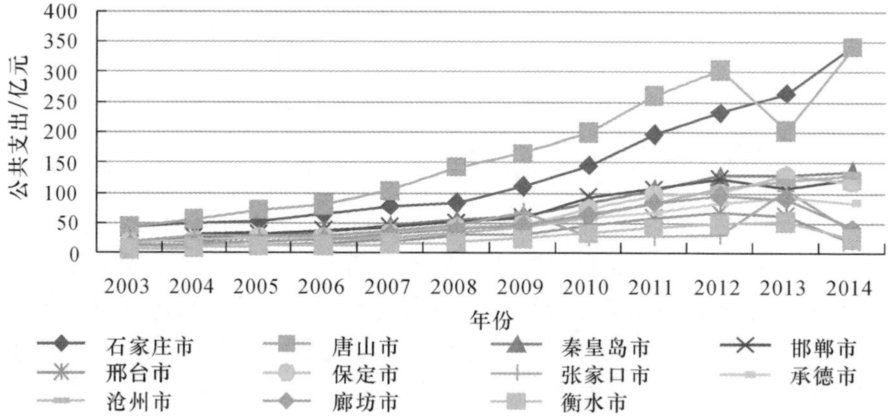

图 7-2 2003~2014 年河北各城市公共支出规模变化趋势
（数据来源：根据中经网城市统计数据库相关数据整理）

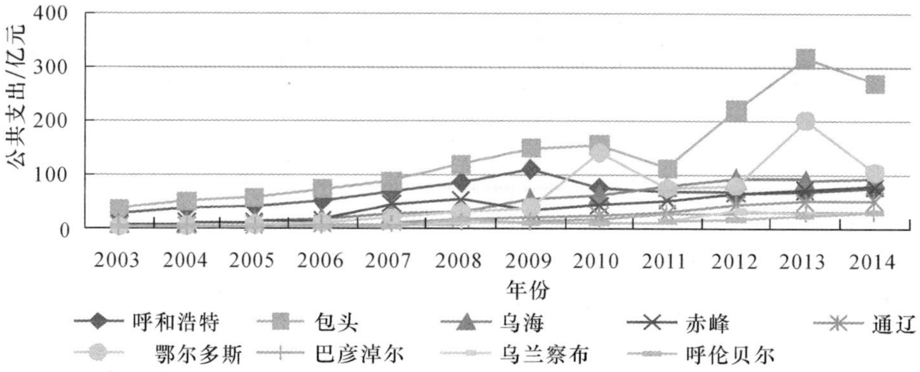

图 7-3 2003-2014 年内蒙古各城市公共支出规模变化趋势
（数据来源：根据中经网城市统计数据库相关数据整理）

公共支出区域差距扩大的趋势在内蒙古同样存在，不过变化特征则不尽相同。图 7-3 显示，2006 年之前，包头、呼和浩特是区内公共支出最高的城市，其他城市彼此间差距不大，均保持在较低水平；2006 年之后，各城市公共支出空间分异格局日趋加大，除包头市始终保持领先之势外，呼和浩特公共支出相对规模变小，逐渐被鄂尔多斯、乌海、赤峰赶超。因为这一时期正是国家重化工业加速发展时期，鄂尔多斯等城市充分把握自身能源矿产资源丰富的比较优势，实现了跨越式发展，也带动内蒙古成为全国发展最快的省份。这一阶段公共支出规模最大的几个地级市依次为包头、鄂尔多斯、乌海，均是重要的重化工业城市。

本研究认为，公共支出水平与城市所处经济阶段密切相关。京津作为该区域的龙头，目前基本处于后工业化阶段，服务业发达；其他大部分城市则处于工业化中后期阶段，第二产业仍是带动城市发展的重要力量。纵观河北、内蒙古各城市，存在较明显的公共支出“第二产业带动型”特征。图 7-4 的气泡图分别以各城市第二产业、第三产业的产值占比为纵横两轴，以公共支出占 GDP 比重为权重，气泡越大代表公共支出相对规模越高。图 7-4 显示，2003~2014 年京津冀内蒙古各城市公共支出规模有明显上升；同时城市间公共支出相对差距也显著扩大。图中公共支出规模较大的城市除了京津，其余均第二产业比重较大，重工业化特征明显，公共支出“第二产业带动型”规律表现明显；由图 7-4(b) 发现，公共支出“第二产业带动型”规律近年来表现更为突出。因此，本研究提出：

命题 1　处于工业化中后期阶段的城市，其公共支出规模与城市的工业化程度正相关，第二产业发达的城市公共支出水平往往更高。

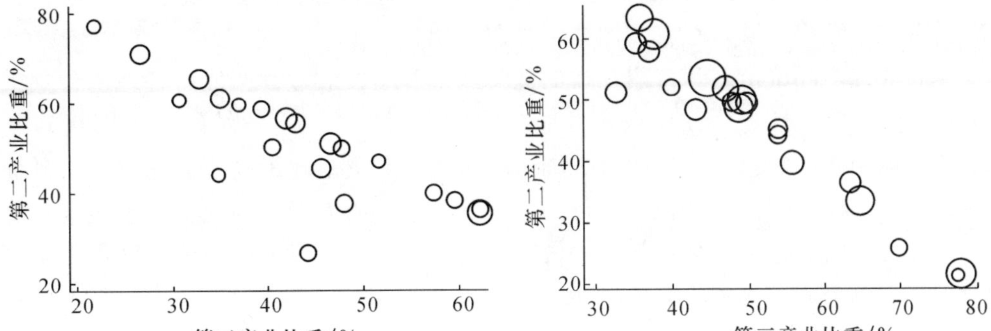

图 7-4　公共支出与产业结构气泡图

（数据来源：根据中经网城市统计数据库相关数据整理）

7.1.2 公共支出对城市效率的影响机理

Boadway 和 Shah（2007）、Albouy（2010）的相关研究表明，公共支出具有“财政引致的要素流动”效应（Fiscally Induced Factors Mobility or Migration），在其他条件不变情况下，资本和劳动力将流向净财政收益（Net Fiscal Benefits，NFB）较高的地区（详见前文 4.3 部分）。NFB 与地方政府公共支出规模、中央转移支付水平、地区人口数量及不同地区的价格指数（市场因素）等有关；其中，决定要素跨区域流动的关键因素是地方公共支出，而非中央补助（毛捷等，2011）。因此，对于发展程度不同的中心和外围城市而言，合理的公共支出结构有助于促进后者发展，缩小地区差距，概括为如下命题：

命题 2 外围区公共支出规模的增加可以促进本区域要素集聚和产出增长，有利于缩小与地区发展差距。

假设一个含有中央和地方两级政府的经济模型，为简化分析过程，我们设该模型中只存在两个区域，分别记为区域 1 和区域 2；只考虑劳动力和资本两种要素，两种要素可以在区域间自由流动。按照“财政引致的要素流动”效应原理，公共支出水平相对较低的区域 2 的生产要素会采取“用脚投票”方式流出该区域；公共支出水平较高的区域 1，则会吸引资本和劳动力要素更多流入，于是区域 1 成为要素集聚高地，而区域 2 则要素流失，沦为外围地区。如果两者之间的公共支出差异不缩小，外围区的要素吸引力始终难以形成，在马太效应作用下，与区域 1 的发展差距将日趋加大。而当区域 2 增加公共支出规模时，则一方面可以通过完善生产基础设施、降低交易成本等直接作用于供给侧的方式增加本区域产出；另一方面通过改善城市环境、提升生活质量等方式作用于要素发展环境，增强区域比较优势。这样就使得外围区的要素吸引能力和要素配置效率均有提高，有利于缩小区域差距，增加全区域总产出。

此外，不同城市之间普遍存在的竞争效应和学习效应，会使得各地的公共支出具有空间相关性。这体现在：各地政府一方面出于提升政绩的考虑围绕 GDP 增长目标相互竞争，另一方面对于周边城市的公共支出政策高度关注，出于理性考虑，会选择与相邻地区相近的行为而不是与之偏离太远。因此，一个城市政府增加公共支出的行为，会引起周边城市竞相仿效，从而对其他城市发展也产生影响。基于以上分析，本研究提出如下命题：

命题 3 地方政府在公共支出政策上相互学习效仿，导致地区间公共支出具有空间溢出效应。外溢的收益会促进全区域的经济增长。

针对公共支出的空间相关性特征，接下来将运用空间计量研究方法，对以上三个命题做进一步证明。

7.1.3 公共支出及其空间溢出的实证分析

7.1.3.1 变量选取

本部分研究使用2003~2014年12年间京、津、冀、蒙四省市地级市数据，所用基础数据来自于《中国统计年鉴》《中国城市统计年鉴》、中经网城市统计数据库。为去除其中趋势性影响，将各指标均进行对数化处理。指标具体说明如下：

(1) 城市效率 (duct)。城市是第二产业和第三产业集聚的载体，非农产业是城市主要的产业形态。参照范剑勇 (2006)、王良举和王永培 (2011) 等的处理办法，本研究以城市单位土地面积非农产业劳动生产率来度量城市效率，即以第二产业与第三产业产值之和除以城市市辖区土地面积表示。由于市辖区一般也是城市的工商业集中区，是城市中经济活动最活跃、要素集聚程度最高的区域，本研究所用指标均为市辖区统计口径下指标。

(2) 公共支出规模 (gov)。公共支出是地方政府调节城市经济活动的重要政策工具，本研究用城市财政支出占地区生产总值的比例来反映公共支出规模，它是本研究的核心解释变量。

(3) 产业专业化指标 (zyh)。区域产业结构特征和就业差异直接影响着城市产出效率，鉴于本研究考察的京津冀蒙地区绝大多数城市仍处于工业化进程中，工业现代化对于城市效率的影响更为突出，因此本研究侧重于从第二产业角度构造地区产业专业化指标，具体以当年第二产业就业密度表示。该指标包含就业和产业结构两方面的信息，用来衡量工业化发展对城市效率带来的影响。

(4) 消费能力 (csu)。本地市场消费水平是地区经济发展的主要动力来源和活力体现，对城市效率有着重要影响，本研究以社会消费品零售总额除以人口得到的城市人均消费额来衡量。

(5) 固定资产投资 (cap)。我国区域经济增长具有明显的投资驱动型的特征，本研究以城市人均的固定资产投资规模来衡量固定资产投资强度对城市效率的重要影响。

(6) 人口规模 (des)。城市人口的数量反映着城市的要素集聚能力和规模经济，本研究以市辖区人口密度来衡量规模经济对城市效率的影响。

7.1.3.2 空间相关性检验

在进行空间自相关测度之前，采用莫兰指数 (Moran′I) 进行空间相关性检验 (6-1)，莫兰指数的大小表征了空间相关的程度，绝对值越大表明空间相关程度越大，反之则越小。空间权重矩阵 $\boldsymbol{W}$ 记作 $\boldsymbol{W}=\{w_{ij}\}$，$w_{ij}$ 表示城市 i 与城市 j 的空间关系，$i=1$，…，n；$j=1$，…，n。按照邻接标准建立如下：

$$w_{ij}=\begin{cases}1, & \text{当城市 } i \text{ 与 } j \text{ 相邻时}\\ 0, & \text{其他}\end{cases} \tag{7-1}$$

表 7-1 报告了 2003~2014 年京津冀蒙城市效率水平的 Moran′I 指数统计值。结果显示，各年份 Moran′I 指数均显著为正，表明京津冀蒙各城市增长在空间分布上具有明显的正自相关关系，空间依赖性显著。进一步观察发现，Moran′I 指数从 2003~2014 年有明显下降，反映出近年京津冀蒙城市间增长差异有所扩大。

表 7-1 京津冀蒙空间依赖性 Moran′I 指数检验结果

年份	Moran′I	z	p-value	年份	Moran′I	z	p-value
2003	0. 532	3. 870	0. 000	2009	0. 358	2. 738	0. 003
2004	0. 533	3. 867	0. 000	2010	0. 347	2. 667	0. 004
2005	0. 499	3. 650	0. 000	2011	0. 377	2. 869	0. 002
2006	0. 434	3. 244	0. 001	2012	0. 358	2. 741	0. 003
2007	0. 405	3. 058	0. 001	2013	0. 242	1. 936	0. 026
2008	0. 398	3. 012	0. 001	2014	0. 288	2. 240	0. 013

数据来源：根据中经网城市统计数据库相关数据计算得出。

变量间的空间相关性可以进一步通过图 7-5 的 Moran′I 散点图来描述。图中横坐标是变量数据 z，纵坐标是变量空间滞后 Wz，以横轴及纵轴的零值为中心分成四个笛卡儿象限，分别代表高高集聚（HH）、低高集聚（LH）、低低集聚（LL）和高低集聚（HL）。图 7-5 表明了京津冀蒙各城市经济增长的空间集聚特征，其中大部分样本点均集中于Ⅰ、Ⅲ象限，而Ⅱ、Ⅳ象限的样本点则比较少，说明京津冀内蒙古城市效率水平高的地区多与高水平地区相邻、低水平地区也多与低水平地区相邻，呈现出典型的“空间俱乐部趋同特征”，城市增长的空间分布是非均质的。

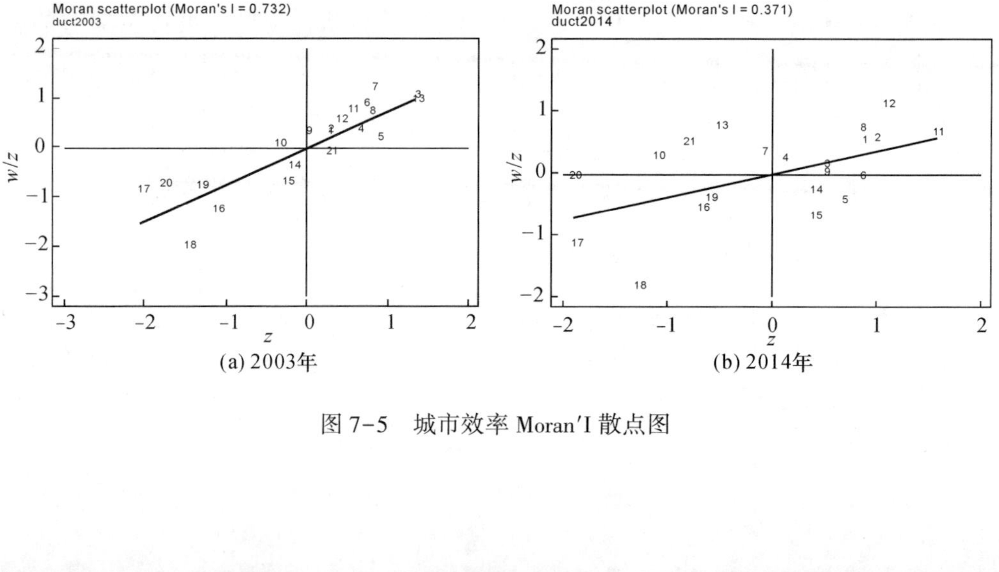

(a) 2003年 (b) 2014年

图 7-5 城市效率 Moran′I 散点图

7.1.3.3 公共支出及其空间溢出对城市效率的实证分析

研究城市效率的决定因素，考虑到城市当期效率也会受到历史效率水平的影响，设定动态空间面板模型如下（7-2）：

$$y_{it} = \tau y_{i,\ t-1} + \rho w_{ij} y_{it} + X_{it}\beta + \delta w_{ij} X_{it} + \mu_i + \gamma_t + \varepsilon_{it}，其中\ \varepsilon_{it} = \lambda w_{ij}\varepsilon_t + v_{it} \quad (7\text{-}2)$$

式中，y 为被解释变量，本研究指城市效率（duct）；X 包括核心解释变量和控制变量两部分，本研究的核心解释变量是城市公共支出规模（gov）；$\boldsymbol{W}$ 为反映各单元空间关系的权重矩阵；$\rho w_{ij} y_{it}$、$\delta w_{ij} X_{it}$ 和 $\lambda_t w_{ij}\varepsilon_{it}$ 分别为被解释变量、解释变量和随机扰动项的空间滞后项；ρ、δ、λ 为对应的空间滞后项回归系数；i、t 分别为城市维度和考察期内时间维度；μ_i、γ_t 分别为城市 i 的个体效应和时间效应。具体空间计量模型如式（7-3）。

$$\begin{aligned}\text{duct}_{it} = {} & \tau \text{duct}_{i,\ t-1} + \rho \sum_{j=1}^{n} w_{ij}\text{duct}_{jt} + \beta_1 \text{gov}_{it} + \beta_2 \text{zyh}_{it} + \beta_3 \text{csu}_{it} + \beta_4 \text{cap}_{it} + \beta_5 \text{des}_{it} + {} \\ & \delta_1 \sum_{j=1}^{n} w_{ij}\text{gov}_{jt} + \delta_2 \sum_{j=1}^{n} w_{ij}\text{zyh}_{jt} + \delta_3 \sum_{j=1}^{n} w_{ij}\text{csu}_{jt} + \delta_4 \sum_{j=1}^{n} w_{ij}\text{cap}_{jt} + {} \\ & \delta_5 \sum_{j=1}^{n} w_{ij}\ \text{des}_{jt} + \mu_i + \gamma_t + \varepsilon_{it}\end{aligned}$$

其中 $$\varepsilon_{it} = \lambda w_{ij}\varepsilon_t + v_{it} \quad (7\text{-}3)$$

式（7-3）为空间面板模型的一般形式，根据 τ、ρ、δ、λ 取值是否为 0，上式可以有不同的模型设定形式。当 $\lambda=0$ 时，为空间杜宾模型（SDM）；若 $\lambda=0$ 且 $\delta=0$，则为空间自回归模型（SAR）；若 $\tau=0$ 且 $\delta=0$，为空间自相关模型（SAC）；若 $\tau=\rho=0$，为空间误差模型（SEM）。下文将通过一系列相关检验来确定模型的具体形式。

当变量间存在空间相关性时，普通最小二乘估计法（OLS）不再适用，本研究运用 ML 法对模型进行估计，结果见表 7-2。

表 7-2 模型估计结果

	(1)	(2)	(3)	(4)	(5)	(6)	(7)	(8)
	FE	SAC	SDM_FE	SDM_RE	SAR_FE	SAR_RE	SEM_FE	SEM_RE
duct_{t-1}	0.2918***	0.2450***	0.2371***	0.2342***	0.2554***	0.2490***	0.2610***	0.2446***
	(8.69)	(8.25)	(7.77)	(7.50)	(8.51)	(7.90)	(3.80)	(3.61)
gov	0.1083***	0.0646**	0.0647**	0.0657***	0.0586**	0.0593**	0.0890**	0.0632*
	(3.60)	(2.43)	(2.46)	(2.91)	(2.13)	(2.17)	(2.34)	(1.81)

续表 7-2

	(1)	(2)	(3)	(4)	(5)	(6)	(7)	(8)
	FE	SAC	SDM_FE	SDM_RE	SAR_FE	SAR_RE	SEM_FE	SEM_RE
zyh	0.0986**	0.1057***	0.0990***	0.1103***	0.1076***	0.0947**	0.1096	0.0978*
	(2.23)	(2.71)	(2.59)	(2.88)	(2.78)	(2.36)	(1.56)	(1.66)
csu	0.4118***	0.3688***	0.3396***	0.3690***	0.3364***	0.3474***	0.4300***	0.4178***
	(8.67)	(8.39)	(7.35)	(8.12)	(7.76)	(7.67)	(4.90)	(4.98)
cap	0.0727**	0.1013***	0.0918***	0.1111***	0.0921***	0.1080***	0.0945	0.1404*
	(2.05)	(3.28)	(3.05)	(3.46)	(2.95)	(3.29)	(1.39)	(1.72)
des	0.8189***	0.8159***	0.8082***	0.7482***	0.7950***	0.7728***	0.7997***	0.7410***
	(13.98)	(15.55)	(15.86)	(13.50)	(15.43)	(14.26)	(9.79)	(7.62)
Spatial rho		0.1299***	0.3951***	0.4278***	0.1761***	0.1472***		
		(3.99)	(6.81)	(7.76)	(6.19)	(4.85)		
lambda		0.2299***					0.3732***	0.4178***
		(2.96)					(4.92)	(5.14)
Variance		0.0140***	0.0120***	0.0139***	0.0134***	0.0149***	0.0133***	0.0149***
sigma2_ e		(12.15)	(11.02)	(9.93)	(11.22)	(10.48)	(6.82)	(6.50)
AIC	-319.5796	-358.8945	-361.1025	-252.2431	-352.7942	-224.2427	-345.6042	-236.4062
R2	0.9567	0.9481	0.9433	0.9716	0.9394	0.9495	0.9665	0.9727
LogL	—	188.4472	192.5513	140.1215	184.3971	122.1214	180.8021	128.2031

注：括号中为 t 统计量；*、**、*** 分别表示 10%、5%、1%的显著性水平下通过检验。

从表 7-2 可以看出，被解释变量的滞后项（$duct_{t-1}$）在各回归结果中均显著为正，表明了京津冀内蒙古各城市效率增长存在“时间上的惯性”，当期的城市效率显著依赖于城市前期的水平。同时，各空间变量滞后项系数（ρ，λ）均显著为正，也证明了京津冀内蒙古城市效率也存在“空间上的惯性”，各城市之间具有显著的空间依赖性，一个城市的效率水平会受到周边相邻城市效率的影响。公共支出（gov）在不同模型的回归系数尽管有一定变化，但都显著为正，表明公共支出显著促进了城市效率的增长，反映了京津冀内蒙古各城市政府使用公共支出手段来调节当地经济的效果比较明显。对比普通面板回归和各空间模型回归结果可以看到，普通面板回归未考虑到相邻地区公共支出的空间溢出性影响，对公共支出的增长效应存在高估。第二产业专业化（zyh）的回归系数除了在模型（7）不显著外其余都显著为正，验证了命题 1 提出的工业化程度对京津冀内蒙古各城市效率的正向影响。对于仍处于工业化进程中的河北、内蒙古各城市而言，工业现代化对促进地区效率的作用依然不容小觑。

市场消费、人口规模、固定资产投资对城市效率都存在积极影响，尤需注意的是市场及人口规模对城市效率的影响系数远大于其他变量，说明就京津冀蒙而言，市场仍是影响要素集聚、资源配置和区域发展最基础也最重要的力量，这也解释了市场化水平更高的京津作为该区域发展龙头的主要动力来源。对于市场化程度较低，人口规模及要素集聚水平也远低于京津的河北、内蒙古各城市，仍应将提高本地区市场化水平、增加要素吸引力与利用效率作为提升经济效率的主要手段。

针对固定效应和随机效应的 Hausman 检验均支持固定效应，表中的估计结果也显示了各模型固定效应模型下的赤池信息准则（AIC）均相对较低而自然对数似然函数比（LogL）普遍较高，说明固定效应模型拟合结果更好。几个空间计量模型的取舍参考刘华军和杨骞（2014）的做法，空间杜宾模型（SDM）AIC 最低而自然对数似然函数值（Log-Likelihood，LogL）最高，符合最优拟合原则；SDM 的模型设定形式能够更好地刻画城市效率的“时空惯性”。针对相关模型的检验结果也排除了 SDM 可以转换为 SEM 或 SAR 模型的假设（鉴于篇幅原因，检验过程不予列出），这就意味着空间杜宾模型是最适合该问题的模型设定形式。

为了更好地刻画公共支出空间溢出效应对京津冀蒙相邻城市之间的影响，以空间杜宾模型为基础，运用空间偏微分方法对空间溢出效应进行测算与分解，以精确测度变量之间的空间交互作用。表 7-3 中（1）、（2）分别给出空间杜宾模型固定效应和随机效应下的空间溢出效应。

表 7-3 空间溢出效应分解

	(1)			(2)		
	Direct	Indirect	Total	Direct	Indirect	Total
$duct_{t-1}$	0.2507***	0.1430***	0.3938***	0.2507***	0.1622***	0.4130***
	(8.00)	(4.33)	(7.04)	(7.46)	(3.74)	(5.90)
gov	0.0687**	0.0391**	0.1078**	0.0705***	0.0451**	0.1156***
	(2.45)	(2.19)	(2.42)	(2.91)	(2.55)	(2.86)
zyh	0.1017***	0.0165	0.1182	0.0963***	-0.1415	-0.0452
	(2.75)	(0.18)	(1.11)	(2.58)	(-1.41)	(-0.39)
csu	0.3494***	0.1134	0.4628***	0.3730***	0.0509	0.4239***
	(7.44)	(1.26)	(4.28)	(8.07)	(0.51)	(3.63)
cap	0.0795**	-0.1371*	-0.0575	0.0957***	-0.1598*	-0.0641
	(2.49)	(-1.68)	(-0.58)	(2.83)	(-1.72)	(-0.58)
des	0.8103***	0.0330	0.8433***	0.7430***	-0.0379	0.7051***
	(15.60)	(0.32)	(6.70)	(13.26)	(-0.34)	(5.19)

注：括号中为 t 统计量；*、**、*** 分别表示 10%、5%、1%的显著性水平下通过检验。

（1）城市效率历史水平的空间溢出效应。直接效应、间接效应、总效应均在1%水平上显著为正，证明了城市效率的“时空惯性”，即城市自身及其周边城市的前期效率水平均会影响到城市现有效率，并且区域内溢出效应远大于区域间溢出效应，说明城市当期效率主要受自身历史效率的影响。这意味着对京津冀内蒙古而言，目前极化效应仍是影响区域发展的主导力量，其他条件不变情况下，京津在“马太效应”作用下龙头地位将日加巩固。

（2）政府支出的空间溢出效应。公共支出政策属于“看得见的手”，某城市公共支出的增加，会引起周边城市竞相仿效，使得后者公共支出也趋向于增加。公共支出的三大空间效应均显著为正，进一步证实了公共支出促进区域增长的作用。公共支出增加不仅有助于提高本市效率，并且对周边城市效率也具有明显的促进作用。

（3）其他控制变量空间溢出效应。工业化水平的区域内溢出效应显著为正，区域间溢出效应和区域总效应同样为正但并不显著，表明了第二产业专业化对于京津冀内蒙古城市效率具有正向影响。这一结论与区域内多数城市处于工业化中后期的现状有关。固定资产投资区域内溢出效应显著为正，而区域间溢出效应则为负，表明投资增加对于当地效率提高有正向影响，但却对周边地区产生挤出效应，造成其投入资金不足而影响本地效率。消费水平和城市人口规模的区域内溢出效应远远大于区域间溢出效应且极为显著，区域间溢出则不显著，体现了现阶段消费和人口规模的变化主要影响本城市产出水平，对周边城市的正向拉动作用还不显著。

总体而言，消费水平和城市人口规模的三大空间效应均为正并且大于其他变量，表明这两者对于城市增长具有重要的积极影响。单纯依靠投资驱动并不能有效地带动区域经济协调发展，对于经济效率相对较低的河北、内蒙古各城市，公共支出应以扩大当地市场规模与增加人才吸引力为政策目标。

7.1.4 公共支出对城市效率的影响

通过实证分析，前文提出的三个命题均得以验证，同时本研究也证明了京津冀内蒙古城市效率的增长存在“时空惯性”：城市当期经济效率在很大程度上取决于自身历史效率水平，对京津冀内蒙古而言，极化效应仍是目前影响区域发展的主导力量，其他条件不变情况下，京津在“马太效应”作用下龙头地位将日加巩固。同时，城市效率水平还受到邻近城市效率的影响，因此，各城市间应增强互动、加强协作、共享信息，在更大的空间格局中寻求更有效的资源配置模式，实现协同共赢发展。

公共支出具有增长效应，能够显著促进城市效率的提高。河北与内蒙古等周边地区公共支出规模的增加有助于吸引要素在本地区集聚，客观上起到缩小与京津差距、增加全区域总产出的作用。另一方面，市场及人口规模、工业专业化水平对城市效率的促进作用远远大于公共支出的增长效应，河北、内蒙古各地方政府应将着力提高本地区市场化程度与产业专业化水平、完善发展环境以增加要素吸引力并提高要素利用效率确立为公共支出的政策目标，将公共支出作为市场机制的有效补充而非越俎代庖市场在资源配置中的基础性作用。

公共支出具有空间外溢性特征，地方政府在进行公共支出决策时必须考虑到对周边地区可能产生的影响。经济发展水平不同的城市之间的公共服务均等化是促进区域良性发展的重要保障。作为促进区域经济增长的重要政策工具，公共支出应有效发挥“扶助之手”功能，对经济效率较低地区给予有针对性的倾斜政策。河北与内蒙古地方政府在公共支出政策上不应盲目效仿京津，而应因地制宜地推进适合本地区经济现状和产业基础的政策创新，同时注重与京津在政治经济领域开展全方位的合作。

7.2 创新要素集聚对城市效率的影响

当下我国经济社会正处于由高速增长阶段向高质量发展阶段的转型，经济转型背景下的新型城市化，同样面临着增长方式转换与驱动机制升级的挑战。依靠增加传统要素投入推动的外延式城市扩张模式正日益受到资源、环境及要素供给的约束，正在被创新集聚驱动模式所替代。以创新要素投入为特征的集聚经济在发达国家 GDP 中的比重逐年增长，创新集聚正成为城市化的新动力机制。在我国，目前创新要素集聚度还偏低，学界对于其集聚机理和影响的探究仍处于初起阶段。

7.2.1 理论模型与影响机理

学界对于城市效率研究的理论基础主要有如下两条线索：以新古典生产理论为基础的分析强调区域间要素投入和技术水平的差异，并认为区域发展将最终趋于收敛；新经济地理学派则基于规模报酬递增，从集聚与扩散角度解释区域效率的差异。城市作为各种要素的集聚地，城市化究其实质，就是集聚程度不断深化、集聚效应不断提升的过程。

这里运用空间计量经济学的研究方法，度量归属不同省际行政区的地理邻近城市创新要素集聚及其空间溢出对城市效率的影响，同时关注政府用于创新支持的公共支出与创新要素集聚的空间效应的关系。为了说明其影响机理，以 Ciccone 和 Hall(1996，2002）的原始模型为基础，构建如下理论模型。假设经济体采用 C-D 形式生产函数，城市内部非农生产布局是均质的，则有：

$$\frac{Y_t}{E} = A_t[(1 - a_K)k_t]^{\alpha}[(1 - a_L)l_t]^{\beta}e^{\gamma},\ 0 < \alpha,\ \beta,\ \gamma < 1 \qquad (7\text{-}4)$$

本节探讨的城市效率侧重于劳动生产率的内涵，式（7-4）以 Y 表示城市总劳动生产率，E 为用于非农生产的城市土地面积，两者比值代表单位面积劳动生产率，即本章探讨的效率，下文用 y 表示。生产中的传统生产要素为 k 和 l，分别表示单位土地上投入的资本和劳动力；A 代表创新型要素。其中从事农业生产的劳动力占全部劳动力的份额有 a_L，则配置于非农生产部门的劳动力为 $1-a_L$；同理资本在两类部门中的配置份额分别为 a_K、$1-a_K$；a_L、a_K 均为外生。e 为误差项，反映其他因素对城市效率的影响。式（7-4）两边取对数，得式（7-5）：

$$\ln y_t = \ln A_t + \alpha(1 - a_K)\ln k_t + \beta(1 - a_L)\ln l_t + \gamma \ln e \tag{7-5}$$

关于下文所用数据的描述性统计见表 7-4。

表 7-4　数据描述统计

变量	定　　义	均值	标准差	最小值	最大值
lnduct	城市效率	13. 036	1. 297	9. 203	15. 571
lntech	创新要素集聚度	3. 242	1. 284	0. 795	5. 769
lnzyh	专业化水平	4. 512	1. 424	1. 806	6. 896
lnconsu	市场规模	9. 663	0. 769	7. 932	11. 588
lnpcap	固定资产投资强度	12. 553	1. 325	8. 898	15. 642
lnproad	基础设施水平	2. 495	0. 539	0. 482	4. 686
lngov	地方政府对区域创新的支持力度	2. 768	0. 279	1. 974	3. 392

知识扩散的两种主要形式是知识传递和知识创造，作为知识载体的研发者之间在地理上的邻近和易于到达是非常重要的。对特定公司和地理区位的黏性，决定了创新型要素本质上具有在地域空间上集聚的特性。创新要素的空间集聚度对当地及周边地区的技术创新能力及生产率提升有正向的促进作用，其作用机制在于：

（1）匹配效应。创新要素集聚度高的地方，作为个体的研发者更容易找到与自己的专业和能力相匹配的岗位，企业越容易雇佣到与工作岗位匹配的专业化劳动者，从而可以人尽其才，使劳动生产率更高。

（2）学习效应。知识作为一种独特的生产要素，很多时候是嵌入在人力资本里发挥对生产率的影响作用的，其积累和溢出需要“干中学”，因而创新型人才通过交流学习积累经验提高专业技能的需求也更强。创新要素集聚度高的城市，研发者个体向周围的人学习交流的机会更多，在工作中接收的信息量和业务量更大，对能力和生产率的提升也更高。

（3）成本效应。创新要素集聚度高的城市往往规模更大，基础设施更为完备，服务社会化程度更高，经济集聚的规模效应和技术外溢会降低集聚地区的创新成本进而提高区域经济效益。每个研发者可以全力专注于自己的创新活动，基础设施共享、空间邻近带来的交流成本节约，以及因此可以更好克服溢出效应的距离衰减律等因素，使劳动生产率更高。

7.2.2 变量选取与空间相关性检验

7.2.2.1 数据说明和变量选取

本研究使用2003~2014年共12年间京、津、冀、内蒙古四省市的21个地级市数据，所用基础数据取自《中国统计年鉴》《中国城市统计年鉴》和中经网统计数据库。市辖区一般也是城市的工商业集中区，是城市中经济活动最活跃、要素集聚程度最高的区域，因此本研究所用指标均为市辖区统计口径下指标。关于相关指标及数据处理做如下具体说明：

（1）城市效率。城市是第二和第三产业集聚的载体，参照范剑勇（2006）、王良举（2011）等采用非农产业劳动生产率指标来度量城市效率，以城市二、三产业产值除以城市市辖区土地面积计算得出。为了去除指标中的趋势性影响，将其进行对数化处理。以下各指标同理。

（2）创新要素集聚度。对创新集聚的刻画方法并不统一，本研究参照Ciccone（1996）提出的以经济密度度量集聚的方法，以科研及教育从业人员就业密度作为创新要素集聚程度的代理变量。

（3）专业化指标。区域产业结构特征和就业差异直接影响着城市效率，本研究以当年单位面积第二产业就业人口构造专业化指标，该指标包含产业结构和就业两方面的信息，用来衡量工业化发展对各城市效率带来的影响。

（4）市场规模，反映消费水平对城市效率的影响，以城市人均消费量来衡量。

（5）固定资产投资强度，以单位面积的固定资产投资规模来衡量。

（6）基础设施水平。Bjorvatn（2000）指出集聚经济中的交易效率受到公路、电信等基础设施的影响。本研究借鉴刘修岩（2010）等做法，以城市的人均铺装道路面积作为城市基础设施的代理变量。

（7）地方政府对区域创新的支持力度。以政府用于科研及教育的财政支出占当年公共总支出的比例来表示。本研究取该指标与创新要素集聚度指标的交互项来考量政府用于创新支持的财政支出作用于创新要素集聚进而对城市效率的影响。

7.2.2.2 空间自相关检验

在进行空间自相关测度之前，需要进行空间相关性检验，对区域之间存在空间上的依赖性进行证明。此处参照Anselin（1988）的做法，采用莫兰指数（Moran'I）来测度变量之间的空间自相关程度。其中空间权重矩阵定义为$\boldsymbol{W}$，是用以描述区域之间的地理特征与空间关系的 $n \times n$ 维矩阵。空间权重矩阵设立原则通常有邻接标准和地理距离标准两种。鉴于研究对象及研究目的，参照 Lesage（1999）的做法，按照邻接标准建立一阶相邻函数矩阵，记做：

$$\boldsymbol{W} = \{w_{ij}\}$$

w_{ij} 表示城市 i 与城市 j 的空间关系，$i = 1, \cdots, n$；$j = 1, \cdots, n$。

$$w_{ij} = \begin{cases} 1, & \text{当城市 } i \text{ 与 } j \text{ 相邻时} \\ 0, & \text{其他} \end{cases} \tag{7-6}$$

表 7-5 报告了京津冀蒙非农产出和创新要素集聚的 Moran′I 指数统计值，结果显示 2003~2014 各年份两个指标的 Moran′I 指数均显著为正，表明京津冀蒙区域非农产出与创新要素集聚在空间分布上具有明显的正自相关关系，其中，非农产出 Moran′I 指数从 2003 年到 2014 年有明显下降，区域差异有所扩大；相比之下，创新要素空间集聚趋势更为明显，相邻地区的创新要素集聚水平比较接近。

表 7-5　京津冀蒙空间依赖性 Moran′I 指数检验结果

年　份	非农产出			创新要素集聚		
	Moran′I	z	p-value	Moran′I	z	p-value
2003	0.532	3.870	0.000	0.583	4.160	0.000
2004	0.533	3.867	0.000	0.585	4.171	0.000
2005	0.499	3.650	0.000	0.583	4.155	0.000
2006	0.434	3.244	0.001	0.539	3.888	0.000
2007	0.405	3.058	0.001	0.540	3.893	0.000
2008	0.398	3.012	0.001	0.560	4.035	0.000
2009	0.358	2.738	0.003	0.550	3.957	0.000
2010	0.347	2.667	0.004	0.549	3.959	0.000
2011	0.377	2.869	0.002	0.567	4.065	0.000
2012	0.358	2.741	0.003	0.560	4.014	0.000
2013	0.242	1.936	0.026	0.530	3.826	0.000
2014	0.288	2.240	0.013	0.539	3.847	0.000

变量间的空间相关性也可以通过莫兰散点图来描述，图中以横轴及纵轴的零值为中心分成四个笛卡儿象限，分别代表高高集聚（HH）、低高集聚（LH）、低低集聚（LL）和高低集聚（HL）。由图 7-6、图 7-7 看到，大部分样本点均集中于Ⅰ、Ⅲ象限，Ⅱ、Ⅳ象限的样本点则比较少，说明产出水平和创新要素水平高的地区多与高水平地区相邻、低水平地区也多与低水平地区相邻，呈现出典型的“空间俱乐部趋同特征”。表 7-6 直观展示了京津冀蒙区域各城市在创新要素集聚方面的变迁。京津一直是该区域的增长极和创新中心，石家庄作为河北省的省会城市也吸引了大量的创新人才；三地发挥了区域空间集聚效应，带动了邻近的

廊坊、保定、邢台、邯郸等地创新人才汇集。内蒙古各城市基本处于第Ⅲ象限，研发人员密度及创新水平整体仍处于相对较低的水平，表现出低值被低值包围的低低集聚类型。作为内蒙古首府的呼和浩特，近年来创新要素集聚程度有所提高，成长为内蒙古的创新中心。

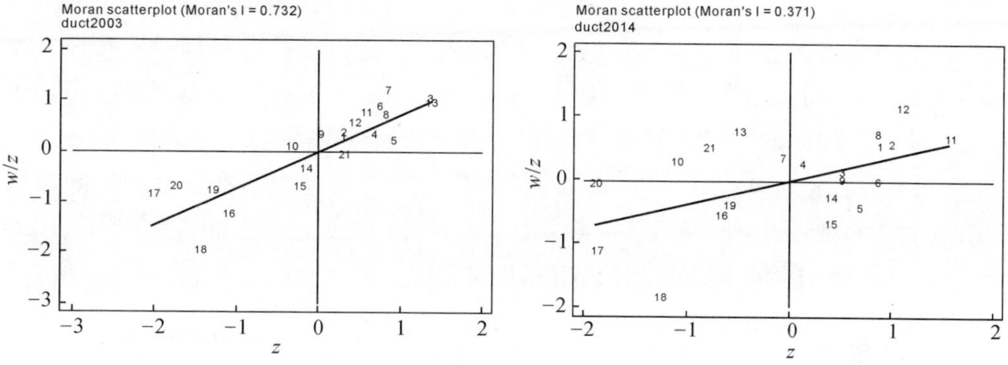

图 7-6　2014 年京津冀蒙非农产出的 Moran'I 散点图

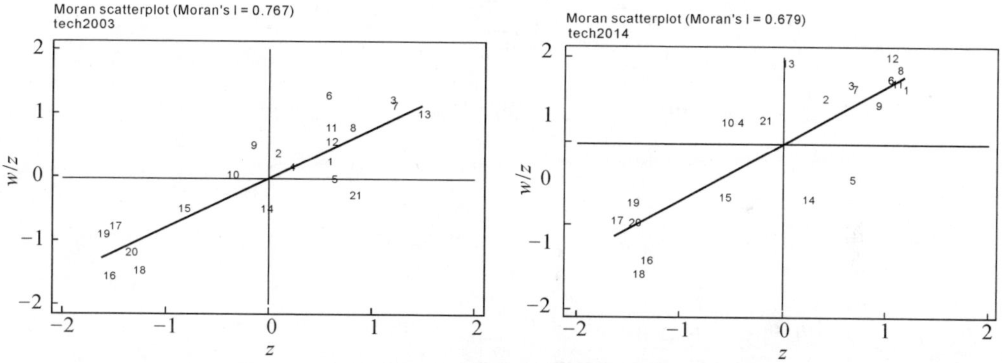

图 7-7　2014 年京津冀蒙创新要素集聚的 Moran'I 散点图

表 7-6　创新要素集聚的 LISA 聚类结果

象限	2003 年	2014 年
Ⅰ	北京、天津、石家庄、唐山、邯郸、邢台、保定、沧州、廊坊、衡水、秦皇岛	北京、天津、石家庄、邯郸、邢台、保定、张家口、沧州、廊坊、衡水
Ⅱ	张家口、承德	承德、唐山、乌兰察布
Ⅲ	呼和浩特、包头、赤峰、鄂尔多斯、巴彦淖尔、乌海、通辽	包头、鄂尔多斯、赤峰、巴彦淖尔、乌海、通辽
Ⅳ	乌兰察布	呼和浩特、秦皇岛

7.2.2.3 空间模型设定

由于空间自相关的存在，用传统的 OLS 方法来估计变量间关系将导致偏误。为克服这一问题，本研究采用如下空间杜宾模型：

$$y_{it} = \alpha_0 + \rho w_{ij} y_{it} + x_{it}\beta + \delta w_{ij} x_{it} + \mu_i + \lambda_t + \varepsilon_{it} \tag{7-7}$$

式中，y 为被解释变量，本处指城市效率 lnduct；$\boldsymbol{X}$ 包括核心解释变量和控制变量两部分，本研究的核心解释变量是 lntech 和 lntech * lngov，分别度量以市场主导的创新要素集聚和考虑到政府创新支持影响的创新要素集聚；$\boldsymbol{W}$ 为反映各单元空间关系的权重矩阵，$\rho w_{ij} y_{it}$ 和 $\delta w_{ij} x_{it}$ 分别为被解释变量及解释变量的空间滞后项；ρ 和 δ 为对应的空间滞后项回归系数；i、t 分别为城市维度和考察期内时间维度；μ_i、λ_t 分别为城市 i 的个体效应和时间效应。

本节空间计量模型见式（7-8）和式（7-9）。

$$\begin{aligned}\mathrm{lnduct}_{it} = {} & \rho \sum_{j=1}^{n} w_{ij}\mathrm{lnduct}_{jt} + \alpha_0 + \beta_1 \mathrm{lntech}_{it} + \beta_2 \mathrm{lnzyh}_{it} + \beta_3 \mathrm{lnconsu}_{it} + \\ & \beta_4 \mathrm{lnpcap}_{it} + \beta_5 \mathrm{lnproad}_{it} + \theta_1 \sum_{j=1}^{n} w_{ij}\mathrm{lntech}_{jt} + \theta_2 \sum_{j=1}^{n} w_{ij}\mathrm{ln}zyh_{jt} + \\ & \theta_3 \sum_{j=1}^{n} w_{ij}\mathrm{lnconsu}_{jt} + \theta_4 \sum_{j=1}^{n} w_{ij}\mathrm{lnpcap}_{jt} + \theta_5 \sum_{j=1}^{n} w_{ij}\mathrm{lnproad}_{jt} + \mu_i + \lambda_t + \varepsilon_{it}\end{aligned} \tag{7-8}$$

$$\begin{aligned}\mathrm{lnduct}_{it} = {} & \rho \sum_{j=1}^{n} w_{ij}\mathrm{lnduct}_{jt} + \alpha_0 + \beta_1 \mathrm{lntech}_{it} \cdot \mathrm{lngov}_{it} + \beta_2 \mathrm{lnzyh}_{it} + \beta_3 \mathrm{lnconsu}_{it} + \\ & \beta_4 \mathrm{lnpcap}_{it} + \beta_5 \mathrm{lnproad}_{it} + \theta_1 \sum_{j=1}^{n} w_{ij}\mathrm{lntech}_{jt} \cdot \mathrm{lngov}_{it} + \theta_2 \sum_{j=1}^{n} w_{ij}\mathrm{lnzyh}_{jt} + \\ & \theta_3 \sum_{j=1}^{n} w_{ij}\mathrm{lnconsu}_{jt} + \theta_4 \sum_{j=1}^{n} w_{ij}\mathrm{lnpcap}_{jt} + \theta_5 \sum_{j=1}^{n} w_{ij}\mathrm{lnproad}_{jt} + \mu_i + \lambda_t + \varepsilon_{it}\end{aligned} \tag{7-9}$$

7.2.3 实证及分析

表 7-7 列出了传统 OLS 回归和考虑到空间依赖性的 SDM 回归的对应结果，其中方程（1）、（2）分别对应以 lntech 与 lntech · lngov 为核心解释变量的 OLS 回归。方程（3）~（6）为运用空间方法 SDM 的回归，方程（3）、（4）分别对应式（7-8）模型的 SDM 固定效应和 SDM 随机效应；方程（5）、（6）分别对应式（7-9）模型的 SDM 固定效应和 SDM 随机效应。

表 7-7 不同模型估计结果

	(1)	(2)	(3)	(4)	(5)	(6)
lntech	0.166***		0.546***	0.491***		
	(5.83)		(10.84)	(9.65)		
lntech * lngov		0.042***			0.066***	0.065***
		(4.90)			(6.77)	(6.59)
lnzyh	0.288***	0.332***	0.219***	0.229***	0.401***	0.378***
	(10.66)	(13.59)	(5.81)	(6.11)	(11.86)	(11.95)
lnconsu	0.363***	0.356***	0.264***	0.270***	0.180***	0.240***
	(13.09)	(12.66)	(6.03)	(6.42)	(4.39)	(5.56)
lnpcap	0.476***	0.471***	0.251***	0.265***	0.345***	0.353***
	(16.83)	(15.71)	(8.92)	(9.02)	(12.44)	(12.23)
lnproad	0.035	0.040	0.113***	0.106***	0.096***	0.084**
	(1.06)	(1.19)	(3.51)	(3.18)	(2.72)	(2.31)
_cons	1.630***	1.704***		1.060***		0.923***
	(8.04)	(7.87)		(3.87)		(2.95)
wlntech			−0.132*	−0.201***		
			(−1.81)	(−3.24)		
wlntech * lngov					−0.043***	−0.049***
					(−2.65)	(−3.27)
wlnpcap			−0.087*	−0.108**	−0.137**	−0.162***
			(−1.70)	(−2.05)	(−2.50)	(−2.88)
wlnproad			0.194***	0.182***	0.225***	0.193***
			(4.17)	(3.84)	(4.62)	(3.84)
rho			0.341***	0.360***	0.386***	0.372***
			(5.15)	(5.66)	(6.43)	(6.07)
R-sq	0.974	0.973	0.938	0.952	0.943	0.958

注：1. 括号中为各系数的 z 统计量；

2. ***、**、* 分别表示在 1%、5%、10%显著性水平下通过检验。

无论是 OLS 估计还是考虑了空间依赖性的 SDM 模型中，都验证了创新要素集聚度对于城市效率具有显著贡献。OLS 的回归系数均小于对应的 SDM 回归系数，可见忽略空间相关性将导致对创新要素集聚效应的影响被大大低估。空间自回归系数（rho）均在 1%水平上显著，进一步证明了空间自回归效应的存在。并且看到，考虑了政府支持对创新集聚影响因素后，空间自回归效应更大了。这一点将在后文进一步阐述。为了进一步证实空间效应的存在，采用 LeSage 和 Pace

(2009) 提出的空间回归模型偏微分方法，将溢出效应分解为直接效应、间接效应和总效应。针对 SDM 的 Hausman 检验结果表明，采用固定效应和随机效应两种方法，估计值并无显著差异，此时随机效应模型更有效率，因此表 7-8 只给出随机效应下的溢出效应分解，表中方程（1）、（2）分别对应式（7-8）和式（7-9）。

表 7-8 创新要素空间溢出效应分解

	(1)			(2)		
	Direct	Indirect	Total	Direct	Indirect	Total
lntech	0.495***	0.147***	0.642***			
	(10.53)	(3.09)	(8.01)			
govtech				0.062***	-0.035*	0.027
				(7.14)	(-1.70)	(1.12)
lnzyh	0.216***	0.063***	0.279***	0.399***	0.201***	0.600***
	(5.28)	(3.11)	(5.19)	(11.36)	(4.29)	(9.25)
lnconsu	0.331***	0.099***	0.429***	0.255***	0.128***	0.383***
	(7.45)	(2.86)	(6.15)	(5.24)	(3.52)	(5.07)
lnpcap	0.280***	-0.070	0.210***	0.347***	-0.053	0.294***
	(9.72)	(-1.15)	(2.83)	(12.38)	(-0.90)	(4.33)
lnproad	0.130***	0.346***	0.477***	0.121***	0.328***	0.448***
	(3.81)	(6.24)	(7.48)	(3.02)	(4.71)	(4.80)

注：1. 括号中为各系数的 z 统计量；

2. ***、**、* 分别表示在 1%、5%、10%显著性水平下通过检验。

对结果的分析发现一个有趣的现象，在对应式（7-8）的回归中显示，单纯创新要素集聚对城市效率的影响系数明显大于其他变量，表明创新要素集聚水平对城市效率的影响巨大，中国城市仍需进一步提升创新要素集聚水平，发挥其集聚效应促进城市效率。当考虑到政府作用时，创新要素集聚对城市效率的影响系数则大为减小，甚至低于区域专业化、市场规模等变量，一定程度上验证了单纯行政干预在提升城市效率方面效果并不理想。政府公共支出对生产率的影响能否很好发挥，还取决于区域市场化程度以及公共支出投入的方向等。进一步考虑集聚对周边地区的影响后发现，以人力资本为代表的创新要素集聚具有明显的增长效应，可以提升本城市和周边地区的劳动生产率；但是政府干预与创新要素交互项的间接效应为负且在 10%水平上显著，表明政府干预会强化发达地区的虹吸效应；政府对科教的公共支出可以促进当地的生产率，但对周边地区则有负向影响。

研究结果揭示了，城市的专业化水平不仅能有效推动当地的效率，也有助于周边城市的效率提升。工业化发展是一个缓慢而长期的过程，目前京津冀蒙区域的大部分城市仍处于工业化进程之中，不应仅仅片面强调经济服务化，现代服务业和先进制造业仍然是现阶段城市经济稳定发展的两个驱动轮。这个结论对于该区域发展战略与产业政策制定具有很强的现实指导意义。

居民消费力增强有利于提高城市效率，且空间溢出效应明显。资本的直接效应和总效应在两个模型中都显著为正，而间接效应却为不显著的负数，总体验证了现阶段京津冀蒙各城市仍处于要素扩张阶段，依然是投资驱动型的增长道路，然而这种粗放式的发展模式对周边地区存在挤出效应。

基础设施水平对当地及周边城市效率的促进作用十分明显，有效推进城市交通、商业网点、物流、电信网络等基础设施建设，能够为城市带来集聚经济；但应协调好基础设施建设与经济密度水平，避免固定资产和公共服务投资失调引起的拥挤效应。

7.2.4 创新要素集聚与城市效率

目前对于区域创新的相关研究多采用传统估计方法，忽视了知识创新及溢出的空间关联性，导致创新要素的集聚效应被低估，使模型估计结果和推论不够科学可靠，缺乏应有的解释力。本部分运用空间计量的研究方法，更为严谨地度量创新及公共支出对于地区经济发展的作用。实现将京津冀经济圈打造为世界级城市群的战略目标，需要在更大空间范围内全方位、多层次地规划京津与其周边城市整合比较优势、协同发展方略。而目前学界对于这一研究内容还不多见。本节选用京津冀蒙城市作为考察对象，基于如下原因的考虑：河北、内蒙古距京津地理邻近、人脉相通，其生态环境、物质资源、要素成本乃至于产业结构都与京津存在明显梯度互补性，跨区域合作优势十分明显，因此选择京津冀蒙区域为研究样本，从区域创新及公共支出的空间溢出效应角度探讨四地梯度共赢协同发展对策。

对区域创新的研究历来受到学者的关注。王良举（2011）认为，地区劳动生产率差异的主要因素是空间外部性和规模报酬递增地方化，经济集聚的规模效应和技术外溢会降低集聚地区的创新成本，进而提高区域经济效益。创新对区域发展的影响作用在于：与要素禀赋、制度环境与经济发展阶段相匹配的内源式创新，有利于提升该区域技术进步水平（余泳泽，张先轸，2015）；要素集聚的规模效应以及相应的专业化能够带来技术进步效率并提高地区的全要素生产率（郑智团，2011）；进而有助于推动区域产业结构升级及经济增长方式转变（魏后凯，2011）。同时，创新要素的空间集聚与扩散对相邻地区经济增长具有明显促进作用（高丽娜，2011）；周边地区创新驱动对地区间经济收敛也具有明显的促进作用（白俊红，王林东，2016）。

对于京津冀蒙经济圈而言，各城市应加强往来、增强互动、共享信息，在更大的空间格局中寻求更有效的资源配置模式，实现协同共赢发展。对于京、津这样的“区域创新高地”，应该打破创新溢出的市场与体制壁垒，完善技术交易市场，强化区域创新的全方位合作，进而带动周边地区创新要素的集聚与创新水平的提升，实现区域创新水平的共同提高。而对于河北和内蒙古的大部分城市而言，当地政府应继续保障创新支持与研发经费投入，培育区域创新能力；同时应着力基于本地资源产业基础精准定位，充分利用比较优势实现错位发展；优化发展环境，吸引创新要素的集聚。中央财政支出则要有效发挥“扶助之手”功能，对创新水平较低地区给予有针对性的倾斜政策，扶持落后地区关键创新要素的培育及集聚，并推动发达地区对口援助，提升京津冀蒙区域整体创新要素集聚和城市效率水平。

8 对策建议与研究结论

8.1 对策建议

中心城市和外围城市之间发展不平衡不充分的问题已经成为影响区域协调发展的主要空间矛盾，利用公共支出手段，提升各级城市的要素集聚效应和经济效率水平，营造有利于促进两类城市间协同合作和共同发展的政策环境，是今后城市公共支出政策的优化方向。

8.1.1 完善要素集聚环境

生产要素的异质性集聚效应说明，实现城市的效率型增长要重视加强人力、科技等创新型要素的培育和集聚。改革开放至今，各级地方政府将区域发展战略的重点集中于吸引外部资本要素流入，开发区遍地开花，竞相在税收优惠、土地使用、市场准入、环境保护等方面一再降低门槛，争夺要素资源。这种激励性引资政策往往造成自有和外来要素间待遇差异和不公平竞争，带来要素价格的扭曲，一方面对外来资本形成了成倍激励，另一方面当地资本和劳动的收入增长却相对不足；同时，还导致了土地资源的过度消耗，并往往伴以环境成本透支，引起了当地利益流失，其成本均需由当地承担。这种制度安排是中国探索市场经济发展道路过程中“实验性质的特殊产物”[1]，降低了要素流入的增长效应，不利于地区的长期可持续发展。

公共支出的重点应该集中于增强要素集聚引力，优化要素集聚环境，以开放的市场、完善的配套能力、透明高效法制化的制度环境吸引要素，尤其要促进创新型要素的流动和集聚效应的更好发挥。完善人才引进机制和管理机制，通过人才引进提高城市知识资本存量；完善教育、医疗以及其他公共服务和基础设施建设，解决人才的后顾之忧，增强其归属感；普及职业技能培训和再教育，全面提升劳动者素质；消除一切不利于人才发展和流动的体制性、机制性障碍，构建有利于人才健康成长和脱颖而出的软环境。树立创新意识，营造创新氛围，使区域成为“学习型区域”，拓宽人才发展空间，从根本上吸引并留住人才。进一步改善集聚外围区的交通基础设施，减弱其在与国外市场联系上的地理劣势，为要素、产品和产业的空间自由流动创造条件。完善区域内金融、咨询、通信、物流

---

[1] 赵聚军．中国行政区划改革的理论研究［J］．南开大学，2010.

等市场配套设施的建设，实现中心地和外围区之间公共支出和公共服务均等化，增强区域整体的要素集聚引力。

8.1.2 增强区域自有创新型要素培育能力

全球化和知识经济时代背景下，传统生产要素对于城市经济效率的重要性相对下降；真正优势来自人才和科技，城市高效率的增长优势必须通过增强人力、科技等要素的集聚获得。未来城市要素战略的重点应聚焦于人力资本和科技等创新型要素，一方面着力构建有利于要素集聚的环境，另一方面提高创新型要素的自我累积能力，强化城市自有优质要素培育。整合创新资源，优化创新环境。集聚中心地一般也是区域的“创新高地”，集聚了大量高端专业化科技要素，应进一步提升中心地的科技要素集聚优势并强化其区域创新带动作用。共同培育壮大企业技术创新能力，建立健全企业主导产业技术研发创新的体制环境，促进科技要素向企业集聚。打破创新溢出的市场与体制壁垒；建立科技信息和资源共享机制，强化科技创新资源和成果开放共享；完善技术交易市场、加强科技成果转化等专业服务体系建设。增强区域间科技资源整合的协同效应，在提升原始创新和技术服务能力、应用研究与成果转化、成果应用和示范推广领域，推进区域间合理分工有序合作，构建区域协同创新发展格局。

外围区政府尤须加强公共投资环境建设和产业产品配套能力的建设，为地区经济发展和结构提升培养充足的知识型、创新型要素。教育、医疗、基础设施等方面的持续投资是生产要素集聚的基础和国家经济进步的最基本条件，同时也是市场不愿从事的领域。政府应将相关领域的投资作为公共支出的重点。在知识产权保护、环境污染等外部效应明显的领域加大公共支出力度。创新类投资一般具有投资数目大、风险高、回收期不确定等特点，因此极大依赖于风险投资的推动。政府应努力完善促进风险投资市场发育的制度保障，逐步建立政府为主体的创新支持体系和创新风险承担机制，为各类企业的创新活动提供社会化、市场化的服务。通过完善市场竞争机制，制定反垄断政策等相关规制，确保规模经济的实现；积极举措，促进信息的收集、整理、处理以及基础性的制度建设；打破垄断，消除各种不利于公平竞争的体制机制性障碍；为消除过大的收入差距提供有力的政策支持。建立人力资源开发孵化基地，加强人才联合培养与地区间交流。

8.1.3 以产业协作促进城市间协同发展

促进城市间产业的分工协作，对于增强外围区集聚能力和城市间协同发展意义重大。城市对生产要素的根本吸引力来自产业，应以产业化作为城市要素集聚效应增长的主要动力来源。目前各地产业各自为政、自成体系，只注重短期利益，城市间产业同质化竞争依然比较严重。一方面，由于产业类型与市场服务只局限于本地，欠缺深化分工，产业集聚度不足，对城市经济效率提升贡献有限；另一方面，产业的区域间关联度低，在产业梯度上存在“断档”，外围区承接中心地产业输出的能力有限，不利于高附加值的产业链跨区域延伸、拓宽。从国际经验来看，市场经济成熟的工业化国家，最具有竞争力的产业通常是集聚经济规模化发展的产物，某个城市的名字经常和某类产业的名字联系在一起。就我国城市发展实践而言，深化城市间产业分工与协作，是提高集聚中心和外围区城市经济效率的有效途径。

通常集聚经济圈内城市发展阶段上具有不同步性，处于不同发展阶段的城市，在发展目标、产业重点、利益需求方面有很大不同，面对的主要产业任务也不同，便于利用经济梯度，实现各城市错位发展。以环渤海地区为例，北京已经率先迈向后工业化社会，今后产业发展的主要任务是围绕强化首都核心功能，以疏解扩散传统制造业和重化工业促进“高精尖”产业升级；天津的主要任务则是疏解集聚并重，向创新化、高端化发展；冀辽鲁晋内蒙古等地区则以集聚为主，不断完善自身要素集聚环境，承接京津产业疏解，同时加强创新，运用高科技改造和提升传统制造业和重化工业，推进自身要素禀赋和产业向价值链高端延伸。

立足全局利益和地方要素禀赋结构优势，充分考虑当地的交通条件、市场需求、工业发展情况和能源使用效率问题，选取与城市要素禀赋相匹配的发展路径，合理规划，让每个城市都有自己的集聚优势和特色优势产业，每城一业，各有集聚。在深化各自专业化分工的基础上，以促进产业关联发展为基本取向，通过互补式、共建式、链接式、协作式、配套式等多种方式建立城市间产业对接，本着“发挥优势、突出特色、利益分享、共赢发展”的原则促进地区间专业化分工与协作。注重推动区域要素禀赋优势升级，整合区域要素禀赋错位发展，实现区域分工向产业链条拓展和向价值链高端延伸。推进以产业分工为内在联系的市场化整合，实现基于最佳利益结合点和合作基础的共赢发展，以共享市场推动区域协同。加强市场监管，减轻要素、产品和产业空间流动的制度性壁垒，保证生产要素的自由合理流动。政府提供公正、合理的制度安排，保护各区域和各市场主体享受公平待遇、在平等的市场环境下发展。

8.1.4 强化城市群在推进区域协同发展中的主体作用

集聚对于中心和外围区福利状况的影响不尽相同，以城市群为主体，推动集聚经济圈大中小城市和小城镇间协同发展的空间格局，形成以若干功能互补、经济联系密切、分布合理、等级有序的城市群体系，有助于兼顾推进中心地和外围区的共同发展。目前我国城市发展方面的普遍问题是大城市带动作用不够，中等城市规模偏小，城市整体效率不高，生产要素集聚功能与集聚效应偏弱。应提升中心城市要素集聚效应，通过加强城市间协同合作，增强中心城市对经济腹地的辐射带动作用，实现中心与外围共赢发展；促进产城融合，引导中心城市要素和产业向中小城市有序梯度转移，增强后者的要素吸引力和集聚能力。提升城市宜居宜业环境，推进各级城市在保持整体统一性和有序性的前提下、基于自身资源优势和历史文化的特色城市化发展模式。立足各城市的要素禀赋和产业基础，加强城市群内各城市的分工协作和优势互补，引领多领域、多层次、多形式对接交流，构建集聚经济圈内特色发展、错位发展和互动发展的整体竞争力。随着城市群市场一体化和区域协同程度的不断深化，各城市经济、社会结构及其运行效率将明显提升，区域整体竞争力持续增强，最终实现城市间雁阵式齐飞。

8.1.5 加强区域协同发展的顶层设计

地区间协同发展政策执行的最大障碍来自国家利益和地方利益的矛盾，以及地方利益之间的矛盾。在地方政府基于各自地区利益的分别决策模式下，往往存在背离区域合作框架的激励，最终导致全域利益的损失。因此，国家层面的制度性安排和地方政府层面的合作，都是推进区域协同的重要保障，区域协同发展需要权威的顶层设计，政府自上而下的推动力量在保证区域协同发展稳步推进中的作用不容忽视。

有效的区域协同发展组织框架应该具有如下特征：以横向协商为基础、纵向协调机制为保障的两级决策层；以平行咨询层为补充；以具体的执行层保证实施。中央政府权威的顶层设计和管理是区域协调模式的制度保障，通过强化区域协同发展立法约束，明确区内各城市功能定位与规划对接，做到界定清晰性、有法可依性和政策延续性。中央政府同时兼具顶层设计、政策协调和矛盾仲裁的职能；地区间的横向协商机制则包括分工合作、沟通协商、对外谈判协调、发展利益共享和长期联合发展等，在区域协同发展框架协议下平等协商、共谋发展。两级决策层立足区域要素禀赋比较优势和资源环境承载力，通过建立基于集聚经济圈内各城市的机遇共同点与利益交叉点的框架协议，兼顾区域整体利益和长远发展，创造公平的发展环境。由专家、学者、研发机构、发改委等组成的咨询层和具体的执行层，是决策的科学合理性和战略方针的顺利落地执行到位的重要保证。

“决策层——咨询层——执行层”的设置结构，具有中央和地方政府共同参与、统筹全局和地方利益、公平与效率兼顾、权威性与自主性结合的体制特征。这种制度设计既有利于摒弃地方主义和短视的发展政策，又有利于基于区域协同发展视角优化经济-人口-空间布局，协调重大项目，避免地区间无序竞争和自耗竞争带来的效率损失。

8.2 研究结论

本书围绕提升生产要素集聚效应及优化公共支出结构、促进城市的效率型增长为主线展开研究，探讨了生产要素集聚的内涵，分析了生产要素集聚和公共支出对城市经济效率的影响机理，并结合环渤海地区二市四省一区的地级及以上城市面板数据，采用空间计量相关方法，检验了公共支出对于城市经济效率和要素集聚效应的影响规律。主要研究发现与结论如下：

8.2.1 要素集聚机制和异质性集聚效应

生产要素集聚是特定生产要素在区域间流动并进而在地理上集中的过程，在此过程中，生产要素间通过有机组合和协同合作，实现其使用价值，并产生在要素分散状态下所不具有的优势。一方面，生产要素集聚促进了生产要素之间的彼此联系和协作，提高了要素的边际产出，同时也扩大了其作用范围，促进了资源和要素的整合效率和优化配置；另一方面，生产要素集聚对于集聚中心和外围的影响不尽相同，随着生产要素向中心地的集聚，外围区可能面临着要素和福利的双重流失。

本研究将生产要素集聚的动力来源归纳为自然力、市场力、制度力。自然条件决定了生产要素在区域间的初始禀赋结构，是影响生产要素集聚的起始动力；市场机制为生产要素集聚提供了循环累积的自驱动力，是要素集聚的内生原动力；政府是生产要素集聚的人为动力，对市场机制进行必要的引导补充。自然力、市场力和制度力彼此影响，互为反馈，任何一种力量的改变都将引起一系列连锁反应影响生产要素集聚状态；仅仅依靠市场作用难以兼顾集聚中心和外围的增长与福利，公共支出作为政府职能的具体体现，对于促进社会公平和地区间协同共赢发展具有重要作用。

本研究重点分析了普通劳动、人力资本、金融资本、科技创新四种生产要素集聚效应的影响，研究结果证明了生产要素集聚能够影响城市经济效率。这种影响不仅对集聚当地存在，而且对周边城市经济效率也会产生。研究结果表明，不同要素集聚效应具有异质性，资本密集型发展的红利正在消退，通过资本积累、投资扩张驱动的粗放型增长模式已经难以为继，区域发展的动力及重点亟须转变，从而从要素集聚的角度实证证明了经济结构转型的必要性。本研究的同时也指明了经济转型的方向——“人口红利”和“创新驱动”因素仍有望为城市效率增长提供持续动力。除了继续推进科技创新发展战略外，还应着力促进科技成果转化和知识技术在地区间的扩散，让更广泛的地区从创新中受惠。

8.2.2 城市经济效率的“时空惯性”式增长路径

本书研究结果揭示了城市经济效率的空间分布特征和影响机制。地理空间相邻或属于同一省份的城市在效率指数分布上往往具有相似特征，体现出明显的“空间趋同俱乐部”现象；城市经济效率与经济发展水平存在一定程度的匹配效应，经济发展水平较高的城市，往往也是富有效率的城市。技术进步与科技创新对城市经济效率提升起主要作用，规模效率提升作用不足。要素投入并非城市经济效率的决定因素，投资驱动的粗放式增长模式下，城市的要素集聚能力尤其是创新型要素集聚能力未能得到有效培育。今后应坚持落实创新驱动区域发展战略，推动城市增长方式由投入驱动型向创新驱动的效率型转变；注重加强制度完善和提升管理水平，改进物力、资金、人才等各项资源配置和使用效率；提高市场化程度和城市规模经济，促进区域技术效率提升。

从城市经济效率的增长路径分析，城市经济效率增长具有时间和空间维度上的路径依赖。城市自身及其周边城市的前期效率水平均会影响到城市现有效率，并且城市内溢出效应远大于城市间溢出效应，城市经济效率主要受自身历史效率的影响。因此，高效率的城市在增长惯性下可以持续领先，而效率水平较低的城市想要突破低水平惯性实现跨越式发展，则困难得多。效率在城市间的溢出效应更多体现为一种负向关系，一个城市的效率水平越高，对它周边城市的效率提高越容易形成阻碍作用。这体现在目前大城市在区域发展中的作用仍以极化效应为主，较多吸纳了周边地区的资源和生产要素，但是对后者的辐射带动作用仍有待加强。

8.2.3 公共支出对城市效率和要素集聚的异质性影响

公共支出对当地效率形成“弱化效应”，但是在地区间则具有正向溢出效应，并且地区间正向溢出效应明显地大于其对当地效率的弱化效应，从而表现出公共支出对全域效率增长的总体促进作用。因此，公共支出政策的重点应该突破地方主义观念，更多从全域利益着眼布局，促进城市间协同合作发展。

公共支出对于各类生产要素集聚效应的影响也不尽相同。公共支出影响下的资本集聚效应显著为负，表明公共支出无助于提高区域资本配置效率，公共支出影响下的资本集聚并不能促进城市经济效率的提高。与之相反的是，公共支出的增加有利于普通劳动、人力资本和科技要素三种生产要素集聚对于城市自身效率和周边城市经济效率的促进作用，并且公共支出对于促进人力、科技等知识型生产要素集聚提升城市经济效率方面的影响更为显著。研究结论说明，应着力优化公共支出结构，地方政府公共支出决策的重点应该集中于消除要素流动的制度性障碍，尤其要促进创新型要素的流动及其集聚效应的更好发挥。各城市间应增强互动、加强协作、共享信息，在更大的空间格局中寻求更有效的要素配置模式，实现协同共赢发展。

附　　录

附录1　D-S框架下企业均衡的推导

消费者优化问题还可以表述为，将可支配收入 Y 在农产品和工业制成品间进行分配以实现效用最大化，见式（附 1-1）：

$$\max U = M^{\alpha}A^{1-\alpha} \quad \text{s.t.} \quad P_{\mathrm{M}}M + p_{\mathrm{A}}A = Y \tag{附 1-1}$$

解得对农产品和工业制成品的需求函数分别为：

$$M = \frac{\alpha}{P_{\mathrm{M}}}Y, \ A = (1-\alpha)Y/p_{\mathrm{A}} \tag{附 1-2}$$

所以，消费者对于工业制成品的需求函数为：

$$q_i = \frac{\alpha Y p_i^{-\sigma}}{P_{\mathrm{M}}^{1-\sigma}}, \ i \in [0, n] \tag{附 1-3}$$

因此可得间接效用函数如下：

$$V = \left(\frac{\alpha}{P_{\mathrm{M}}}Y\right)^{\alpha}[(1-\alpha)Y/p_{\mathrm{A}}]^{1-\alpha} = \alpha^{\alpha}(1-\alpha)^{1-\alpha}P_{\mathrm{M}}^{-\alpha}p_{\mathrm{A}}^{-(1-\alpha)}Y \tag{附 1-4}$$

由于 $p_{\mathrm{A}} = 1$，间接效用函数最终简化为

$$V = \alpha^{\alpha}(1-\alpha)^{1-\alpha}P_{\mathrm{M}}^{-\alpha}Y \tag{附 1-5}$$

企业利润最大化条件表示为：

$$\max \pi = p_i q_i - (F + a_{\mathrm{M}}q_i)w_{\mathrm{M}} \quad \text{s.t.} \quad q_i = \frac{\alpha Y p_i^{-\sigma}}{P_{\mathrm{M}}^{1-\sigma}} \tag{附 1-6}$$

根据古诺模型的一阶条件解得：

$$p_i = \frac{\sigma}{\sigma - 1}a_{\mathrm{M}}w_{\mathrm{M}}, \ p_i^* = \frac{\sigma}{\sigma - 1}a_{\mathrm{M}}^* w_{\mathrm{M}}^* \tag{附 1-7}$$

设城市 1 的产量为 q_i，其中在当地的销量为 q，在城市 2 的销量为 q^*，根据前述冰山运输成本的假设，有：

$$q_i = q + \tau q^* \tag{附 1-8}$$

由前消费者均衡条件，得：

$$q = \frac{\alpha Y p^{-\sigma}}{P_{\mathrm{M}}^{1-\sigma}}, \ q^* = \frac{\alpha \tau^{-\sigma} Y^* p^{-\sigma}}{P_{\mathrm{M}}^{*\,1-\sigma}} \tag{附 1-9}$$

因此，城市 1 制造业企业的总均衡产量为：

$$q_i = q + \tau q^* = \frac{\alpha Y p^{-\sigma}}{P_{\mathrm{M}}^{1-\sigma}} + \frac{\alpha \tau^{-\sigma} Y^* p^{-\sigma}}{P_{\mathrm{M}}^{*\,1-\sigma}} \tag{附 1-10}$$

在 D-S 垄断竞争条件下，企业超额利润为 0，此时销售收入等于生产成本；生产的固定成本为资本，因此资本报酬率（π）就是企业的经营利润水平，可得 $\pi = pq/\sigma$ 。需要通过求解工业制成品价格指数，得到 π 的具体解析式：

$$P_{\mathrm{M}}^{1-\sigma} = \int_0^{n^{\mathrm{w}}} p^{1-\sigma}\mathrm{d}i = np^{1-\sigma} + n^*(\tau p^*)^{1-\sigma}$$

$$= n^{\mathrm{w}}p^{1-\sigma}[s_{\mathrm{n}} + [(a_{\mathrm{M}}^*)^{1-\sigma}\varphi(1 - s_{\mathrm{n}})]/(a_{\mathrm{M}})^{1-\sigma}] \qquad (附 1\text{-}11)$$

式中，n^{w} 为两地制造业企业总数；s_{n} 和 $1 - s_{\mathrm{n}}$ 分别为城市 1 和城市 2 工业制成品企业所占的份额；$\varphi = \tau^{1-\sigma}$，$(0 \leqslant \varphi \leqslant 1)$ 表示运输过程的交易成本。令

$$\psi = (a_{\mathrm{M}}/a_{\mathrm{M}}^*)^{1-\sigma}(\psi = [s_{\mathrm{n}} + \lambda(1 - s_{\mathrm{n}})]/[(1 - s_{\mathrm{n}}) + \lambda^* s_{\mathrm{n}}])$$

可以将城市 1 工业制成品价格指数简化表述为：

$$P_{\mathrm{M}}^{1-\sigma} = n^{\mathrm{w}}p^{1-\sigma}[s_{\mathrm{n}} + \varphi(1 - s_{\mathrm{n}})/\psi] \qquad (附 1\text{-}12)$$

同理，城市 2 工业制成品价格指数表示为：

$$P_{\mathrm{M}}^{*\,1-\sigma} = n^{\mathrm{w}}p^{1-\sigma}[\varphi s_{\mathrm{n}} + (1 - s_{\mathrm{n}})/\psi] \qquad (附 1\text{-}13)$$

将价格指数及均衡时的消费者需求函数代入 π 的表达式，得

$$\pi = pq/\sigma = \frac{\alpha E^{\mathrm{w}}}{\sigma n^{\mathrm{w}}}\left[\frac{s_{\mathrm{E}}}{s_{\mathrm{n}} + \varphi(1 - s_{\mathrm{n}})/\psi} + \frac{\varphi(1 - s_{\mathrm{E}})}{\varphi s_{\mathrm{n}} + (1 - s_{\mathrm{n}})/\psi}\right] \qquad (附 1\text{-}14)$$

附录2　基于消费者均衡的价格指数推导

建立空间的迪克西特-斯底格里茨模型，本着尽量简化、同时确保理论假设和现实结论合理性的原则，考虑一个（两地区，两部门）的经济体。两个地区具有相同的偏好和技术，即初始条件相同。经济中存在的两个部门：一个是规模报酬不变的完全竞争的农业部门，生产单一的同质化产品；另一个是垄断竞争性的制造业部门，供给大量差异化产品，具有规模收益递增的特征。假定存在大量潜在的工业制成品，从而将生产空间视为连续的；同时假设每个地区有两种生产要素农民和工人，两者分别服务于农业及制造业部门，农民在两个地区均匀分布，完全不能在地区之间流动，而工人则可以在地区间自由流动。设消费者对农产品及工业制成品有相同偏好，效用函数为：

$$U = M^{\alpha} A^{1-\alpha} \tag{附 2-1}$$

式中，A 为农产品消费；M 为工业制成品综合消费指数；指数 α 为购买制成品的份额。M 符合不变替代弹性函数（CES）：

$$M = \left[\int_0^n m(i)^{\rho} \mathrm{d}i\right]^{1/\rho} \tag{附 2-2}$$

式中，$m(i)$ 为每种制成品的消费量；n 为制成品的种类的数目；ρ 为消费者对制成品多样性的偏好程度，$0<\rho<1$，其值越接近于0，则消费者对产品多样性的需求越大，引入系数 σ 表示制成品之间的替代弹性，可知 $\sigma = 1/(1-\rho)$。消费者的优化问题为：在消费者收入 Y 及各种商品价格 pA、$p(i)$ 既定的情况下，农产品与工业制成品组合的消费效用最大。上述对于农业部门的假设条件意味着，农业工资处处相等，农产品不存在运输成本，因此两个地区农民的收益是相同的，可暂不考虑农业和农民的生产消费行为。所以，上述消费者行为问题等价于：

$$\min\int_0^n p(i)m(i)\mathrm{d}i \quad \text{s. t.} \quad \left[\int_0^n m(i)^{\rho}\mathrm{d}i\right]^{1/\rho} = M \tag{附 2-3}$$

式（附 2-3）的解为

$$m(j) = \frac{p(j)^{1/(\rho-1)}}{\left[\int_0^n p(i)^{\rho/(\rho-1)}\mathrm{d}i\right]^{1/\rho}} M \tag{附 2-4}$$

将 $m(j)$ 定义为第 j 种制成品的补偿需求函数，据此可得购买每单位制成品组合的最小成本，也即价格指数，将其记为 G

$$G = \left[\int_0^n p(i)^{\rho/(\rho-1)}\mathrm{d}i\right]^{(\rho-1)/\rho} = \left[\int_0^n p(i)^{1-\sigma}\mathrm{d}i\right]^{1/(1-\sigma)} \tag{附 2-5}$$

式（附 2-5）揭示出：市场规模与价格指数之间的负向联系，即随着市场上制成品种类的增加，其价格指数随之下降，达到既定效用所需成本将下降；而各种商品间差异性越大（σ 越小），这种负向变动幅度就越大。新经济地理学将之定义为种类效应[14]。对于以边际成本定价、追求利润最大化的厂商而言，一方面，市场规模扩大促进了竞争效应，引起更多厂商进入，从而强化了市场规模与价格指数间的负向联系；另一方面，在名义收入不变前提下，价格指数下降地区的实际收入增加，更多吸引制造业工人流入该地区，而消费者及厂商的进入，在一定条件下将更加有利于该地市场规模的扩大。

参考文献

[1] 白重恩，张琼．中国生产率估计及其波动分解［J］. 世界经济，2015，(12)：3~28.

[2] 贝蒂尔·奥林．地区间贸易和国际贸易［M］. 北京：首都经济贸易大学出版社，2001.

[3] 陈斌开，金箫，欧阳涤非．住房价格、资源错配与中国工业企业生产率［J］. 世界经济，2015，(4)：77~98.

[4] 陈得文，苗建军．空间集聚与区域经济增长内生性研究——基于 1995~2008 年中国省域面板数据分析［J］. 数量经济技术经济研究，2010，(9)：82~96，106.

[5] 陈得文，苗建军．人力资本集聚、空间溢出与区域经济增长——基于空间过滤模型分析［J］. 产业经济研究，2012，(7)：82~96.

[6] 陈得文．要素集聚与区域经济增长效应研究［D］. 南京：南京航空航天大学，2012.

[7] 陈菲琼，任森．创新资源集聚的主导因素研究：以浙江为例［J］. 科研管理，2011，(01)：89~96.

[8] 陈建军，胡晨光．产业集聚的集聚效应——以长江三角洲次区域为例的理论和实证分析［J］. 管理世界，2008，(6)：68~83.

[9] 陈良文，杨开忠．集聚与分散：新经济地理学模型与城市内部空间结构、外部规模经济效应的整合研究［J］. 经济学，2007，(10)：53~69.

[10] 陈钊，陆铭，金煜. 中国人力资本和教育发展的区域差异：对于面板数据的估算［J］. 世界经济，2004，(12)：25~31.

[11] 陈钊，陆铭．在集聚中走向平衡：中国城乡与区域经济协调发展的实证研究［M］. 北京：北京大学出版社，2009.

[12] 戴宏伟，丁建军．社会资本与区域产业集聚：理论模型与中国经验［J］. 经济理论与经济管理，2013，(2)：86~99.

[13] 邓慧慧．贸易自由化、要素分布和制造业集聚［D］. 北京：中国人民大学，2010.

[14] 邓智团，宁越敏．要素集聚、技术进步与城市生产率——基于长三角 16 城市的实证研究（1978~2008）［J］. 南京社会科学，2011（02）：7~14.

[15] 杜旻，刘长权．集聚效应、人口流动与城市增长［J］. 人口与经济，2014，(6)：44~56.

[16] 范剑勇．产业集聚与地区间劳动生产率差异［J］. 经济研究，2006，(11)：72~81.

[17] 范剑勇，张雁．经济地理与地区间工资差距［J］. 经济研究，2009，(8)：35~44.

[18] 冯薇．产业集聚与区域经济增长［J］. 中大管理研究，2007，2（4）：142~154.

[19] 范云芳．国际要素集聚论［M］. 北京：中国社会科学出版社，2014.

[20] 范云芳．要素集聚、国际分工与中国的比较优势研究［D］. 西安：西北大学，2009.

[21] 高凤莲，段会娟．产业集聚与经济增长研究综述［J］. 科技进步与对策，2010，(12)：147~150.

[22] 顾海兵，张敏．中国城市群渐次崛起［R］. 中国经济报告，2015，2.

[23] 郭腾云．中国特大城市要素效率及其提高潜力研究［J］. 资源科学，2010，32（2）：338~345.

[24] 哈维，陈静，译．资本之谜——人人需要知道的资本主义真相［M］. 北京：电子工业出版社，2011：48.

[25] 何雄浪，李国平，杨继瑞．我国产业集聚原因的探讨——基于区域效应、集聚效应、空间成本的新视角［J］．南开经济研究，2007，(6)：43~60.

[26] 何雄浪，李国平．运输成本、交易成本与交易效率——新古典经济学分析框架的矫正［J］．学术月刊，2007，39（4）：82~89.

[27] 纪良纲，陈晓永．城市化与产业集聚互动发展研究［M］．北京：冶金工业出版社，2005.

[28] 纪明辉．中国服务业的全要素生产率研究［D］．长春：吉林大学，2013.

[29] 贾俊雪，郭庆旺．政府间财政收支责任安排的地区经济增长效应［J］．经济研究，2008，(06)：37~49.

[30] 江激宇．产业集聚与区域经济增长［D］．南京：南京农业大学，2005.

[31] 焦勇．生产要素地理集聚会影响产业结构变迁吗［J］．统计研究，2015，32（8）：54~61.

[32] 李婧，谭清美，白俊红．中国区域创新生产的空间计量分析——基于静态与动态空间面板模型的实证研究［J］．管理世界，2010，(7)：43~55，65.

[33] 李佳佳．城市规模对生态效率的影响及区域差异分析［J］．中国人口·资源与环境，2016，26（2）：129~136.

[34] 李培．中国城市经济增长的效率与差异［J］．数量经济技术经济研究，2007，(7)：98~106.

[35] 李胜会．经济集聚与区域经济增长——理论探讨和实证研究［D］．广州：暨南大学，2008.

[36] 李郇，徐现祥，陈浩辉．20 世纪 90 年代中国城市效率的时空变化［J］．地理学报，2005，60（4）：615~625.

[37] 梁琦．要素集聚的产业地理效应［J］．广东社会科学，2014，(4)：5~13.

[38] 梁琦，钱学峰．外部性与集聚——一个文献综述［J］．世界经济，2007，(2)：84~96.

[39] 梁琦，黄利春．要素集聚、产业时空变动与城市层级体系［J］．城市与环境研究，2014，(2)：13~24.

[40] 林毅夫，蔡昉，周勇．中国经济转型时期的地区差异分析［J］．经济研究，1998，(6)：3~11.

[41] 刘华军，杨骞．金融深化、空间溢出与经济增长——基于空间回归模型偏微分效应分解方法及中国的实证［J］．金融经济学研究，2014，(03)：86~95.

[42] 刘华军，张权，杨骞．城镇化、空间溢出与区域经济增长——基于空间回归模型偏微分效应分解方法及中国的实证［J］．农业技术经济，2014，(10)：95~105.

[43] 刘乃全，东童童，赵丽岗．集聚经济溢出效应与中国城市生产率差异［J］．区域经济评论，2013，(4)：107~112.

[44] 刘睿文，封志明，杨艳昭，等．基于人口集聚度的中国人口集疏格局［J］．地理科学进展，2010，29（10）：1171~1177.

[45] 刘修岩．产业集聚的区域经济增长效应研究［M］．北京：经济科学出版社，2017.

[46] 刘修岩．空间效率与区域平衡——对中国省级层面集聚效应的检验［J］．世界经济，2014，(1)：55~80.

[47] 刘修岩，邵军，薛玉立．集聚与地区经济增长：基于中国地级城市数据的再检验［J］．南开经济研究，2012，(3)：52~64.

[48] 龙莹．空间异质性与区域房地产价格波动的差异——基于地理加权回归的实证研究 [J]．中央财经大学学报，2010，(11)：80~85.

[49] 陆铭，向宽虎．地理与服务业——内需是否会使城市体系分散化 [J]．经济学（季刊）2012，(4)：1079~1096.

[50] 鲁平俊，唐小飞，王春国，等．城市群战略与资源集聚效率研究 [J]．宏观经济研究，2015，(5)：150~159.

[51] 罗宾·鲍德威．政府间财政转移支付：理论与实践 [M]．沙安文，庞鑫，等译．北京：财政经济出版社，2010.

[52] 马克思恩格斯选集（第2卷）[M]．北京：人民出版社，1972.

[53] 马鹏，李文秀，方文超．城市化、集聚效应与第三产业发展 [J]．财经科学，2010，269 (8)：101~108.

[54] 迈克尔·波特．国家竞争优势 [M]．北京：华夏出版社，2002.

[55] 毛其淋，盛斌．对外经济开放、区域市场整合与全要素生产率 [J]．经济学（季刊），2011，11 (1)：181~210.

[56] 毛捷，汪德华，白重恩．民族地区转移支付、公共支出差异与经济发展差距 [J]．经济研究，2011，(2)：75~86.

[57] 米娟．中国区域经济增长的要素集聚差异性研究 [D]．沈阳：辽宁大学，2008.

[58] 齐讴歌，赵勇，王满仓．城市集聚经济微观机制及其超越：从劳动分工到知识分工 [J]．中国工业经济，2012 (01)：36~45.

[59] 齐亚伟．环境约束下要素集聚与区域经济可持续发展 [D]．南昌：江西财经大学，2012.

[60] 覃成林．空间外溢与区域经济增长趋同——基于长江三角洲的案例分析 [J]．中国社会科学，2012 (05)：76~94

[61] 覃一冬．集聚、增长与福利：理论和实证 [D]．武汉：华中科技大学，2013.

[62] 邱灵，方创琳．生产性服务业空间集聚与城市发展研究 [J]．经济地理，2012，32 (11)：76~80.

[63] 萨米尔·阿明，不平等发展——论外围资本主义的社会形态 [M]．北京：商务印书馆，1990.

[64] 单许昌．空间经济生成动力机制及结构研究 [M]．上海：上海人民出版社，2016.

[65] 单豪杰．中国资本存量K的再估算：1952~2006年 [J]．数量经济技术经济研究，2008，(10)：17~31.

[66] 邵宜航．要素流动、生产效率与地区差距——基于含人力资本增长模型的理论探讨 [J]．经济学动态，2005，(12)：32~35.

[67] 沈能．工业集聚能改善环境效率吗——基于中国城市数据的空间非线性检验 [J]．管理工程学报，2014，28 (3)：57~63，10.

[68] 沈体雁，劳昕，杨开忠．经济密度：区域经济研究的新视角 [J]．经济学动态，2012，(7)：82~88.

[69] 沈体雁，劳昕，张进洁．中国区域经济研究中的经济密度研究框架建构 [J]．华东经济管理，2013，27 (9)：64~70.

［70］石灵云．产业集聚、外部性与劳动生产率［D］．上海：复旦大学，2008.
［71］石奇，孔群喜．动态效率、生产性公共支出与结构效应［J］．经济研究，2012，（01）：92～104.
［72］孙久文，李姗姗，张和侦．“城市病”对城市经济效率损失的影响——基于中国 285 个地级市的研究［J］．经济与管理研究，2015，36（03）：54～62.
［73］孙旭．人力资本约束下区域全要素生产率的增长差异研究［M］．北京：科学出版社，2016：76.
［74］苏雪串．城市化进程中的要素集聚、产业集群和城市群发展［J］．中央财经大学学报，2004，（1）：49～51.
［75］谭政．绿色全要素生产率实证研究［M］．重庆：西南财大出版社，2016.
［76］陶伟．基于资本、人口等要素流动轨迹的我国城市化路径研究［J］．特区经济，2011，（10）：227～228.
［77］陶长琪，周璇．环境规制、要素集聚与全要素生产率的门槛效应研究［J］．当代财经，2015，362（1）：10～22.
［78］藤田昌久，保罗·克鲁格曼，安东尼·J·维纳布尔斯．空间经济学：城市、区域与国际贸易［M］．梁琦，译．北京：中国人民大学出版社，2011.
［79］藤田昌久，蒂斯．集聚经济学［M］．重庆：西南财经大学出版社，2004.
［80］田士超，陆铭．教育对地区内收入差距的贡献：来自上海微观数据的考察［J］．南方经济，2007，（5）：12～21.
［81］田相辉．中国城市集聚经济研究［M］．武汉：湖北科学技术出版社，2014.
［82］田相辉，张秀生．空间外部性的识别问题［J］．统计研究，2013，（9）：94～100.
［83］万庆，吴传清，曾菊新．中国城市群城市化效率及影响因素研究［J］．中国人口·资源与环境，2015，25（2）：66～74.
［84］王红霞．要素流动、空间集聚与城市互动发展的定量研究——以长三角地区为例［J］．上海经济研究，2011，（12）：45～55.
［85］王胜英．要素集聚整合的差异性与城市发展模式［J］．南京社会科学，2003，（1）：15～21.
［86］王文峰，郭纹廷．后工业化时代的城镇化发展问题——基于生产要素的视角［J］．当代经济研究，2014，（10）：35～41.
［87］王志涛．中部地区发展与政府公共支出政策转变——从新经济地理学视角［J］．江西社会科学，2007，（3）：132～137.
［88］王志刚，龚六堂，陈玉宇．地区间生产效率与全要素生产率增长率分解（1978～2003）［J］．中国社会科学，2006，（2）：55～67.
［89］魏后凯．“民族地区财政转移支付的绩效评价与制度创新”评介［J］．民族研究，2011（02）：103～104.
［90］吴福象，沈浩平．新型城镇化、创新要素空间集聚与城市群产业发展［J］．中南财经政法大学学报，2014，（4）：36～42.
［91］吴伟平，刘乃全．异质性公共支出对劳动力迁移的门槛效应：理论模型与经验分析［J］．财贸经济，2016，（3）：28～44.

[92] 吴珣，杨婕，张红．不同空间权重定义下中国人口分布空间自相关特征分析［J］．地理信息世界，2017，24（2）：32~38.
[93] 吴玉鸣．空间计量经济模型在省域研发与创新中的应用研究［J］．数量经济技术经济研究，2006，23（05）：74~85，130.
[94] 武康平，高鸿鹰．集聚效应、集聚效率与城市规模分布变化［J］．统计研究，2007，（3）：43~47.
[95] 熊彼特．经济发展理论［M］．何畏，等译．北京：商务印书馆，2009.
[96] 谢长青，范剑勇．市场潜能、外来人口对区域工资的影响实证分析——以东西部地区差距为视角［J］．上海财经大学学报，2012，（3）：67~74.
[97] 薛钢，陈思霞，蔡璐．城镇化与全要素生产率差异——公共支出政策的作用［J］．中国人口资源与环境，2015，25（3）：50~55.
[98] 薛钢，陈思霞．中国环境公共支出、技术效率与经济增长［J］．中国人口·资源与环境，2014，24（1）：41~46.
[99] 徐现祥，梁剑雄．经济增长目标的策略性调整［J］．经济研究，2014，（1）：27~40.
[100] 徐现祥，李郇．中国城市经济增长的趋同分析［J］．经济研究，2004，（5）：40~48.
[101] 严成樑．政府公共支出理论框架评述［J］．财经问题研究，2011，（1）：89~95.
[102] 杨玮．基于DEA方法的我国林业全要素生产率实证研究［D］．北京：北京林业大学，2010.
[103] 严浩坤．劳动力跨地区流动与地区差距［J］．地理科学，2008，（2）：179~185.
[104] 闫威．地方公共品供给的理论研究［D］．武汉：华中科技大学，2004.
[105] 叶堂林，等．京津冀协同发展的基础与路径［M］．北京：首都经济贸易大学出版社，2015.
[106] 叶文辉．中国公共产品供给研究［D］．成都：四川大学，2003.
[107] 于斌斌．中国城市群产业集聚与经济效率差异的门槛效应研究［J］．经济理论与经济管理，2015，（3）：60~73.
[108] 余静文，王春超．城市群落崛起、经济集聚与全要素生产率——基于京津冀、长三角和珠三角城市圈的分析［J］．产经评论，2011，（5）：140~150.
[109] 于刃刚，戴宏伟．生产要素论［M］．北京：中国市场出版社，1999.
[110] 于永达．集聚优势理论［M］．北京：清华大学出版社，2016.
[111] 余泳泽，刘大勇．创新要素集聚与科技创新的空间外溢效应［J］．科研管理，2013，（1）：46~54.
[112] 余泳泽，张先轸．要素禀赋、适宜性创新模式选择与全要素生产率提升［J］．管理世界，2015，（9）：13~31，187.
[113] 余壮雄，杨扬．大城市的生产率优势：集聚与选择［J］．世界经济，2014，（10）：31~51.
[114] 张宓之．区域要素集聚、空间效应与企业集群发展能力提升研究［D］．杭州：浙江工业大学，2014.
[115] 张军，章元．对中国资本存量K的再估计［J］．经济研究，2003，（7）：35~43，90.
[116] 张辽．要素流动、产业转移与区域经济发展［D］．武汉：华中科技大学，2013.
[117] 张明斗．经济发展中的城市化效率及政策选择研究［D］．大连：东北财经大学，2014.

[118] 张蕊，王楠，冯鑫鑫．城市规模、经济发展与公共支出效率［J］．软科学，2014，28（2）：11~15.
[119] 张权．中国城市政府公共支出效率实证研究［D］．武汉：武汉大学，2011.
[120] 张斯琴，张璞．创新要素集聚、公共支出对城市生产率的影响——基于京津冀蒙空间面板的实证研究［J］．华东经济管理，2017，（11）：65~70.
[121] 张斯琴，秦宇．劳动力成本、市场规模与资源型城市产业结构优化［J］．经济与管理，2017，（6）：77~82.
[122] 章韬．经济地理、产业集聚与全要素生产率空间差异［D］．上海：复旦大学，2013.
[123] 张卫东，赵士红，龙海霞，等．基于 SBM 方法和全要素生产率分解的经济增长效率——以四川省为例［J］．财经科学，2015，（8）：100~111.
[124] 张旭华．技术外部性、货币外部性与全要素生产率增长［J］．投资研究，2012，31（10）：68~84.
[125] 张学良．中国交通基础设施促进了区域经济增长吗——兼论交通基础设施的空间溢出效应［J］．中国社会科学，2012，（3）：60~77，206.
[126] 张翼，何有良．中国城市化水平与产业生产率增长的实证研究［J］．经济与管理，2010，（4）：9~12.
[127] 张幼文，等．要素集聚的体制引力［M］．上海：格致出版社、上海人民出版社，2015.
[128] 张幼文，梁军．要素集聚与中国在世界经济中的地位［J］．学术月刊，2007，（3）：74~83.
[129] 赵宏等．环渤海经济圈产业发展研究［M］．北京：中国经济出版社，2008.
[130] 赵伟，藤田昌久．空间经济学：聚集中国［M］．杭州：浙江工业大学出版社，2013.
[131] 赵伟，隋月红．集聚类型、劳动力市场特征与工资——生产率差异［J］．经济研究，2015，（6）：33~45，58
[132] 中国经济增长前沿课题组．城市化、财政扩张与经济增长［J］．经济研究，2011，（11）：4~20.
[133] 周其仁．城乡中国［M］．北京：中信出版社，2013.
[134] 踪家峰，朱佳佳．生产性公共支出真的会改变产业集聚格局吗——基于新经济地理的分析［J］．上海经济研究，2013，（2）：3~12.
[135] 踪家峰．城市与区域经济学［M］．北京：北京大学出版社，2016.
[136] 钟秀明，武雪萍．城市化动力［M］．北京：中国经济出版社，2006.
[137] 邹璇．要素流动、产业转移与经济增长［D］．天津：南开大学，2009.
[138] 周一星．中国城市工业产出水平与城市规模的关系［J］．经济研究，1988，（5）：74~78.
[139] 曾昭法，左杰．中国省域城镇化的空间集聚与驱动机制研究——基于空间面板数据模型［J］．中国管理科学，2013，21（11）：580~586.
[140] Acemoglu D，Johnson S，Robinson J. The Rise of Europe：Atlantic Trade，Institutional Change and Economic Growth［J］. American Economic Review，2005，95（6）：546~579.
[141] Acs Z，Audretsch D，Feldman M. R&D Spillovers and Recipient Firm Size［J］. Review of Economics and Statistics，1994，76（2）：336~340.
[142] Adams J，Jaffe A. Bounding the Effects of R&D：An Investigation Using Matched Establishment-Firm Data［J］. The Rand Journal of Economics，1996，27（4）：700~721.

[143] Adler P, Kwon S. Social Capital: Prospects for a New Concept [J]. Academy of Management Review, 2002, 27 (1): 17~40.

[144] Albouy D. Evaluating the Efficiency and Equity of Federal Fiscal Equalization [J]. NBER working papers, 2010.

[145] Aldieri L, Cincera M. Geographic and Technological R&D Spillovers Within the Triad: Micro Evidence from US Patents [J]. Journal of Technology Transfer, 2009, 34 (2): 196~211.

[146] Alfken, Christoph. Factors Explaining the Spatial Agglomeration of the Creative Class: Empirical Evidence for German Artists [J]. European Planning Studies, 2015, 23 (12): 2438~2463.

[147] Anselin L. Spatial Effects in Econometric Practice in Environmental and Resource Economics [J]. American Journal of Agricultural Economics, 2001, 83 (3): 705~710.

[148] Anselin I, Bera A. Spatial Dependence in Linear Regression Models With an Introduction to Spatial Econometrics [C]. Aman Ullah, David Giles. Handbook of Applied Economic Statistics. New York: Marcel Dekker, 1998: 237~289.

[149] Arrow, Kenneth, Kurz M. Public Investment, The Rate of Return and Optimal Fiscal Policy [M]. Baltimore: Johns Hopkins University Press, 1970.

[150] Baldwin R E, Okubo T. Heterogeneous Firms, Agglomeration and Economic Geography: Spatial Selection and Sorting [J]. Journal of Economic Geography, 2006, 6 (3): 323~346.

[151] Barro R J. Government Spending in a Simple Model of Engodenous Growth [J]. Journal of Political Economy, 1990, 98: 103~125.

[152] Bergman, Edward M, Feser E J. Industrial and Regional Clusters: Concepts and Comparative Applications [M]. University of West Virginia, Morgantown, 1999.

[153] Baldwin R E, Martin P. Agglomeration and Regional Growth, The Handbook of Regional and Urban Economics: Cities and Geography [M]. Elsevier Press, 2004, (4): 563~589.

[154] Boadway R W, Shah A. Intergovernmental Fiscal Transfers: Principles and Practice [M]. World Bank Publications, 2007.

[155] Braunerhjelm P, Borgman B. Agglomeration, Diversity and Regional Growth [R]. CESIS Electronic Working Paper Series, 2006, 71.

[156] Brulhart M, Sbergami F. Agglomeration and Growth: Gross-country Evidence [J]. Journal of Urban Economics, 2009, 65 (1): 48~63.

[157] Case A C, Rosen H S, Hines J R. Budget Spillovers and Social Policy Interdependence: Evidence from the States [J]. Journal of Public Economics, 1993, 52 (3): 285~307.

[158] Charnes A, Cooper W, Rhodes E. Measuring the Efficiency of Decision Making Units [J]. European Journal of Operational Research, 1978. 2: 429~444.

[159] Charnes A, Cooper W, Li S. Using Data Envelopment Analysis to Evaluate Efficiency in the Economic Performance of Chinese Cities. Socio-Economic Planning Sciences, 1989, 23: 325~344.

[160] Ciccone A, Hall R. Productivity and the Density of Economic Activity [J]. American Economic Review, 1996, 86 (1): 54~70.

[161] Coombs J E, Bierly P E. Measuring Technological Capability and Performance [J]. R&D Management 2006, 36 (4): 421~438.

[162] Dar A A, AmirKhalkhali S A. Government Size, Factor Accumulation and Economic Growth: Evidence From OECD Countries [J]. Journal of Policy Modeling, 2002, 24: 679~692.

[163] Debarsy N, Ertur C. Testing for Spatial Autocorrelation in a Fixed Effects Panel Data Model [J]. Regional Science and Urban Economics, 2010, (40): 453~470.

[164] Dinda S. Environmental Kuznets Curve Hypothesis: A Survey [J]. Ecological Economics, 2004, 49 (5): 431~455.

[165] Dupont Vincent. Do Geographical Agglomeration, Growth and Equity Conflict [J]. Papers in Regional Science, 2007, 86 (2): 193~212.

[166] Färe R, Grosskopf S, Lindgren B, et al. Productivity Changes in Swedish Pharamacies 1980-1989: A Non-parametric Malmquist Approach [J]. Journal of Productivity Analysis, 1992, 3 (1):85~101.

[167] Fare R, Grosskopf S, Norris M, Zhang Z. Productivity Growth, Technical Progress and Efficiency Change in Industrialised Countries [J]. American Economic Review, 1994a, 84 (1): 66~83.

[168] Fujita M, Krugman P. The New Economic Geography: Past, Present and the Future [J]. Paper in Regional Science, 2004, 83 (1): 139~164.

[169] Fujita M, Thisse J F. Economics of Agglomeration [J]. Journal of Japanese and International Economics, 1996, 10 (4): 339~378.

[170] Fujita M, Krugman P, Venable A. The Spatial Economy: City, Regions and International Trade [M]. the MIT Press, 1999.

[171] Glaeser, Edward L, Matthew G. The Complementarily Between Cities and Skills [J]. Journal of Regional Science, 2010, 50 (1): 189~203.

[172] Giménez-Nadal, José Ignacio. Spatial Distribution of US Employment in an Urban Efficiency Wage Setting [J]. Journal of Regional Science. 2018, 58 (1): 141~158.

[173] Hajizadeh Mohammad, Connelly Luke Brian, Butler James Robert Gerard. Health Policy and Equity of Health Care Financing in Australia: 1973 - 2010 [J]. Review of Income and Wealth, 2014, 60 (6): 298~322.

[174] Harris R, Moffat J, Kravtsova V. In Search of "W" [J]. Spatial Economic Analysis, 2011, 6 (3): 249~270.

[175] Hendry C, Brown J. Dynamics of Clustering and Performance in the UK Opto-Electronics industry [J]. Regional Studies, 2006, 40 (7): 707~725.

[176] Henderson V, Kuncoro A, Turner M. Industrial Development in Cities [J]. Journal of Political Economy, 1995, 103 (5): 1067~1090.

[177] Herrera L, Doyague, M F, Nieto M L. Mobility of Public Researchers, Scientific Knowledge Transfer, and the Firm's Innovation Process [J]. Journal of Business Research, 2010, 63 (5): 510~518.

[178] Karner, Katharina. Energy Efficiency for Industries through Synergies with Urban Areas [J]. Journal of Cleaner Production. 2016, 119 (4): 167~177.

[179] Krugman P. First Nature, Second Nature, and Metropolitan Location [J]. Journal of Regional Science, 1993, 33 (2); 129~144.

[180] Kuznets S. Modern Economic Growth: Rate, Structure and Spread [M]. New Haven, CT: Yale University Press, 1966.

[181] LeSage J, Pace R K. Introduction to Spatial Econometrics [M]. Bova Raton: CRC Press, 2009: 34~43.

[182] Ievoli, Corrado. The Spatial Patierns of Dairy Farming in Molise [J]. European Countryside, 2017, (12): 729~745.

[183] Loikkanen H, Susiluoto L. Cost Efficiency of Finnish Municipalities in Basic Service Provision 1994-2002 [J]. Helsinki Center of Economic Research (HECER), Discussion Paper, 2006 (96).

[184] Martin P, Ottaviano G. Growing Locations: Industry Location in a Model of Endogenous Growth [J]. European Economic Review, 1999 (43): 281~302.

[185] Martin P, Ottaviano G. Growth and Agglomeration [J]. International Economic Review, 2001, 42 (4): 947~968.

[186] Moretti E. Workers Education, Spillovers and Productivity: Evidence from Plant Level Production Functions [J]. American Economic Review, 2004, 94: 341~354.

[187] Miller S, Upadhyay M. The Effects of Openness, Trade Orientation and Human Capital on Total Factor Productivity [J]. Journal of Development Economics, 2000, 63 (2): 399~423.

[188] North. Economic Performance Through Time [J]. American Economic Review, 1994, 84 (3): 359~368.

[189] Romer P. Endogenous Technological Change [J]. Journal of Political Economy, 1990, 98 (5): 71~102.

[190] Ottaviano G, Pinelli D. Market Potential and Productivity: Evidence from Finnish Regions [J]. Regional Science and Urban Economics, 2006, 36: 636~657.

[191] Prudhomme, Lee. Size, Sprawl Spread and the Efficiency of Cities [J]. Urban Studies, 1999, 36 (11): 1849~1858.

[192] Schreiber S. The Hausman Test Statistic Can Be Negative Even Asymptotically [J]. Journal of Economics and Statistics, 2008, 228 (4): 394~405.

[193] Schultz T P. Lifetime Migration Within Educational Strata in Venezuela: Estimates of a Logistic Model [J]. Economic Development and Cultural Change, 1982, 30 (3): 559~593.

[194] Tanzi V. Fiscal Federalism and Decentralization: A Review of Some Efficiency and Macroeconomic Aspects [J]. Annual World Bank Conference on Development Economics, 1995.

[195] Tiebout. A Pure Theory of Local Expenditure [J]. Journal of Political Economy, 1956, 64 (10): 416~424.

[196] Tsirigoti, Dimitra. The Effect of Climate Conditions on the Relation between Energy Efficiency and Urban Form [J]. Energies, 2018, 11 (3): 1~29.

[197] Wheeler C H. Search, Sorting, and Urban Agglomeration [J]. Journal of Labor Economics, 2001, 19 (4): 124~138.

[198] Yuchen Hu, Yingping Li. Urban Energy Efficiency Evaluation System Design in China [J]. Journal of Interdisciplinary Mathematics, 2017, 20 (5): 739~748.